国家科学技术学术著作出版基金资助出版

超导钉扎磁浮

邓自刚 著

科学出版社

北 京

内 容 简 介

本书阐述了新兴的超导钉扎磁浮理论与技术，全书共 5 章，前 3 章着眼于超导钉扎磁浮物理现象，分别从相关的超导物理及材料基础、实验、电磁计算三个角度进行了详细介绍；后 2 章上升到车辆系统技术层面，其中第 4 章基于工程化应用对超导钉扎磁浮进行系统动力学建模和计算，第 5 章总结了该技术的发展与应用现状，并对未来真空管道交通进行了展望。

本书可供从事磁悬浮设计的相关专业院校与科研机构的研究生、研究人员和技术人员查阅、参考。

图书在版编目(CIP)数据

超导钉扎磁浮 / 邓自刚著. — 北京：科学出版社，2024.2
ISBN 978-7-03-077928-1

Ⅰ.①超… Ⅱ.①邓… Ⅲ.①磁浮铁路–研究 Ⅳ.①U237

中国国家版本馆 CIP 数据核字(2024)第 003225 号

责任编辑：华宗琪 / 责任校对：任苗苗
责任印制：罗　科 / 封面设计：义和文创

科 学 出 版 社 出版
北京东黄城根北街16号
邮政编码：100717
http://www.sciencep.com

四川煤田地质制图印务有限责任公司 印刷
科学出版社发行　各地新华书店经销
*
2024 年 2 月第 一 版　开本：787×1092 1/16
2024 年 2 月第一次印刷　印张：14 1/4
字数：338 000
定价：168.00 元
(如有印装质量问题,我社负责调换)

前　　言

轨道交通是一个国家的战略性产业，领域内持续的自主创新是我国"区域经济一体化"、"科技强国"、"交通强国"等重大战略有效实施的重要保障。磁浮列车在运行时和轨道没有直接接触，不受传统轮轨系统黏着极限等限制，具有速度高、振动小、噪声低等技术优势，是轨道交通发展的一个重要方向。2019 年 9 月，中共中央、国务院印发了《交通强国建设纲要》，明确提出合理统筹安排速度 600km/h 级高速磁浮系统和低真空管(隧)道高速列车等技术储备研发。

2021 年 7 月 20 日，由我国自主研发的世界首套速度 600km/h 的常导高速磁浮交通系统在中国中车青岛四方机车车辆股份有限公司正式下线，标志着我国已掌握了常导高速磁浮全套技术和工程化能力。而早在 2006 年，引进德国常导磁浮技术的上海磁浮列车示范运营线开通，这是世界上第一条商业运营的高速磁浮线，最高商业运营速度为430km/h。同时，日本、美国等国家也在持续推进高速磁浮的研发和应用。日本低温超导磁浮列车属于超导电动斥力悬浮制式，2015 年 4 月，日本 L0 系车型实现了最高试验速度 603km/h。连接东京到大阪的中央磁浮交通新干线也正在修建之中，设计速度为505km/h。而东京到名古屋段预计 2027 年将投入商业运营。美国企业主导的 Hyperloop概念属于永磁电动斥力悬浮+低真空管道模式。

除在以上高速领域应用之外，磁浮列车由于其噪声小、振动低、爬坡能力强、转弯半径小、提速快等独特优势，在中低速领域也有用武之地。截止到 2023 年底，5 条中低速常导磁浮线(日本东部丘陵线、韩国仁川机场线、中国长沙磁浮快线、中国北京地铁 S1 线和中国凤凰磁浮观光快线)已经商业运营。磁浮正在快速发展，大规模走进现实的脚步越来越快。

超导钉扎磁浮是与上述制式截然不同的一种全新制式，该技术伴随着 1987 年高温超导体的发现而兴起。由于存在钉扎中心，处于混合态的非理想第 II 类超导体在非均匀外磁场中运动感应出持续存在的超导感应电流以抵御磁场变化，该电流与磁场作用产生了持续存在的洛伦兹力以抵抗超导体运动，使得超导体在外磁场中能够自稳定地悬浮，这种现象称为超导钉扎磁(悬)浮现象，应用该技术的列车称为超导钉扎磁浮列车。它由超导体和永磁体组成，其中超导体进入超导态，而永磁体提供外磁场，即超导态的超导体在永磁体的外磁场中运动。根据其原理，相较于其他制式，其最突出的特点是可以实现无控制的自稳定静止悬浮。因此，这种列车既没有日本低温超导磁浮列车的车轮，也没有德国电磁悬浮列车的主动控制系统。从这一点看，超导钉扎磁浮是目前实现难度最低、结构最简单的制式，具有原理优势。

但是，超导钉扎磁浮技术由于出现时间最晚，所以发展并不成熟，不过我国自始至终走在该项技术的前沿。早在 1997 年 3 月，中国西北有色金属研究院和德国联合研制了世界上第一辆超导钉扎磁浮模型车,它证明了实际应用的可能性,为车辆的研制奠定了基础。2000 年 12 月 31 日,西南交通大学超导技术研究所的王家素和王素玉带领团队研制出世界首辆载人超导钉扎磁浮车,名为"世纪号",我国具有其全部知识产权。江泽民、胡锦涛、温家宝等中央领导人都先后乘坐过"世纪号",其获评 2001 年度"中国高等学校十大科技进展"。自此之后,德国、巴西、意大利、日本等国的研究人员也开始探索将该技术应用在交通运输领域。

西南交通大学一直是该技术领域的科研高地。2013 年作者带领团队成功研制出了 45m 载人超导钉扎磁浮环形试验线 Super-Maglev,初步验证了真空管道与超导钉扎磁浮结合的可行性。之后,该技术应用在世界首个高速真空管道超导钉扎磁浮高速试验台。该试验台由西南交通大学轨道交通运载全国重点实验室张卫华教授组织研制,可以开展高速(400km/h 左右)模型弹射试验。在此基础上,西南交通大学牵头建设的"多态耦合轨道交通动模试验平台"启动,项目将建设一条长度 1620m 的超高速高架结构真空管道磁浮交通试验线及相关配套设施,最高设计速度 1500km/h。上述进展主要着眼于面向实验室层面的科学研究和技术研发。为了将该技术真正推向工程化应用,2021 年 1 月 13 日,西南交通大学联合国内相关单位,正式启用了世界首台高温超导高速磁浮工程化样车及试验线,标志着工程化研究从无到有的突破。

经过 30 多年的发展,超导钉扎磁浮逐渐从实验室的模型车走向全尺寸的工程化整车。众多科研工作者围绕超导体与永磁轨道的相互作用机理开展了研究工作,在系统性能优化、电磁仿真计算、动态特性研究和车辆技术研发等方面做出了贡献。但是,该领域出现时间较晚,尚未形成完整成熟的体系。当前,国内外以超导钉扎磁浮为主题的相关书籍仍旧非常欠缺。在此背景下,作者以十多年超导钉扎磁浮的研究为基础,根据自己对该领域的思考,系统梳理该领域最新的研究成果,撰写成此书,以期对该领域的研究人员或有兴趣的读者有所帮助,借此推动该技术向前发展。

全书共 5 章。第 1 章从物理和材料角度介绍超导物理和超导体,主要关注高温超导体钇钡铜氧(YBCO)的基础材料性质和制备技术。第 2 章从实验角度介绍超导钉扎磁浮的原理与特点,对超导钉扎磁浮进行较为详细的展现和介绍。第 3 章从有限元仿真角度介绍超导钉扎磁浮的电磁计算。第 4 章从系统动力学角度介绍超导钉扎磁浮列车的动力学行为,这对于工程化运用是必不可少的。第 5 章从车辆技术层面介绍超导钉扎磁浮列车的发展与应用,并对未来真空管道交通进行展望。

借本书出版之际,作者想诚挚感谢王家素和王素玉两位导师开创了"交大超导",为西南交大的超导钉扎磁浮研究打下了坚实的基础;特别感谢张卫华教授对超导磁浮研究的持续资助和鼎力支持;衷心感谢中国科学院、中国工程院院士沈志云教授长久以来对超导钉扎磁浮和真空管道磁浮交通研究的积极推进与关心支持。作者还想对郑珺副教授致以谢意,感谢她在工作中的支持和帮助;对参与本书工作的刘晓宁、程言行、王理、王潇飞、唐荣、刘舰徽等研究生表示感谢。在本书撰写过程中,许多同事和朋友以及课题组的全体成员提出了很多宝贵意见,谨致谢忱。此外,本书受国家科学技术学术著作出版基金和西南交通大学研究生教材(专著)经费建设项目专项(SWJTU-ZZ2022-055)资助,在此一并致谢!

由于作者水平有限,书中不足之处在所难免,敬请广大读者批评指正。

目　　录

第1章 超导物理与超导体

"我觉得，我一辈子就做了一件事，但是并不枯燥，因为超导研究充满挑战与发现。"、"古代中国曾为人类文明作出很多贡献，今日的中国人依然有这个志气和能力。"

——赵忠贤院士

本章旨在让读者获得对超导物理与超导体的基本认识，首先梳理从超导现象的发现到追求超导体的实际应用的百余年探索历程；以研究时序为基本线索，从实验和理论两个方面详细地介绍超导电性的物理现象及其解释，并引出关于第 II 类超导体的讨论；重点介绍以铜氧化物超导体和铁基超导体为代表的高温超导体，其中对在超导钉扎磁浮系统中普遍应用的钇钡铜氧超导体的主要物理特性进行阐述；最后详细介绍 REBCO 超导块材的两种主流制备方法及其研究。

1.1 超导物理发展简史

1908 年，荷兰物理学家 Onnes 等把最后一个"顽固的气体"——氦气成功进行了液化，从而确定了液氦沸点为 4.2K（约-268.95℃），开启了低温物理科学研究的崭新篇章。1911 年，在低温下金属电阻行为的研究中，Onnes 等将金属汞（Hg）用液氦降温到 4.2K 后，发现汞的电阻值急剧下降到近似为零。Onnes 等将这个现象称为"超导"，寓含"超级导电"之意。从此，一个崭新的领域——超导物理向我们走来，金属汞也因此成为第一个被人类发现的超导体，其超导转变温度（又称临界温度（critical temperature，T_c））即确定为 4.2K[1]。Onnes 因为成功地液化氦气及发现超导体零电阻现象，获得了 1913 年的诺贝尔物理学奖，成为超导领域第一个获此殊荣的人，而 1911 年也被称为"超导元年"。

超导体零电阻现象被发现后，超导体的迈斯纳效应和同位素效应也相继被揭示。与此同时，关于超导机理的研究也如火如荼地展开。1934 年，Gorter 和 Casimit 根据热力学理论建立了二流体模型。1935 年，F. London 和 H. London 提出了两个描述超导电流与电磁场之间关系的方程（London 方程），其中一个方程体现了超导体的零电阻现象，另一个则表达了超导体的迈斯纳效应。1950 年，Ginzburg 和 Landau 根据二级相变理论，提出了超导电性的唯象理论，建立了 Ginzburg-Landau 方程，该理论成功地预言了超导体的两个特征参量——相干长度，同时还提供了划分第 I 类与第 II 类超导体的依据。

1957 年，Bardeen、Cooper 以及 Schrieffer 共同提出了著名的 BCS（Bardeen-Cooper-

Schrieffer)理论[2]，从微观角度阐述了超导的形成机理。一系列超导体特征物理量，如相干长度、穿透深度、上下临界磁场强度以及临界电流密度等，都可以由 BCS 理论导出。更为重要的是，BCS 理论基于电-声子耦合模型，尝试给出了超导体临界温度 T_c 的描述公式，并推断超导体存在临界温度的上限即麦克米兰极限 $T_c(\max) \approx 40K$。凭借 BCS 理论，Bardeen、Cooper 与 Schrieffer 共同获得 1972 年诺贝尔物理学奖。

1960 年，Giaever 发现了超导结中存在单电子的隧道效应。1962 年，Josephson 做出了对穿过隧道壁垒的超导电流的理论预言，即约瑟夫森效应。次年，Anderson 与 Rowell 在实验上证实了该效应。Josephson 与 Giaever 也因此获得了 1973 年的诺贝尔物理学奖。零电阻效应、迈斯纳效应和约瑟夫森效应均预示着超导材料广泛的应用前景，而 BCS 理论对超导机制的解释也经受住了相当时间内的实验检验。

然而，从 1911 年发现的金属汞(Hg)4.2K 的临界温度，到 1973 年铌三锗(Nb₃Ge)的23.2K，平均每三年提高不到 1K。在接下来的 13 年，新发现超导体的 T_c 竟然 1K 也没有提高，这意味着超导的研究与应用强烈地依赖于昂贵的液氦，过低的 T_c 极大地限制了超导领域的发展。

直到 1986 年 4 月 17 日，IBM 公司的科学家 Bednorz 和 Müller 在一种 La-Ba-Cu-O 体系中获得了 T_c 高达 35K 的化合物[3]，给超导研究带来了新的曙光。他们认为这种卓越的超导性能与 La-Ba-Cu-O 晶体的 Jahn-Teller 效应有关。他们发现该晶体中不仅有氧缺陷，而且还存在具有混合价态的铜离子，并且在无 Jahn-Teller 效应的 Cu^{2+} 之间存在巡游电子，因此他们认为 La-Ba-Cu-O 晶体中可能存在较强的电子-声子相互作用，以致呈现金属电导特性。由于发表这一结果的期刊知名度不高，而且 Bednorz 和 Müller 两位科学家当时人微言轻，刚开始许多人怀疑这一结果的可靠性。最终，日本的 Uchida 小组[4]和美国的朱经武小组[5,6]从实验上证实了这一结果的正确性。至此，人们才开始认真考虑和高度重视该类高 T_c 氧化物超导材料，许多研究者很快加入了高温超导材料的研究热潮中，使高温超导材料的临界温度出现了突飞猛进的发展。Bednorz 和 Müller 共同获得了 1987 年的诺贝尔物理学奖。

同年，美国休斯敦大学的华人科学家朱经武等和中国科学院物理研究所的赵忠贤等几乎同时分别独立地合成了一种新的超导体[7]——钇钡铜氧($YBa_2Cu_3O_{7-\delta}$，YBCO)，首次获得 T_c 在液氮温度(77K)以上的高温超导材料[8]。不久，铜氧化物超导材料的 T_c 被迅速提升到 110K 以上。这意味着使用较为经济的液氮即可实现超导电性，因此高 T_c 材料的发现不仅掀起了铜氧化物高温超导材料的研究热潮，更是极大促进了超导电工电子领域的应用研究。

2001 年，日本青山学院大学的 Akimitsu 宣布，他们小组发现了迄今为止 T_c 最高的金属化合物超导体——二硼化镁(MgB_2)，其 T_c 达 39K。二硼化镁的发现为研究具有简单组成和结构的新型超导体找到了途径。二硼化镁超导体的最大特征是：晶体结构和性能具有各向同性，临界电流密度达 10^5A/cm，而且易于成材和加工，具有很好的应用开发前景。与铜氧化物高温超导体不同，二硼化镁容易制成薄膜或线材，因此可用于电力传输、磁体、超级电子计算机器件以及计算机断层扫描(computed tomography，CT)成像仪等方面。二硼化镁晶体属六方晶系，虽然早在 1950 年就被人们发现，但之前从未有人研究过其超导电性问题。如今，二硼化镁已成为国际上开发应用的主要超导材料之一。

不同于铜氧化物高温超导体，铁基超导体的研究起步较晚。2006 年日本东京工业大学 Hosono 研究小组在 LaFePO 材料中发现了 T_c 大约为 4K 的超导电性，打破了铁元素不利于形成超导态的传统观念。2008 年 2 月底，该研究小组又发现在母体材料 LaFeAsO 中掺杂 F 元素可以实现 26K 的超导电性。我国科研人员紧随其后，通过用其他稀土金属替换 La 元素将 T_c 提升至 40K 以上，在铁基超导体领域再次打破了 BSC 理论预言的麦克米兰极限，标志着继铜氧化物高温超导体之后又一类型的高温超导体的发现。

此后，赵忠贤研究团队利用高压技术迅速在 REFeAsO$_{1-x}$F$_x$(RE=Pr, Nd, Sm, Gd) 中发现了 T_c 高达 55K 的超导电性，保持着铁基超导体临界温度最高的纪录。在此过程中，以中国科学院物理研究所赵忠贤院士、陈仙辉院士团队为主要代表的中国科学家基于长期积累做出了大量原创性的工作[9-12]，取得了突破性进展，赢得了国际学术界的广泛认可，引领和推动了铁基超导及相关领域的研究和发展，激发了世界范围内新一轮高温超导研究的热潮。图 1-1 为代表性超导体发现时间年表。

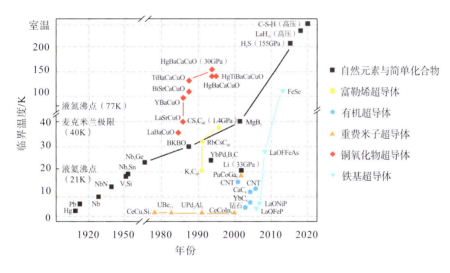

图 1-1 代表性超导体发现时间年表

1.2 超 导 电 性

本节主要介绍对"超导"这一物理现象的基本科学认识。遵循物理学家对超导电性研究的历史过程，本节主要从实验现象和理论解释两个方面为读者展开描述，1.1 节提到的迈斯纳效应、BCS 理论和 London 方程等在本节将有必要的阐述。值得一提的是，关于超导电性的物理理论仍不完备，许多理论是唯象的和猜想的，特别是对高温超导现象的解释至今仍是物理学界的一大前沿难题。对超导物理的深刻理解需要一定的统计物理学、固体物理学和量子力学知识基础，因此本节仅做概括性介绍。

1.2.1 实验研究

1. 零电阻现象

零电阻现象是指当物质在低于某一个临界温度时，其电阻突变为零的现象，即当温度高于 T_c 时，物质处于正常态；当温度低于 T_c 时，物质则处于超导态，呈现出超导特性。零电阻现象是判断一种物质是否为超导体的基本特性之一。

图 1-2 展现了 Onnes 等于 1911 年发现的汞的零电阻现象。当温度低于 4.2K（汞的 T_c 值）时，汞的电阻值突变到仪器测量下限 $10^5\Omega$ 以下，由此认为汞的电阻值突变为零。然而，由于受到仪器测量精度的限制，物质处于超导态时，其电阻是否真的为零成为一个富有争议的话题。为了解决这个问题，Onnes 等利用电磁感应原理，设计了著名的 Kamerlingh Onnes 实验。通过实验验证，最终确定超导体的电阻率小于 $10^{18}\Omega\cdot m$，比导电性最好的金属（铝、镍、金、银、铜、钨、铁、铂等）的电阻率（$10^8\Omega\cdot m$）低了 10 个数量级，因此完全可以认为超导态下物质的电阻为零。

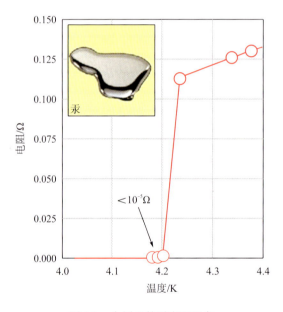

图 1-2 金属汞的零电阻现象

因为超导体在超导状态下电阻为零，所以通过超导导线的电流不会衰减，导线也不会发热。在这样的理想状态下，即使是很细的超导导线也可以承载相当大的电流且不引起损耗。这和导体中的电子运动密切相关。普通导体中的电子在导电时虽然整体上做定向移动，但是从局部来看仍然具有无规则的属性，因此会受到相互碰撞与晶格振动的影响，从而产生部分能量损耗，其宏观表现形式就是被人们熟知的"电阻"；而当超导体进入超导态时，内部电子凝聚而严格整齐地定向运动，因此避免了因碰撞而产生的能量损耗，电流不会发生衰减，对外则表现出零电阻的现象。

2. 迈斯纳效应

1933 年，德国物理学家 Meissner 等将锡单晶球置于磁场中，并逐渐降低温度。他们发现当降温到锡的 T_c 以下时，原本穿过样品的磁通量被完全排除到样品之外，不能穿过样品内部。与此同时，样品外的磁通密度比正常态时有所增加。大量的实验结果表明，当超导体处于超导态时，超导体内的磁场恒等于零。超导体的这种完全抗磁性称为迈斯纳效应[13]。

迈斯纳效应的物理解释为：当超导体处于超导态时，外加磁场会在超导体表面产生超导电流。这个超导电流会激发出一个磁场，该磁场与外部磁场大小相同，方向相反，使超导体内部的磁感应强度 B 等于零。

迈斯纳效应说明，超导态具有特有的磁性，并不能简单地由零电阻导出。如果超导态仅仅意味着零电阻，只要求体内的磁通量不变，那么在上述实验中，临界转变温度以上原来存在于体内的磁通量将仍然存在于体内不会被排出，当撤去外磁场后，则为了保持体内磁通密度，将会引起永久感生电流，在体外产生相应的磁场。图 1-3 对比了这种单纯由零电阻所导出的结论和超导转变的实际情况。

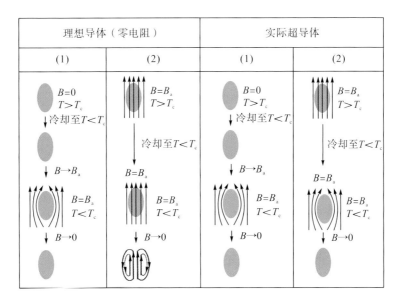

图 1-3　理想导体(零电阻)和实际超导体的抗磁性情形对比

以上实验所确定的迈斯纳效应，往往采取以下的方式概括：超导体具有"完全的逆磁性"，即在超导体内保持 $B = 0$。

此外，迈斯纳效应与超导体如何进入超导态的途径没有关系，也就是说，无论对超导体采用先降温后加磁场，或是先加磁场后降温的手段，一旦超导体进入超导状态，其内部就不会存在任何磁通量。

3. 同位素效应

1950 年，Fröhlich 提出了超导体同位素效应，他基于电子-声子相互作用的超导理论，预言超导体的临界温度与同位素的质量之间存在一定的依赖关系。同年，Maxwell 通过对汞的临界温度 T_c 的测量从实验上证实了该预言。在实验中，Maxwell 测量了汞及其同位素的 T_c，发现汞的 T_c 随着其相对原子量的增加而减小。同一年，Reynold 也在实验中观察到了相同的现象。大量实验表明：

$$T_c \times M^\beta = C \tag{1-1}$$

其中，M 为同位素的质量；不同的元素 β 值不同，汞的 β 值约为 0.5。值得注意的是，同位素效应的发现确定了电子-声子相互作用对超导电性的影响，对超导理论的发展起到了重要的推动作用。

4. 约瑟夫森效应

约瑟夫森效应又称超导体的隧道效应。1962 年，Josephson 从理论上预言了这一物理现象：在一个由超导体与绝缘薄层共同构成的隧道结中(绝缘层被两个超导体所夹，即 SIS 结构的约瑟夫森结)：①当 SIS 结两端的电压值 V 等于零时，结中存在一个直流隧道电流，该电流由超导库珀电子对的隧穿效应引起，并且该电流存在一个最大值 I。I 对外加磁场格外敏感，即使是地磁场也能对 I 的数值产生影响，这就是直流约瑟夫森效应；②当 SIS 结两端的电压值 V 不等于零时，通过结的不再是直流电流，而是一个交变的振荡电流，并且振荡频率 f 与电压 V_0 满足下面的关系式，这就是交流约瑟夫森效应。

$$f = 2eV_0 / h \tag{1-2}$$

其中，e 为电子电量；h 为普朗克常量。

Josephson 提出这个预言后不久，Anderson 与 Rowell 等就通过实验验证了该预言。约瑟夫森效应不断发展并逐渐形成了超导电子学。

5. 两类超导体

研究超导体在磁场中的超导转变，对于了解超导电性起到了重要的作用。在超导现象被发现仅几年以后，研究者就发现了强的磁场可以破坏超导电性，使物体恢复正常态。对于一般形状的超导体，由于物体本身的磁矩，各处磁场并不简单地等于外加磁场。在这种情况下，磁场破坏超导态的过程具有复杂的性质。但是，如果是细长的圆柱形超导体，沿柱长方向施加平行于轴线的外磁场 H_0，则各处的磁场基本上都等于外磁场。实验证明，在这种情况下，原本处在超导态的物体，当外磁场增加到一定的临界磁场强度 H_c 时，物体就突然转入正常态；当外磁场再降低至 H_c 以下时，物体又恢复到超导态。图 1-4 是实验测定的一个汞柱在 3.1K 下的磁化曲线，斜线表示超导态的磁矩与外磁场的比例关系。当 $H_0 > H_c$ 时，磁矩突然降为零，表示物体转入正常态，该图还反映了此种转变的可逆性。

H_c 是温度的函数。图 1-5 给出了实验所测的一些元素的 $H_c(T)$ 函数图,总结发现 $H_c(T)$ 曲线一般可以近似地表示为抛物线,即

$$H_c = H_{max}\left[1 - \left(\frac{T}{T_c}\right)^2\right] \tag{1-3}$$

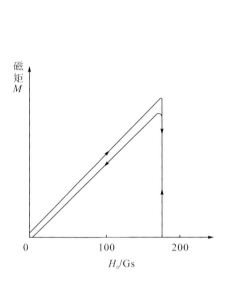

图 1-4　汞柱在 3.1K 下的磁化曲线

（1Gs=10^{-4}T）

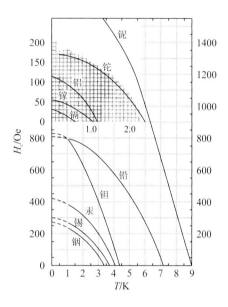

图 1-5　部分金属元素临界磁场强度和温度的关系

（1Oe=10^{-4}T）

通过图 1-5 可以看出,在 T_c 以下,随着温度下降,H_c 不断增加,在接近 0K 时,H_c 接近最大值。实际上,$H_c(T)$ 曲线把 H_c-T 图划分为超导态和正常态两个区域,在该曲线上发生超导态和正常态间的可逆相变。

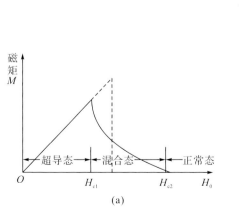

(a)

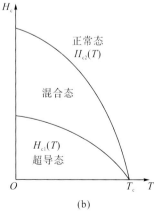

(b)

图 1-6　第 II 类超导体在外磁场中的相变

绝大多数超导材料的磁化曲线如图 1-4 所示，称为第 I 类超导体。而有另外一类超导材料，包括一些合金和少数过渡金属，这类物体的磁化曲线与前者(图 1-6(a)虚线)不同，如图 1-6 中实线所示，表现为磁化曲线存在上下两个临界磁场，即下临界磁场强度 H_{c1} 和上临界磁场强度 H_{c2}，当外磁场强度 $H_0 < H_{c1}$ 时，物体处于超导态；当外磁场强度 $H_0 > H_{c2}$ 时，物体处于正常态；而当 $H_{c1} < H_0 < H_{c2}$ 时，物体处于混合态，这时磁通量并不是全部被排出体外，而是有部分磁通穿过，这一类超导材料称为第 II 类超导体，理想的第 II 类超导体的磁化过程也是可逆的。

1.2.2　理论解释

1. 超导相变热力学

超导体在正常态与超导态之间的转变在热力学上也应该是可逆的，正如一种物质的液态与气态之间的转变可逆一样。因此，研究者尝试用热力学的观点来分析这种转变，并由此得到借助临界温度 T_c 和温度 T 的关系曲线来表达正常态与超导态之间熵差的表达式。

首先，当所有超导体冷却到临界温度 T_c 以下时，熵都显著降低。关于铝的测试结果(图 1-7)表明，超导态相比正常态，其熵和自由能都有所减小，所以推知超导态比正常态的有序度高。

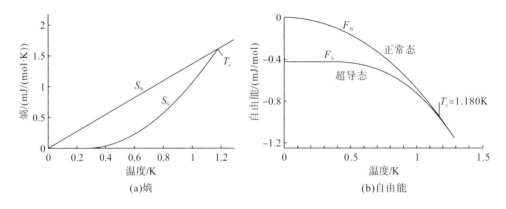

图 1-7　在超导态和正常态下铝的熵和自由能随温度的变化关系

根据超导体的完全抗磁性，可以利用热力学吉布斯函数对磁场中的超导态进行分析，以磁场中的磁化做功代替热力学体系中压力对系统做功，从而可得外磁场下超导态的吉布斯函数：

$$G_S\left(T,H\right) = G_S\left(T\right) + \frac{H^2}{8\pi} \tag{1-4}$$

容易看出，超导态的吉布斯函数随磁场强度增大而增加。因此，在磁场中超导转变的解释是明显的：当 $T < T_c$ 时，超导态的吉布斯函数 $G_S(T)$ 比正常态的 $G_N(T)$ 低，因此超导态是稳定的。但是存在磁场时，随着磁场的加强，超导态的吉布斯函数不断增大，在磁场

达到一定临界磁场强度 H_c 时，超导态的吉布斯函数将与正常态的吉布斯函数相等。磁场再加强，超导态的吉布斯函数将超过正常态，所以在临界磁场下，将发生由超导态到正常态的相变。

热力学观点的研究对于了解超导态的本质提供了一定的线索。在 T_c 以下，超导态的熵更低，表明超导态的电子处于一种更有序的状态。这一点和超导的电学性质结合起来，有理由推断超导态是由于电子以某种方式组织和结合起来，使它们可以不受散射的影响。超导态具有比正常态更高的比热(熵随温度的增加更快)，说明超导电子的这种有组织状态是随温度升高而不断瓦解的。

2. London 方程

London 方程是 F. London 和 H. London 所建立的描述超导体性质的方程。London 方程含有两个方程，分别称为 London 第一方程以及 London 第二方程。其中 London 第一方程描述超导体的零电阻性质，London 第二方程描述的是超导体的抗磁性。以下是两个方程的一种表达形式：

$$E = \frac{m^*}{n_S \, E^{*2}} \cdot \frac{\mathrm{d}J}{\mathrm{d}t} \tag{1-5}$$

$$\nabla^2 B - \frac{1}{\lambda^2} B = 0 \tag{1-6}$$

其中，London 第一方程是超导电子运动方程，给出了超导电流密度 J 和电场 E 的关系，显示与稳定的运动相悖，超导电子的加速仅是电磁作用的结果；London 第二方程则给出了超导体磁特性的描述，并与迈斯纳效应的实验结果相符。

London 方程建立了电流与电场和磁场之间的联系，在这一点上其意义与正常导体中的欧姆定律 $J = \sigma E$ 对应。需要强调的是，正常导体中的电流是由电场来维持的；超导体中的超导电流是靠磁场来维持的，电场只是起加速超导电流的作用。London 方程预言，在外磁场作用下，只有在超导体表面以下厚度为 λ_L(London 穿透深度)的薄层内有不为零的磁场，对于大样品，可将穿透层略去，在这个近似状况下，可以说超导体内各处的磁感应强度 B 都为零，这就是迈斯纳效应。

由于 London 方程不是由超导体的基本性质推论而来的，只是一种唯象描述，不能说明超导电性产生的根源，London 方程实际上是把电子看成纯经典的粒子。London 方程提出的假定——穿透深度与外加磁场的强度无关，与样品的大小无关,但这显然是不正确的。因为假定穿透深度与外加磁场无关，等于说超导电子的有效数目与外加磁场无关。然而，实际上施加磁场会大大改变电子的行为，Pippard 已用实验证明，穿透深度随外加磁场的增强而增加。因此，London 方程只是一种弱场近似理论，当外加磁场不强时，与实验符合得比较好。

3. BCS 理论

超导电性量子理论的基础是由 Bardeen、Cooper 和 Schrieffer 在其 1957 年发表的经典性文章中确立的。超导电性的 BCS 理论具有广泛的应用，从处于凝聚相的 He 原子到第

Ⅰ类和第Ⅱ类金属超导体，甚至到基于 CuO_2 平面的高温超导体，BCS 理论都能"大显身手"。进而言之，利用 BCS 理论处理由粒子对 **k** 和-**k**↓构成的 BCS 波函数可以给出在实验中所观测到的电子超导电性的能隙值。这种成对形式就是"s 波成对"。当然，对于 BCS 理论，也可能存在其他粒子成对形式，但目前除了 BCS 波函数，还没有可以认真考虑的对象。

从 BCS 波函数出发，BCS 理论取得了巨大成功。BCS 理论的成就包括以下几个方面：

(1) 电子之间的一种相互吸引作用能导致一个基态的存在，它与激发态之间由一个能隙分隔开。临界场、热学性质和大多数电磁性质都由能隙引起。

(2) 电子-晶格-电子相互作用导致一个能隙，它与观测值数量级相同。这种间接相互作用是这样进行的：一个电子与晶格相互作用使晶格发生形变；第二个电子感受到经过形变的晶格，就自行调整，以利用形变来降低它的能量。第二个电子就这样通过晶格形变与第一个电子发生相互作用。

(3) 相干长度作为 BCS 理论的自然结果而出现，可以得出在空间缓慢变化的磁场的 London 方程。由此自然得出超导电性的中心现象，即迈斯纳效应。

(4) 一种元素或合金临界温度的判据涉及费米能级上电子轨道的密度 D 和电子-晶格相互作用量 U；而 U 可以通过电阻率来估计，因为室温电阻率就是电子与声子相互作用的一种量度。

(5) 磁通是量子化的，电荷的有效单位是 2e 而不是 e，BCS 基态涉及的是库珀电子对。

1.2.3 第Ⅱ类超导体

超导体分成两类，一类界面能(又称比界面功，表示单位面积界面的自由焓)是正的，Ginzburg-Landau 参量 κ 小于 $1/\sqrt{2}$，称为第Ⅰ类超导体；另一类界面能是负的，κ 大于 $1/\sqrt{2}$，称为第Ⅱ类超导体。在已发现的元素超导体中，只有 V、Nb 和 Tc 属于第Ⅱ类，其他都属于第Ⅰ类。但是，在超导合金和化合物中，很多都是第Ⅱ类超导体。

第Ⅰ类超导体的临界磁场强度很低，不太可能实现有实用价值的工程应用，只有用第Ⅱ类超导体，才能制成高场强、大孔径的超导磁体。目前已广泛应用的超导材料 Nb-Ti 和 Nb_3Sn 都是第Ⅱ类超导体，它们具有很高的临界磁场强度 H_c，并能无阻负载很大的电流，因而在强磁场和强电流的作用下，仍能保持超导电性。

和第Ⅰ类超导体不同，第Ⅱ类超导体的性质对位错、脱溶相等各种晶体缺陷是很敏感的。例如，工业生产的 Nb-Ti 线是用一定的冷加工和热处理工艺加工成的，在其中存在大量的位错和脱溶相。在 20～90kGs 磁场中，它的临界电流密度高达 $1\times10^6A/cm^2$，可用来绕制 100kGs 以下的磁体。而一根几乎没有缺陷的 Nb-Ti 线，在相同的磁场范围内，临界电流密度却几乎等于零。人们把成分分布均匀、没有各种晶体缺陷的第Ⅱ类超导体称为理想第Ⅱ类超导体，反之则称为非理想第Ⅱ类超导体。

非理想第Ⅱ类超导体由于人为地通过加工变形、热处理、掺杂等方式，造成了材料中的许多不均匀性，如晶格缺陷、位错网、杂质等异常。正是这些异常区形成的位能势阱，有效地制止了超导体内部的磁通涡旋线移动，对穿透的磁通线进行"束缚"，从而对磁通线运动具有钉扎作用,这种现象称为磁通钉扎[14]。

高温超导磁浮是利用非理想第 II 类超导体磁通钉扎特性,在外磁场中产生一个较大的屏蔽电流实现悬浮的同时,部分穿过超导体的磁通提供横向稳定的导向力,这将在第 2 章进行详细介绍。

1.3　高温超导体

高温超导材料研究开始的标志是 1986 年瑞士苏黎世 IBM 实验室的 Bednorz 和 Müller 发现临界温度高达 38K 的氧化物陶瓷超导体镧钡铜氧(La-Ba-Cu-O)氧化物;同年 4 月他们向社会发布其研究结果,高温超导体由此进入人们的视线。这一发现不仅将已发现物质的临界温度大幅提高,并且逼近 BCS 理论所预言的麦克米兰极限,使得高温超导体这一梦想的实现又有了现实的可能。

人们发现,不掺杂的陶瓷材料为典型的绝缘体,但如果通过掺杂引入载流子,就会变成超导体,而掺杂浓度和元素的不同,临界温度也有很大的区别。对陶瓷材料做进一步的研究,通过合成和掺杂不同的陶瓷材料,具有更高临界温度的陶瓷材料不断被人们发现。20 世纪 80 年代,中国的赵忠贤小组和美国的朱经武小组分别独立合成出的钇系超导体 $YBa_2Cu_3O_{7-\delta}$(YBCO)的临界温度达 93K,一举突破了液氮 77K 的"温度堡垒",使得长期徘徊于液氦温区的实用超导材料的临界温度一下跃升至廉价的液氮温区。

1988 年初,临界温度达 110K 的铋锶钙铜氧化物超导体($Bi_2Sr_2Ca_2Cu_3O_{10+x}$)于日本问世,并且迅速投入广泛的使用当中。由于这类陶瓷材料都有相同的铜氧面结构,统称为铜氧化物高温超导体。1988 年 2 月,盛正直等学者在原先认识的超导氧化物材料的基础上,经过不断研发,突破最高的临界温度纪录 125K 的超导材料铊钡钙铜氧化物材料问世。1993 年临界温度为 135K 的汞钡钙铜氧化物超导体被法国科学家发现。迄今为止,人们在铜氧化物高温超导体中,所能达到的最高临界温度是施加 30GPa 高压之后的 $HgBa_2Ca_2Cu_3O_{8+x}$,其临界温度可以达到 160K 以上。

1.3.1　铜氧化物高温超导体

对于铜氧化物高温超导材料,其中备受人们瞩目的超导材料有 Y 系超导材料、La 系超导材料、Nd 系超导材料、Sr 系超导材料、Bi 系超导材料、Tl 系超导材料以及 Hg 系超导材料等七大铜氧化物系列。虽然这些超导材料的成分形形色色,且其临界温度 T_c 从 30K 到 164K(一定的条件下)不等,但是从化学结构角度来观察,绝大部分的高温超导氧化物的共同点还是比较明显的。

一方面,它们都属于钙钛矿结构的衍生物体,钙钛矿理想晶胞结构如图 1-8 所示。从图中可以清楚地看到,在具有钙钛矿结构的化合物中替换某一金属原子仍然可以保持其原有的结构不变,出现这种现象的重要原因在于:ABO_3 型的钙钛矿可以看成 BO_3 八面体的彼此顶角相互连接而组成的一个支架,A 原子只占据其中的 12 个配位多面体的中心,当然也可以看成 AO₃ 的一个密堆积排列，但是 B 原子却处于八面体的一个间隙之中。如果不考虑电价之间的平衡问题，那么 BO₃ 与 AO₃ 它们各自所具有的相对稳定性便不会依赖于第二种金属原子的支撑。对于已知的高温超导氧化物，由于其中的大部分化合物的结构内部都或多或少地存在着阳离子或阴离子的缺位，在这些超导体中就很容易进行一些化学替代。

另一方面，这些铜氧化物超导材料均可以采用三明治式的夹层模型进行描述，并且它们的超导性能都依赖于一个或者一组 CuO₂ 层。为了简化高温超导体结构，这里采用一种简化的夹层模型进行描述。这种夹层模型包含着一个或者一组 CuO₂ 原子层(钙钛矿型)，目前已经被认可的超导就发生在这样的导电层上，其中的导电层(即 B)被两个带有绝缘性的结构组合层所包围，即形成了三明治式的堆积，如图 1-9 所示。这些绝缘层(即 A)也称为载流子库层。因此，超导态主要是依赖于载流子库层向 CuO₂ 层提供了多余的电荷而形成的，这个模型也称为电荷转移模型。

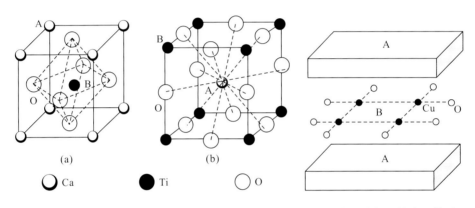

◖ Ca	● Ti	○ O

图 1-8　钙钛矿理想晶胞示意图　　图 1-9　铜氧化物超导体夹层模型

（A 代表载流子库层，B 代表 CuO₂ 层）

1.3.2　YBCO 的晶体结构

几乎所有的高温超导体都具有复杂的层状结构，而且包含了一个或者一组钙钛矿型的 CuO₂ 原子层。图 1-10 显示了三种铜氧化物超导体的晶体结构示意图，分别是 $YBa_2Cu_3O_{7-\delta}$（YBCO）、$Bi_2Sr_2CaCu_2O_8$（BSCCO）和 $HgBa_2Ca_2Cu_3O_z$（HgBCCO）。以 YBCO 为代表，可以认为它是由三个缺氧钙钛矿型结构为基本单胞，沿 c 轴有序堆积衍生而成的，其晶体结构具有正交对称性(空间群符号为 Pmmm)[15]。c 方向的点阵常数约为 a、b 方向的 3 倍。b 方向的略大于 a 方向的。每个单胞中的一个 Y 原子处在+3 价态，它与近邻铜氧平面的 8 个最近邻氧离子形成立方六面体，其排列方式接近于密堆积。2 个 2 价 Ba 离子分处于 Y 的上方和下方，每一个 Ba 离子与近邻的 10 个氧离子形成截角立方八面体。3 个 2 价 Cu 离子分别占据两类位置：一类位置是 1 个 Cu 离子在单胞中远离 Y 的位置，与 4 个近邻氧离子形成 bc 平面内的四边形，称为 Cu(1)位；另一类位置是 2 个 2 价 Cu 离子处在单胞中 Y 近邻的铜氧平面上，称为 Cu(2)位，各与 5 个氧离子形成金字塔形多面体。单胞中含量最多的 7 个氧原子分别占据四种不等价位，分别与 Cu(1) 形成一维链以及构成 Cu(2) 的配位金字塔。Cu(2) 和近似处于一个平面内的氧离子组成了 CuO_2 层，但严格地说这一层的各个离子并不完全共面。

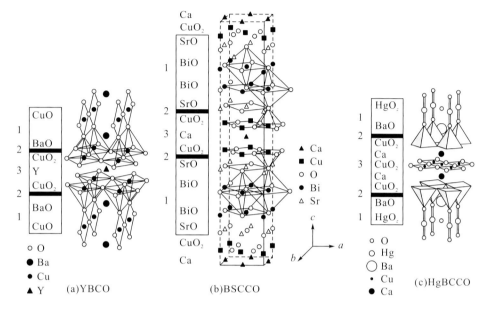

图 1-10　高温超导体的晶体结构

实际上，CuO_2 层被认为是带来超导电性的关键组成部分。在 CuO_2 层中，Cu 原子形成网状结构，同时 O 原子位于 Cu 位置连接线之上。而形成 Cu—O 键的 Cu 的电子和 O 的电子都被离域化，意味着它们并不属于某个原子而是属于这一层当中的所有原子。此类结构中包含有 CuO_2 层的化合物，因此具有金属型的导电性。当温度处于临界温度之下时，一定数量的载流子在 CuO_2 层上发生的掺杂引起了超导电性的出现。由于 CuO_2 层的特殊重要性，人们观察了对 YBCO 中不同位置的元素进行置换所诱发的变化。例如，CuO_2 层中的 +2 价 Cu(2) 离子用其他 +2 价离子置换，无论是 +2 价磁性离子 Ni 还是 +2 价非磁性 Zn 离子，只需百分之几就可以完全破坏超导电性。而在 Cu(1) 位置上的这种置换效应对超导性的影响就弱得多。

同时 CuO_2 中 Cu—O 键长也是另一个决定超导性能的重要因素：首先，如果最近邻 Cu 原子的间距在 0.380～0.394nm 的范围内，那么 CuO_2 面内的 Cu—O 键长必须处于 0.190～0.197nm。这些 Cu 离子也可以和相邻层上的氧离子成键，但相比前面一种 Cu—O 键来说键长较长而且需要超过 0.22nm。换句话说，铜氧化物超导体的结构中包含着几种不等价的 Cu—O 键，即 CuO_2 层内的强键和垂直于 CuO_2 层的弱键，这也是高温超导体层状结构和各向异性的根本原因。YBCO 的各向异性使得其在相干长度、穿透深度、热稳定性、临界电流密度、临界磁场强度等方面都具有各向异性，即在垂直于 c 轴方向的 ab 面上和沿着 c 轴方向都有着明显的差异。

此外，YBCO 中每个单胞的氧含量通常并不是理想状态下的 7。当温度升高时，

YBa$_2$Cu$_3$O$_{7-\delta}$ 超导体氧含量减少,晶体结构从正交相转变为四方相,随之超导电性消失,如图 1-11 所示。正交-四方的临界温度取决于周围的气氛和氧分压。研究表明,正交相可以延扩到氧含量为 6.35。当氧含量小于 6.35 时才转变为四方相。严格的四方相 Y123 应该具有 YBa$_2$Cu$_3$O$_6$ 的化学式,此时一维 Cu—O 链上的 O 原子全部失去,Cu 的平均价态应该小于+2。此时剩余的电子并没有转移到 CuO$_2$ 面上,而是保留在 Cu—O 链的层面上,使 Cu(1)价态为+1,Cu(2)价态为+2,材料不显超导性。由于在常压常温下 YBCO 氧的扩散速率很小,容易保持亚稳相,因此通常应用不同条件热处理后退火,以获得不同氧含量的样品。

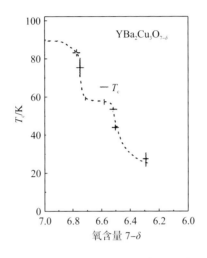

图 1-11　YBa$_2$Cu$_3$O$_{7-\delta}$ 单胞氧含量与临界温度 T_c 的关系

1.3.3　YBCO 的临界电流密度

YBCO 超导体的临界电流密度 J_c 与其显微组织形貌密切相关。YBCO 超导体由平行排列的片层状晶粒组成,这表明从微观形貌上看,YBCO 超导体具有高度的各向异性,因此可以推断其 J_c 也具有高度的各向异性。测量临界电流密度常用的方法有传输电流测量法和磁化电流测量法。

1. 传输临界电流密度

传输临界电流密度采用四端引线法进行直接测量,这种方法可以直观地给出超导体能够传输的无阻电流的大小。测量时,用恒流电源通过焊接在超导样品两端的电流引线给其提供电流 I,在测试回路中串接有分流器,电流的大小可通过分流器上的电压来检测和记录,同时通过焊接在中间的两根引线检测超导样品上的电压 V,这样即可直接获得超导体的 I-V 曲线。当通过超导体的电流小于其临界电流 I_c 时,电压 $V=0$。当 $I>I_c$ 时,电压 $V>0$,超导体失超,不再具有超导性,为了确定 I_c,一般采用电场强度 $E=V/L$ 作为判据。L 为超导样品上两根电压引线之间的距离。确定 I_c 常用的判据是 $E=0.1\mu V/cm$。如果改变超导体所处的温度及其背景磁场,则可以研究超导体的 I_c 在不同温度或磁场条件下的变化规律。虽然这种方法直观有效，但缺点是必须在超导体上焊接测量需要的引线。在陶瓷类超导体上焊接导线尚有一定的难度，特别是对需要通入大电流的超导体。

2. 磁化临界电流密度

磁化临界电流密度的测量是一种间接测量方法。按照电磁学理论，如果磁介质的磁化强度为 M，则与之相应的磁化电流密度 J 可表示为 $J = \nabla \times M$。对于超导体，同样可以通过测量其磁化强度的方法，计算其临界电流密度。对于截面为 $2a \times 2b\,(a<b)$ 的无限长超导样品，当外加磁场强度 H 垂直于样品截面(面积为 $2a \times 2b$ 的面)，且从 0 逐渐增加到 H_a，再从 H_a 逐渐减小到 0，继续减小到 $-H_a$ 后，再逐渐增加到 H_a 时，就可以得到样品的 M-H 磁化曲线，又称磁滞回线，如图 1-12 所示，对于不同的超导体，M-H 磁化曲线会有所不同。

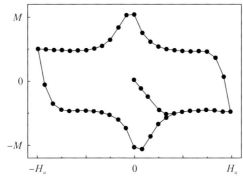

图 1-12　一种典型超导体的 M-H 磁化曲线

Umezawa 等[16]根据 M-H 磁化曲线计算出了截面为 $2a \times 2b$ 的无限长超导体的临界电流密度 J_c，表达式为

$$J_c = \frac{20M}{a\left(1 - \dfrac{2}{3b}\right)} \tag{1-7}$$

该式是根据 Bean 模型对无限长样品计算得到的。然而，用于研究 YBCO 磁化特性的超导块材的长度都是有限的。另外，Bean 模型认为超导体的电流密度与外加磁场强度无关，是一个常数，但实际上 YBCO 超导块材电流密度随外加磁场强度变化。因此，用该公式计算得到的临界电流密度与实际的临界电流密度相比，样品越短，计算得到的结果偏差越大。

1.3.4　REBCO 的磁化与捕获磁通密度分布

REBCO 超导块材除了具有在强磁场下大的无阻载流能力和良好的自稳定磁浮特性外，还有一个非常重要的物理性能，即具有特别强的磁通捕获能力。利用这一特性，可以将磁化后的超导体作为微型强磁场磁体。

对于一块 REBCO 超导体，如果采用不同的磁化方法，将会获得不同的捕获磁通密度分布，这与超导体的特殊物理性质密切相关。如果要充分发挥 REBCO 超导体的优势，使其达到最大的捕获磁通密度，就必须确保施加于超导体上的激励磁场强度足够高，至少超过该类材料的饱和磁化强度。对已磁化 REBCO 超导体的捕获磁通密度分布，可采用 Hall 传感器沿样品表面扫描的方式获得。对 REBCO 超导体常用的磁化方法主要有如下三种。

1. 常规电磁铁磁化法

这种方法的优点是设备简单，操作方便，可以在场冷条件下对样品进行磁化；缺点是磁感应强度比较低（< 3T）、能耗大，适用于较高温度范围的磁化研究，因为低温条件下 REBCO 超导体的捕获磁通密度可能高于该磁感应强度。另外，对捕获磁通密度很小的样品，也可用永磁体进行磁化。

2. 超导磁体磁化法

该方法的优点是可以在强的磁场（> 5T）、场冷条件下对样品进行磁化；缺点是需要复杂的制冷系统，操作复杂，运行成本高。

3. 脉冲磁体磁化法

该方法的优点是不需要复杂的冷却系统，操作简单，可在强磁场条件下对样品进行磁化，缺点是只能在零场冷条件下对超导样品进行磁化，并且由于强磁场的突变，会引起超导体内磁通的蠕动或流动，以及磁力、温升和热应力等问题，磁化效果没有场冷好。

日本 Murakami 等通过对单畴 YBCO 超导块材中心的钻孔，并浸渗低温 Bi-Pb-Sn-Cd 合金的方式，提高了热导性能和机械强度，克服了由于特高磁场强度引起样品断裂的问题，用这种方法强化的一个单畴 YBCO 超导块材（直径 2.65cm，厚度 1.5cm），在 78K、46K 和 29K 时样品表面的捕获磁通密度分别为 1.2T、9.5T 和 17.24T，这也是目前报道的单个样品的最高水平。这比常用的钕铁硼磁体的磁场强度高很多。因为不管钕铁硼磁体的直径多大、厚度多高，其表面磁感应强度也只有 0.6T 左右。这种微型强磁场永磁体可以广泛地用于超导磁浮轴承、储能飞轮、超导磁浮列车等领域。

1.3.5 铁基超导体

不同于铜氧化物高温超导体，铁基超导体的研究起步较晚[17]。到目前为止，赵忠贤领导的小组利用高压技术迅速在 $REFeAsO_{1-x}F_x$（RE = Pr, Nd, Sm, Gd）中发现了高达 50K 以上的超导电性，保持着铁基超导体临界温度最高的纪录。在此过程中，我国科研团队凭借在该领域的长期积累以及敏锐的洞察力，对铁基超导体的发现做出了重大贡献，同时超导机理方面的研究也有了重要进展。

在铜氧化物超导体中存在着晶粒弱连接效应，晶粒弱连接效应指的是电流在超导材料内传输时，晶界角的大小影响着电流的传输。当晶界角比较小时，电流的大小基本不受影响，当晶界角大于该材料的临界角时，传输电流会受到极大限制，呈指数衰减。YBCO

的晶界角从 3°增加到 45°时，其晶间电流密度急剧下降约四个数量级，所以制备 YBCO 带材必须采用薄膜工艺，使其产生双轴织构。而铁基超导体的晶粒弱连接效应要比 YBCO 小得多。虽然铁基超导材料中仍然存在弱连接效应，但晶界角从 9°增加到 45°时，晶粒间的临界电流密度只下降一个数量级，而且晶界角在 9°以内时临界电流密度几乎没有变化。正是由于这个原因，铁基超导材料可以采用更为廉价的粉末套管法来制备超导线/带材。超导体的各向异性也是实际应用中需要考虑的重要参数。铁基超导体的各向异性为 $1\sim 2$，远远小于铜氧化物超导体。在低温下对 Sm-1111($SmFeAsO_{1-x}F_x$) 和 Ba-122($BaAs_2Fe_2$) 单晶施加不同方向的磁场，其沿 ab 轴的临界电流密度和沿 c 轴的临界电流密度均相差不大，两者之间的比例分别为 2.5 和 1.5，这个数值远小于 YBCO 单晶的各向异性。

作为继铜氧化物超导体之后的第二大高温超导家族，铁基超导体具有更加丰富的物理性质和更有潜力的应用前景。从微观结构上看，铁基超导体的晶体结构、磁性结构和电子态相图均与铜氧化物超导体相似。从电子配对概念上来说，铁基超导体虽然在配对介质上与铜氧化物超导体类似，但是其配对方式上更接近于传统金属超导体。因此，铁基超导体这些介于铜基超导体和金属超导体之间的性质使得高温超导的研究之路有径可循，有助于人们揭开高温超导微观机理的神秘面纱。从 2008 年发展到现在，我国在高性能铁基超导材料的研制中一直处于世界前列，目前铁基超导材料研究已经在载流性能显著提高的基础上进入了实用化制备的快速发展阶段。

1.3.6　高温超导体的分型

高温超导体根据不同的应用场景与基本外形特征，可以分为线/带材、块材和薄膜三类。线/带材具有可弯曲、延展的优点，主要用于无损大电流输送和产生高强磁场；块材具有制备方法成熟、成本较低的优点，主要用于磁浮和磁屏蔽；薄膜则因为约瑟夫森效应，主要应用于制作超导电子器件。三类材料的主要应用场景和临界电流密度等列于表 1-1。

表 1-1　超导材料的主要应用场景和临界电流密度

外形形式	物理性质	应用	临界电流密度/(A/cm^2)	工作磁场强度/T
线/带材	零电阻效应	超导磁体(医用核磁共振成像)	1×10^5	2
		超导储能装置	5×10^4	5
		超导电动磁浮系统	1×10^5	4
薄膜	零电阻效应	无源微波装置	1×10^5	0.01
	约瑟夫森效应	超导量子干涉仪	1×10^5	0.06
块材	迈斯纳效应	磁屏蔽器件	$1\times 10^4\sim 3\times 10^4$	$0\sim 6$
	钉扎效应	超导钉扎磁浮系统	1×10^5	$0\sim 1$

　　其中，目前已经投入实际商业应用的只有高温超导带材，能进行实用生产的有铋锶钙铜氧（BSCCO）、钇钡铜氧（YBCO）和二硼化镁（MgB$_2$）三种带材。

　　使用 BSCCO 制备的带材，又称铋系带材或第一代高温超导带材，是最先投入使用的高温超导带材。虽然 BSCCO 的发现晚于 YBCO，但其实用化进程较快，这是由于其制备工艺较单一，流程简单且易于实现大规模制备。经过研究人员不断改进，目前较大的铋系带材生产商已拥有完备的流程生产线，可为各种超导应用项目提供高质量的产品。

　　使用 YBCO（图 1-13）制备的带材，又称钇系带材或第二代高温超导带材，是目前应用潜力最好的高温超导带材，其高温强磁场环境下的性能优于第一代高温超导带材，是未来高温超导带材的研究重点。钇系带材是一种通过薄膜外延生长技术将超导材料和缓冲物质沉积到柔性基带上，然后轧制裁剪成带状的超导材料，其制备工艺目前还处于研发阶段，但也有一些超导技术公司和研究机构实现了其批量生产。

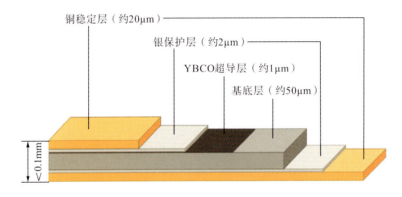

图 1-13　YBCO 带材的基本构成

　　MgB$_2$ 是 21 世纪初才被发现的新型超导材料，其本身是一种较廉价的超导材料，采用高性能多芯线的结构进行制备，制备工艺类似于第一代高温超导带材且拥有远优于第一代高温超导带材的单根长度。MgB$_2$ 带材的不可逆场高于第一代高温超导带材，且在超导限流器和各类型磁共振装置中展现出了良好的应用前景，有望在 $10\sim20$K、$1\sim3$T 工作区间替代低温合金超导带材，成为该类应用的主流产品。

1.3.7　应用与前景

　　超导体的应用，尤其是高温超导体的应用，和已经非常成熟并广泛应用的半导体工业相比只是刚刚开始，但高温超导体优异的物理性能所预示的广阔的实际应用前景、所蕴含的巨大发展潜力仍激励着人们去不断探索、开发。超导材料、超导技术、超导应用的进一步产业化、规模化，必将使超导行业发展成为改变世界的高新科技产业。超导体在电力、通信、医疗、国防、能源、航空航天等诸多领域已表现出很多优势。

　　以下将从强电这个主要方面介绍高温超导体的应用。高温超导材料的强电特性的应用主要是利用超导的零电阻效应与完全抗磁效应：一方面，低温下的零电阻效应意味着电流在超导线圈传导时不会产生焦耳热,这样可以降低输电过程中的损耗;另一方面,闭合的超导线圈在通电后能够维持较强的稳恒磁场,这样能够用来做超导磁体。因此,利用高温超导材料的强电特性,可以将其用于超导电缆、超导变压器、超导储能装置、超导电机、超导限流器、超导磁浮列车、超导钉扎磁浮等。

1. 超导电缆

高温超导电缆具有损耗小、传输容量大等特点,是有效解决大容量、低损耗电力输送的好方法。超导状态下,直流电阻几乎为零,因产生焦耳热而造成的损耗几乎可以忽略;交流状态下的损耗也非常低。高温超导体的临界电流密度要高于铜等常规导体,使传输相同的电量时所需的超导体材料尺寸更小,结构也更为紧凑,在大容量传输、地下电缆等应用时优势尽显。另外,超导材料做成的电缆可以在结构上将磁场集中于电缆的内部,极大地减少了电磁对环境的污染。

目前高温超导电缆的导电层主要采用 Bi2223 带材,其 T_c 可到 110K,因此可以采用液氮制冷,这不仅有利于环境保护,而且当发生故障时也不易造成火灾等危险。另外,高温超导电缆的低温结构比低温超导电缆要简单,因而具有更大的竞争潜力。

高温超导电缆技术发展现状如表 1-2 所示。

表 1-2　高温超导电缆技术发展现状

应用	研发单位	主要技术参数
电缆	美国超导公司(AMSC)	三相 600m,138kV
	日本东京电力公司	三相 100m,66kV
	中国国家电网有限公司	三相 1200m,35kV
限流器	美国通用原子能公司(GA)	三相桥路型,15kV
	欧洲耐克森公司(NEXANS)	三相电阻型,10kV
电动机	德国西门子公司	4.05MW
	美国超导公司(AMSC)	25.74MW
发电机	美国通用公司(GM)	100MW
变压器	瑞士 ABB 公司	18.7kV/420V,630kVA
	美国瓦克夏公司(Waukesha)	138kV/13.8kV,10MVA
储能装置	美国超导公司(AMSC)	1~10MJ
	日本九州电力公司	3.6MJ

2. 超导变压器

高温超导变压器具有重量轻、体积小、短路电流小等优点,而且过载能力强,相比于常规变压器过载 10%即会损坏,高温超导变压器在短时间过载运行时只会造成冷却功率增加。在系统短路时,高温超导变压器的线圈还能起到限流的作用。另外,相较于早期昂贵的 Bi 系超导带材,第二代 Y 系带材不仅 J_c 提高了十倍以上,而且其电磁性能和力学性能也都更好,这大大提高了高温超导材料的性价比,促进了高温超导变压器的市场化步伐。

3. 超导储能装置

超导储能装置原理基于电磁感应现象，是超导线圈在电网励磁作用下作为储能线圈将电能以磁能的形式进行能量储存的装置，所储存的能量是电磁能，其传输密度比常规线圈高 1~2 个数量级，而且能够产生强磁场，因此能达到 $10^8 J/m^3$ 的能量密度。不仅如此，超导储能装置还具有高达 95%的转换效率和快至几毫秒的反应速度，不仅能够对电力系统进行功率补偿，还能够提高电力系统的稳定性，改善供电质量。超导储能装置的主要应用有：消除低频功率的振荡，提高稳定性；调节尖峰负载，提高经济性；减少频率波动、电压波动与负荷波动，提高质量；有源滤波，减少污染；储备风能、太阳能等，做备用电源。

4. 超导电机

超导电机是用超导材料的导线替代一般的铜导线制成的电机，主要利用了超导线高电流密度、焦耳热耗散可忽略等特点。超导电机具有体积小、重量轻、单机容量大(可达百万千伏安)等特点，而且电抗可以减少 3/4，大大提高了电机的稳定性。另外，超导电机中可以省去铁芯，这样电机的绝缘水平也大大提高。超导电机有超导发电机和超导电动机两种。对于超导发电机，目前为止大部分都属于半超导发电机，因为超导材料在交变磁场中的损耗，仅在励磁绕组中完全采用超导体，而在电枢绕组中使用非超导材料。超导发电机具有效率高、损耗小、发电机输出范围大、绝缘设计简单、系统稳定性高等特点。对于超导电动机，利用高温超导块材可以提高超导磁阻电机的功率与动态特性等。我国在 2004 年制成的高温超导磁阻电机功率为 150W，比相同体积的常规电机输出功率提高了 4~5 倍。

5. 超导限流器

高温超导限流器是利用高温超导材料在超导态与正常态之间的相互转变这一物理特性起到限流的作用，将检测、触发、限流集于一体，具有损耗低、响应快、能自动复位等特点，是非常理想的限流装置，可以有效维护电网的安全。高温超导限流器能够在系统故障中大大降低短路电流，这大大改善了电能质量，提高了电力系统的安全性与稳定性，明显降低了建设、改造成本，还提高了输送容量。不仅如此，高温超导限流器可以用于保护整个母线、用于联络两端母线、保护母线上的单个负荷、调节系统潮流分布、配合变压器减少合闸电流冲击、配合发电机减少故障冲击等。中国科学院电工研究所在 2005 年已研制出的新型桥路式高温超导限流器额定电流可达 10.5kA，并已进行短路、运行实验。

6. 超导磁浮列车

利用高温超导体的零电阻效应，超导磁体可以产生强度远超常规电磁铁的磁场，由此诞生了超导电动悬浮的构想和实践(图 1-14)。目前，日本在该技术领域处于领先地位，其利用低温超导材料开发出了超导电动磁浮列车。日本超导电动磁浮列车将 Nb-Ti 超导线圈浸泡在液氦(零下 269℃)中，冷却使之达到超导态。在超导线圈中通以电流，形成超强磁场的超导电磁体。U 型轨道梁侧壁上连续排布着 8 字形金属线圈，当车载低温超导电磁体沿着轨道水平移动时，由于磁通量的变化，轨道侧壁上线圈内会产生感应电流，8 字形线圈下部磁场与车载超导磁体之间相互排斥，上部磁场与车载超导磁体之间相互吸引，使得车体悬浮起来。日本方面计划在不远的将来用高温超导线/带材取代 Nb-Ti 材料，以大幅降低制冷系统的功耗和费用。

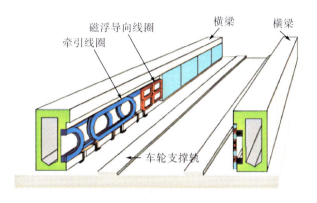

图 1-14　日本低温超导电动磁浮系统轨道示意图

日本于 1977 年建成一条 7km 长的宫崎试验线，轨道采用倒 T 型，后来又改为 U 型。1990 年开始，日本着手修建 42.8km 长的山梨试验线，并于 1993 年完成了其中的 18.4km。在山梨试验线上，2015 年 4 月 21 日，日本低温超导电动磁浮 L0 系列车跑出了载人速度603km/h 的世界纪录，这是目前人类轨道交通最高试验速度。目前，日本正在建设的中央新干线（东京到大阪）采用的便是此技术，设计运营速度为 505km/h。一期工程（东京到名古屋）计划于 2027 年开通，2045 年延伸至大阪，届时日本最大的两座城市东京到大阪的旅行时间将缩短至 1h。

7. 超导钉扎磁浮

利用第 II 类非理想高温超导块材的磁通钉扎效应，中国科学家探索出超导钉扎磁浮的崭新路线。超导钉扎磁浮是中国原创、技术领先并且具有完全自主知识产权的磁浮制式。该制式通过高温超导块材与永磁轨道的相互作用使车辆具有自导向和承载能力，具有磁浮导向一体化/自稳定，行进方向无固有磁阻力，绿色环保、安全可靠等优点。这部分内容是本书的叙述重点，将在后续章节详加呈现。

1.4　REBCO 超导块材的制备

由于具有穿透深度大、相干长度短、库珀电子对的空间局域性较强、磁通钉扎能力卓越且制备技术相对成熟等特点，稀土元素铜氧化物（REBCO，RE = Y, Gd, Sm, Nd）超导块材是相当长一段时间以来高温超导磁浮系统的热门材料，其中又以对钇钡铜氧的应用研究最为深入和广泛。从 21 世纪初问世的世界首辆载人高温超导磁浮验证车"世纪号"，到

2021 年初正式启用的世界首条高温超导高速磁浮工程化样车，皆采用 YBCO 超导块材作为提供悬浮力和导向力的核心材料。

REBCO 系超导体具有氧缺位的层状钙钛矿结构，超导电子相干长度很短，各向异性非常明显，从而使材料的织构化成为保证材料性能的关键。因此，高温超导块材又称准单畴或准单晶，其制备过程也称为晶体生长过程。并且，晶体结构的正交畸变、电子结构、缺陷特征等都会影响该类材料的超导性能。

1.4.1 晶体生长技术

1. 烧结法

烧结法是陶瓷加工处理中最为常见的方法，也是早期制备 YBCO 高温超导块材的常用方法。烧结法具有以下优点：①精确成型，满足实际应用需要；②对设备要求不高，混合物材料能够在较低的温度通过固相反应法制备；③通过控制温度程序能有效控制晶粒尺寸、孔隙等微结构。

然而研究表明，虽然烧结制备的氧化物超导块材的临界温度 T_c 可以达到较高的值，但是临界电流密度 J_c 却非常低，阻碍了烧结制备的块材的实际应用。在烧结的 YBCO 块材样品中，决定 J_c 的几个重要参数有材料的均匀性、材料的致密度、材料的氧含量(影响 T_c)、材料内部的裂纹、晶界处的耦合、晶粒的取向。而这些参数又受制备处理过程的影响。

尽管烧结法在陶瓷处理中常用，但是烧结法制备的 YBCO 块材中晶界引起的"弱连接"导致 J_c 值较低的现象是制备技术固有缺陷造成的，无法通过对工艺参数的优化而避免。因此，需要更优越的制备技术来制备能够符合实际应用的 YBCO 块材。

2. 熔化生长技术

由于烧结法无法解决晶界处的"弱连接"问题，无法制备具有高 J_c 值的铜氧化物超导体。为了克服这个问题，研究者提出了熔化生长技术。烧结技术是通过将坯体中的小晶粒在高温联结、长大，最终成为致密的块材；而熔化生长技术则是将坯体中的小晶粒在高温熔化、分解，然后在降温过程中重新结晶，最终使整个块材成为一个大晶粒(单畴)或多个大晶粒的耦合(多畴)。由于畴区内部不存在"弱连接"现象，此方法有效地减少了材料中晶界的数量和大小，能有效提高材料整体的 J_c。

熔化生长技术最早是由 Jin 等提出的熔融织构生长(melt textured growth，MTG)法，以及其他研究人员发展的其改进型，在此基础上 Murakami 等提出的淬火熔化生长(quench and melt growth，QMG)法及其改进型的熔化粉末熔化生长(melt powder melt growth，MPMG)法，Salama 等发展了液相处理(liquid phase process，LPP)法和周廉等提出的粉末熔化处理(powder melting process，PMP)法又使材料的性能有了进一步的提高。然而，上述方法制备的超导块材多含有多个织构化的畴区，虽然每个畴区内部的临界电流很大，但是畴区间的耦合却不强，存在"弱连接"现象，降低了块材整体的 J_c。材料的 J_c 若要有更进一步的提高，就要求整个块材成为一个超导单畴，尽可能消除"弱连接"。目前在籽晶引导技术的帮助下，单畴超导块材的制备已经得以实现。顶部籽晶熔融织构生长(top seeding melt texture growth，TSMTG)法和顶部籽晶熔渗(seeded infiltration and growth，SIG)成为当今主要的两大单畴块材制备技术。

1.4.2　REBCO 超导块材生长机理

1. REBCO 体系的相图

为了优化 REBCO 超导块材制备过程中的参数以及更好地了解晶体生长机理，必须对 REBCO 体系的相图和热力学特性有所了解。因为在高温下研究液相存在困难以及研究的主体是超导固相，所以大多数的研究集中于固相。然而，为了更好地理解源于液相的熔化生长以及单晶生长，关于液相线的相关信息非常重要[18]。

以 YBaCuO 为例，图 1-15 为 Y_2O_3-BaO-CuO 准三元相图，图 1-16 为空气中 Y123-Y211 的截面图。

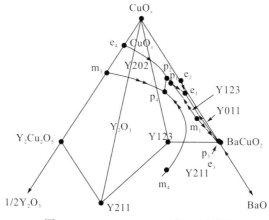

图 1-15　Y_2O_3-BaO-CuO 准三元相图

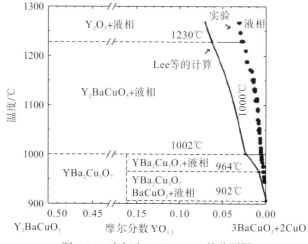

图 1-16　空气中 Y123-Y211 的截面图

YBCO 的主要结晶区域由以下四个平衡方程决定：

$$m_1: YBa_2Cu_3O_{7-\delta} \longrightarrow Y_2BaCuO_5 + L(m_1) + O_2(1020℃)$$

$$e_1: YBa_2Cu_3O_{7-\delta} + BaCuO_2 + CuO \longrightarrow L(e_1) + O_2(899℃)$$

$$p_1: YBa_2Cu_3O_{7-\delta} + CuO \longrightarrow Y_2BaCuO_5 + L(p_1) + O_2(940℃)$$

$$p_3: YBa_2Cu_3O_{7-\delta} + BaCuO_2 \longrightarrow YBa_4Cu_3O_9 + L(p_3) + O_2(991℃)$$

在 1230℃ 以上时，体系以 Y211 相与液相(L 是一种 BaO 和 CuO 的混合物)稳定共存的方式存在。当体系的温度降低至 1230℃ 以下时，Y_2O_3 相与液相发生包晶反应析出 Y_2BaCuO_5(Y211 相)：

$$Y_2O_3 + L(BaO + CuO) \longrightarrow Y_2BaCuO_5$$

当体系的温度在 1002～1230℃ 时，Y211 相与液相共存。如果长时间处于这一区域，体系中 Y211 相将会逐渐长大，这种现象称为"粗化"效应。当体系冷却至 1010℃ 以下时，Y211 相与液相发生包晶反应生成 $YBa_2Cu_3O_{7-\delta}$(Y123 相)：

$$Y_2BaCuO_5 + L \longrightarrow 2YBa_2Cu_3O_{7-\delta}$$

如果反应不充分或者组分偏离化学计量比，未参与反应的 Y211 相将会被捕获在 Y123 相中。所有的熔化生长技术就是利用上述两个包晶反应生成所需的块材。

2. 生长模型

自从 1987 年 YBCO 高温氧化物超导材料被发现以来，人们对其晶体生长机理就展开了详细的研究。研究人员从 Y123 相的成相动力学、成核方式、生长速率、生长方式以及生长界面形态等方面进行了研究。随后，很多研究人员对 SmBCO、NdBCO、GdBCO 等其他元素的超导单畴块材也进行了一些有关生长机制的研究。目前比较一致的结论是：REBCO 单畴超导块材的生长，有着类似的包晶生长过程。RE123 相通过以下包晶反应生成：

$$RE_2BaCuO_5 + 3BaCuO_2 + 2CuO \longrightarrow 2REBa_2Cu_3O_{7-\delta}$$

关于 RE123 相包晶反应的生长过程，以 Y123 相的研究最为深入和彻底。

目前，人们认为 Y123 相的包晶反应不同于传统合金体系中的包晶反应，当降温速率慢到反应足以进行时，会促进已存在的 Y123 相晶粒长大，这意味着 Y211 相在 Y123 相晶粒生长界面溶解后与液相反应以维持已经存在的 Y123 相晶粒长大。因此，Y123 晶体的生长主要受弥散在液相中的 Y211 相颗粒和 Y123 相晶粒与液相界面溶质 Y^{3+} 扩散所影响。

对于 Y123 相包晶合成反应，研究者原以为 Y211 相是 Y123 相的成核中心。Y123 相长大后便将 Y211 相包裹在其中，Y123 相依靠被包裹的 Y211 相的部分溶解进一步长大，溶质通过固相扩散到达 Y123 相表面，并与周围的液相发生包晶反应。根据这一模型，Y123 相中的 Y211 相的体积分数应当逐渐减小，Y211 颗粒的半径将会随着到生长前沿处距离的增大而减小，而 Y123 相的生长前沿将会是椭圆形。这种生长模型如图 1-17(a)所示。

然而，实验中观测到 Y211 相被 Y123 相包裹后，其尺寸并没有发生显著的变化。另外，Y123 相的生长前沿也并非椭圆而是呈平面状，如图 1-17(b)所示。据此 Izumi 等提出了另一种包晶生长模型，该模型中 Y211 相在液相中溶解释放出 Y^{3+}，当液相中的 Y^{3+} 过饱和时 Y123 相就会自发成核。成核后的 Y123 相一方面在择优生长方向上迅速长大，另一方面作为新的 Y123 相的成核点。通过 Y211 相的不断溶解，Y^{3+} 源源不断地通过液相扩散至生长前沿，使得 Y123 相晶粒持续长大。这一过程不断重复，最终形成片状的晶体结构，如图 1-18 所示。

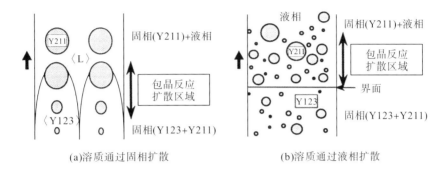

图 1-17 两种包晶反应生长模型

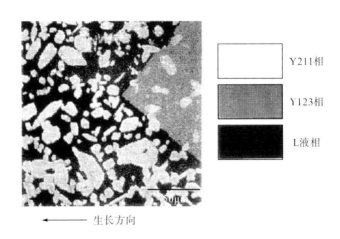

图 1-18 慢速生长时 Y123 相生长前沿的组分分布图
（白色为 Y211 相，灰色为 Y123 相，黑色为 L 液相）

在 Y123 相的生长过程中，与生长前沿接触且未溶解反应掉的 Y211 相则被 Y123 相俘获。被俘获后的 Y211 相颗粒不再继续提供 Y^{3+}，因此其尺寸也不再发生变化。由于该模型切合实验观测，常被用来描述和解释 Y123 相包晶合成的过程。这种溶质通过液相扩散的生长模型在五个假设的基础上进一步发展，用于讨论 Y123 相生长的各种问题。这五个假设是：①Y123 相生长速率取决于液相中溶质 Y^{3+} 的扩散速率；②Y123 相生长界面是平面，Y211 相粒子呈球状；③包晶反应在等温条件下进行；④体系的热物理性质稳定；⑤Y211 相粒子之间不存在相互作用，不同大小的粒子之间无相互影响。

1.4.3　顶部籽晶熔融织构生长法

TSMTG 法通过在坯体顶部放置籽晶来引导熔体织构生长，首先将坯体迅速加热到 Y123 包晶分解温度以上，在最高温度保持一段时间确保 Y123 相分解充分后，再迅速降温至稍低于包晶温度处，随后开始慢冷生长过程。由于籽晶提供了一个异质成核点，显著降低了成核所需的过冷度，因此熔体中第一个晶粒会在与籽晶的接触面上成核。由于晶体生长具有择优取向，晶粒在优势方向上会迅速长大，而在非优势方向上则起着籽晶的作用，随着 Y^{3+} 浓度的饱和，新的晶粒会在已长大的原有晶粒上成核。这个外延生长过程不断重复直至生长结束，最终获得一个含有一定缺陷的大晶粒，即 YBCO 单畴超导块材。

对于 YBCO 单畴超导块材，一般有两种慢冷生长方法。

第一种方法通过对熔体施加温度梯度，能够较为精确地控制单畴的生长。通过降低籽晶附近的温度能够有效减少单畴周围自发成核的发生。常见的方法是在籽晶上方放一个指形冷却器，从而形成一个围绕籽晶的径向温度梯度。这种生长方法的优点是能够长出大尺寸的单畴材料，缺点是单畴中缺陷较多，且缺陷密度随与籽晶的距离的增大而增加。

第二种方法则是让整个熔体处于等温状态下慢冷生长。比起第一种方法，这种方法的优点是生长的单畴具有均匀的微结构，而且可以使用同一温度流程批量化地生长多个块材，缺点是生长的单畴尺寸比较小。图 1-19 为在籽晶引导下织构生长扇区的示意图。

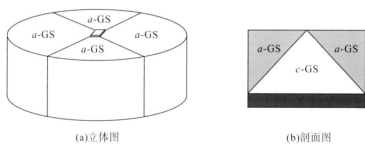

(a)立体图　　　　　　　　　　　　　　(b)剖面图

图 1-19　熔体在籽晶引导下织构生长扇区示意图

TSMTG 法对籽晶有如下要求：①籽晶与高温熔融状态的前驱坯体不发生反应生成杂相；②籽晶熔点高于前驱坯体中 RE123 相的包晶温度；③籽晶与前驱坯体中 RE123 相的晶格参数相近。根据籽晶放置时环境的不同，籽晶法又可以分为冷籽晶法和热籽晶法。

冷籽晶法是指在坯体熔化之前籽晶就已在坯体上，随坯体一起经历升温、恒温和快速降温三个过程。热籽晶法是指籽晶在坯体熔化之后才放上，一般在慢冷生长过程开始前放上。冷籽晶法对籽晶质量要求较高，籽晶需要在整个制备过程中都不会熔化，而热籽晶法则只要求慢冷生长时籽晶不会熔化即可，因此使用热籽晶法的生长程序可以进一步提高最高温度，使前驱物分解得更彻底。但是热籽晶法对相应设备技术的要求也更高，而冷籽晶法无特殊要求、操作简单。生长 YBCO 单畴超导块材时一般采用 NdBCO（熔点 1068℃）和 SmBCO（熔点 1054℃）单畴作为籽晶。

在空气气氛和冷籽晶条件下,采用 TSMTG 法生产 YBCO 单畴块材的一般工艺流程如图 1-20 所示。

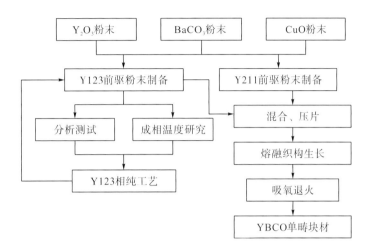

图 1-20　TSMTG 法生产 YBCO 单畴块材的一般工艺流程

1.4.4　顶部籽晶溶渗法

顶部籽晶熔渗(top seeded infiltration and growth,TSIG)工艺是籽晶引导技术和熔渗生长法的结合。该方法先将 Y211 相粉末压制成所需形状的坯体,而将 $Ba_3Cu_5O_x$ 粉末压成块作为液相源。在 Y211 相坯体上放置籽晶,并将 Y211 相坯体放置在液相源上方,使其保持稳定且紧密的接触。然后将整个模块升温至 Y123 相包晶温度之上 50~100℃并保持一段时间,确保液相源完全熔化。此时液相在毛细管力的作用下,从液相源慢慢渗进多孔的 Y211 相坯体中。最后迅速降温至包晶温度附近,在籽晶的引导下进行慢冷织构生长。

TSIG 法与 TSMTG 法相比具有如下优势:由于 TSMTG 法制备的单畴中既有在前驱坯体加入的 Y211 粉末,也有在包晶分解阶段产生的 Y211 相,因此单畴内部的 Y211 颗粒分布不均匀且粒径变化较大;而 TSIG 法中的 Y211 相源自 Y211 相坯体,因此通过前期对 Y211 相粉末进行细化处理,可以有效控制产物中 Y211 相颗粒的尺寸和分布。并且在 TSIG 法中可以对液相源的组分进行优化,使其富 Ba 或富 Cu,从而改变液相的黏滞系数和 Y^{3+} 的浓度。TSIG 法的另一大优势是避免了 TSMTG 法中存在的液相流失的问题。由于重力的作用,熔体中的液相总是往下流,这将导致整个熔体的组分不均匀,而 TSIG 法利用毛细管力避免了这个问题,制备的样品几乎不收缩。因此,TSIG 法制备的单畴具有致密度高、坯体收缩小、材料形变和裂缝小的优点,有利于复杂形状样品的制备。

图 1-21 显示了 TSIG 法与 TSMTG 法坯体装配方式的区别。TSIG 法要求生长前液相必须充满 Y211 坯体,而只有当籽晶与熔体有良好接触的情况下才能引导单畴生长。由于这一过程无法实时观测,前期必须进行大量的实验才能摸索出合适的温度程序,一定程度上增加了制备的困难度。

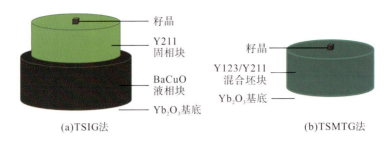

图 1-21 TSIG 法与 TSMTG 法坯体装配方式的区别

1.4.5 REBCO 超导块材制备方法

1. 基本工艺

以最成熟的高温超导材料——钇钡铜氧(YBCO)块材为例,高温超导块材制备的工艺流程主要包括:前驱粉末 $YBa_2Cu_3O_{7-\delta}$(Y123)、Y_2BaCuO_5(Y211)的制备,籽晶的选择和制备,顶部籽晶熔融生长过程,以及后退火吸氧处理。在整个制备过程中,需要确定的工艺参数和细节包括:前驱粉末的原料选择及粒度;用于诱导晶体生长的籽晶的选择;样品生长窗口的确定以及热处理曲线的调整;确定反应气氛;根据样品几何大小和形状,确定退火(吸氧)处理的温度和时间。

2. 前驱粉末的准备

制备前驱粉末的方法有很多,最常用的主要有固态反应法、化学合成法以及等离子合成法等。在这几种方法中,等离子合成法设备昂贵,制备成本较高;化学合成法可以制备出纯度高、粒径小的超细粉末,但工艺较复杂、周期较长、污染严重、成本较高;相对而言,固态反应法操作简便,对设备的要求不高,也可制备高质量的粉末。因此,这里主要介绍用固态反应法制备前驱粉末的方法。

以制备 YBCO 超导块材为例,需要的前驱粉末包括 $YBa_2Cu_3O_{7-\delta}$(Y123)、Y_2BaCuO_5(Y211);$Ag(Ag_2O)$ 用于填充生长中生成的孔隙,增加材料力学性能,同时降低包晶分解临界温度(T_p);Pt 或 CeO_2 用来抑制 Y211 的粗化、长大。

Y211 和 Y123 可以直接购买,也可以通过烧结和粉碎制备。制备 Y123 会使用到 Y_2O_3、$BaCO_3$ 和 CuO,按相应化学计量配比充分混合;制备 Y211 会使用到 Y_2O_3、BaO_2 和 CuO,按相应化学计量配比充分混合;以上原料皆为分析纯,混合后在空气中反复煅烧(煅烧温度在 900~940℃,需根据实际炉温探索决定)和研磨,得到较为纯净、碳含量低及粒度小(0.1~10 μm)的前驱粉末。相关化学反应方程式如下:

$$Y_2O_3 + 4BaCO_3 + 6CuO \longrightarrow 2YBa_2Cu_3O_{7-\delta}(Y123) + 其他$$
$$Y_2O_3 + BaO_2 + CuO \longrightarrow Y_2BaCuO_5(Y211) + 其他$$

所有前驱粉末都需通过粉末 X 射线衍射(diffraction of X-ray,XRD)测试,若纯度不达标,则重复以上煅烧/研磨过程,直到获得单相 Y123 和 Y211 粉末。完全反应后的 Y123

相粉末为黑色，Y211 粉末为翠绿色。所得 Y123 和 Y211 粉末再经激光粒度分析仪测定粉末的平均粒径。

Y211 相含量对前驱坯体的结晶生长过程有关键影响，随着前驱坯体中 Y211 相含量的增加，YBCO 熔体的结晶温度降低；随着前驱坯体中 Y211 相含量的增加，YBCO 单畴生长速率增大。

3. 前驱坯体的压制

在制备好各种前驱粉末材料后，即可开始制备单畴 REBCO 超导块材，首先要确定采用什么方法、制备哪种 REBCO 超导块材，这样才能确定如何配料，因为不同的方法、不同种类的 REBCO 超导块材所用的前驱粉末不同，需要压制的坯体数目也不同。在配好料后，压坯之前又必须知道要制备什么形状的超导块材，如圆柱形、圆环形、六棱柱形或多孔形，才能选择相应的模具，一般实验用的都是圆柱形坯块。下面以圆柱形单畴 REBCO 超导块材的研究为例进行分析。

对于 TSMTG 法单畴 REBCO 超导块材前驱坯体的制备，前驱坯体主要包括三类粉体：RE123 粉体、RE211 粉体、细化 RE211 粒子的化合物或其他可提高 REBCO 超导块材磁通钉扎能力和超导性能的化合物粉体。将这三类粉体按设计的比例秤料，一起混合均匀后，压制成圆柱形坯体备用即可。

对于 TSIG 法单畴 REBCO 超导块材前驱坯体的制备，前驱坯体主要包括四类：RE123 粉体、RE211 粉体、$BaCuO_2$ 粉体、细化 RE211 粒子的化合物或其他可提高 REBCO 超导块材磁通钉扎能力和超导性能的化合物粉体。与 TSMTG 法不同，采用 TSIG 法时，需要压制两个成分不同的圆柱形前驱坯体。一个为固相前驱坯体，另一个为液相前驱坯体，两个前驱坯体直径可以相等，也可以不同。固相前驱坯体的成分为 $BaCuO_2$，液相前驱坯体的成分为 RE123 和 RE211，以轴对称的方式将固相前驱坯体叠放在液相前驱坯体之上，即可完成前驱坯体的制备。坯体的压制可采用单轴压片机压制，也可采用等静压机压制。只要能够保持坯体形状的完整性，压制时压力越大越好。在同样的压力条件下，等静压机压制的坯体均匀性更好。坯体的直径可根据需要确定，一般为 20～50mm。

4. 籽晶技术

籽晶技术对生长优质高温超导单畴块材至关重要。不论是采用 TSMTG 法还是 TSIG 法制备 REBCO 超导块材，都必须选择良好的籽晶，只有这样才可能制备出高质量的单畴 REBCO 超导块材[19]。用于制备低熔点或包晶反应温度较低的 REBCO 超导块材的籽晶较多，如对 YBCO 超导块材而言，MgO 单晶、$LaAlO_3$ 单晶、NdBCO 以及 SmBCO 单晶或织构样品等均可作籽晶(但 MgO 单晶和 $LaAlO_3$ 单晶材料与 REBCO 晶体晶格的匹配度较差，不易生长良好的样品)[20]。对于高熔点或包晶反应温度较高的 REBCO 超导块材，其可选用的籽晶则不多。

选择籽晶时应尽量满足以下基本要求：

(1)籽晶的晶格常数与 REBCO 超导体的晶格常数接近，若相同则更好，可有效引导 REBCO 晶体外延生长；

（2）籽晶的熔点要高于 REBCO 超导体的包晶分解温度，保证在晶体熔化生长过程中籽晶不会熔化分解；

（3）籽晶要有良好的化学稳定性，不能与 REBCO 超导体发生化学反应；

（4）籽晶的成本不能太高。

在具体使用当中有两种通常应用的模式：热籽晶法和冷籽晶法。热籽晶法需将籽晶在高温下放置于半熔融的粉末上，该方法很容易获得单畴结构，且对籽晶的耐高温要求相对较低；但由于其操作和设备的复杂性以及很难保证籽晶放置在生长面的正确位置，该类方法并不适合于工业化大规模生产。冷籽晶法是在室温下将籽晶预先放在样品上的方法，其生长过程如图 1-22 所示。冷籽晶法操作相对比较方便，对籽晶的热稳定性要求高，必须能承受 T_p 以上几十开尔文的高温熔化过程。通常 REBCO 系列块材生长的普适籽晶材料应具有如下性能：诱导 c 轴外延取向的能力、无污染、高热稳定性并适用于大规模制备的冷籽晶法。

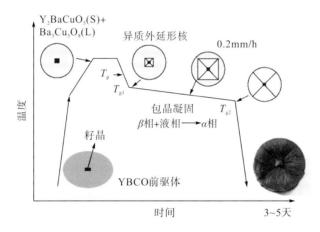

图 1-22　冷籽晶法引导 REBCO 超导块材熔化生长过程

一些重要 REBCO 材料的熔点、临界温度（T_c）以及临界电流密度（J_c）如表 1-3 所示。目前生长 YBCO 块材主流采用的是 SmBCO 块体籽晶或 NdBCO 薄膜籽晶。这两种籽晶与 YBCO 具有良好的晶格匹配度，并均可耐受 YBCO 熔点几十摄氏度以上的高温，以确保在热处理过程中 YBCO 坯体完全熔化。

表 1-3　主要 REBCO 材料的熔点、T_c 以及 J_c

(RE)Ba$_2$Cu$_3$O$_7$	熔点/℃（±5℃）	T_c/K	J_c/(kA/cm^2)
Nd	1085	95.0	40～50
Sm	1060	93.5	40～50
Gd	1040	92.5	50～60
Y	1005	92.0	20～30

若使用 SmBCO 块体籽晶，则用 2mm×2mm 尺寸的 MgO 单晶诱导生长前驱坏体为 Sm123 + Sm211 的多晶材料。生长后，将其压碎，挑选单晶面完整的晶块，夹、剪后储存使用。

若使用薄膜籽晶，目前普遍使用的薄膜籽晶主要为 NdBCO 薄膜，即 NdBCO/MgO 薄膜。NdBCO/MgO 薄膜在熔融织构生长中一般能承受的 T_{max} 约为 1100℃，能基本满足 REBCO 体系中大部分超导块体的籽晶需求。目前，世界上仅德国 Ceraco 公司可以生产高面内取向、高热稳定性的 NdBCO/MgO 薄膜。

5. 热处理工艺

TSMTG 工艺目前包含两种不同的热处理技术：等温生长、慢冷生长。

等温生长是将坏体从最高温度 (T_{max}) 冷却到典型的低于包晶分解温度 (T_p) 以下 6～10℃的温度，然后保持在这个温度 (T_{iso}) 100～150h，使得成核过程从籽晶下方开始蔓延，并把整个样品变成一个单晶。

而慢冷生长是将坏体从略高于包晶分解温度 (T_p) 的某一温度 T_{g1} 开始缓慢降温，直至低于包晶分解温度 (T_p) 25～30℃的某个温度 T_{g2}。样品在慢冷过程中逐渐长为单晶。该降温速率一般控制在 0.2～0.5℃/min，对用于热处理的高温炉具控温精度有较高的要求。

虽然每个步骤对热处理后的单个晶粒的微观结构和相关超导性能都有独特的影响，但这些步骤的结合能够使单个晶粒长大。例如，在使用慢冷技术处理的样品中，晶体取向错误(单个晶粒内的小角度错误)的影响通常更严重。但慢冷技术产生的孔隙、裂纹数量及密度普遍低于等温法，其还能在超导 RE123 相基体中产生更细、分布更均匀的 RE211 相，这是增强磁通钉扎能力所必需的，也是该方法的特点。基于此，慢冷方法的 TSMTG 工艺目前已被普遍认为是获得具有最佳实际应用性能的大型单畴超导体的首选方法。

6. 生长温度窗口

在 REBCO 超导块材熔化生长过程中，REBCO 样品都必须先升到最高温(高于包晶分解温度 T_p)，使 RE123 熔化分解成 RE211(或 RE422)和 Ba-Cu-O 液相，RE123 相的熔化分解温度对应于固相线上的一点(成分确定的情况下)，再降温到 T_p 以下，进行 RE123 晶体生长，固相线和液相线并不重合。RE123 晶体的慢冷生长过程，实际就发生在固相线和液相线之间的温区。在传统 TSMTG 法和 TSIG 法中，前驱块材中均包含 RE123 相材料，RE123 晶体生长过程包括 RE123 相的熔化分解，以及由 RE211(或 RE422)相和 Ba-Cu-O 液相再次反应生成 RE123 晶体两个过程。

在单畴 REBCO 超导块材熔化生长过程中，即使采用籽晶引导的方法，也很难保证在籽晶之外不出现随机成核现象。在 REBCO 前驱块达到完全熔化分解的情况下，最关键的因素就是确定 REBCO 晶体生长温区。若温度过高，则 REBCO 超导晶体无法生长或生长缓慢，温度过低则易出现随机成核现象，无法制备单畴 REBCO 超导晶体，因此最关键的就是确定 RE123 晶体生长的合理温度区间，即 RE123 晶体的起始生长和停止生长之间的温度，又称 RE123 晶体的生长温度窗口。一般情况下，只要在该温度窗口内以合适的冷却速率进行晶体生长，即可制备出需要的 REBCO 超导块材。确定其生长的温度窗口，常用的方法主要有以下两种。

1) 差热分析法或示差扫描量热法

差热分析(differential thermal analysis，DTA)法是一种测量待测物质和参比物的温度差与温度或者时间的关系的测试技术，可广泛应用于测定物质在热反应时的特征温度及吸收或放出的热量，包括物质的相变、分解、化合、凝固、脱水、蒸发等物理或化学反应；示差扫描量热(differential scanning calorimetry，DSC)法是另一种热分析法，是测量输给待测物质和参比物的功率(如以热的形式)差与温度关系的一种技术。DSC 法和 DTA 法的原理相同，功能也基本相同，只是具体细节不同，DSC 法的准确性、分辨率和稳定性稍优于 DTA 法。

一种典型的 Y123 + xY211($x = 0.35$) 混合物的 DTA-DSC 曲线如图 1-23 所示。由图可知，Y123 + xY211($x = 0.35$) 相的熔化分解温度对应于图中的最大吸热峰，温度约为 999℃，从而可以估计该混合物包晶分解温度 T_p 处在这一大致区间。

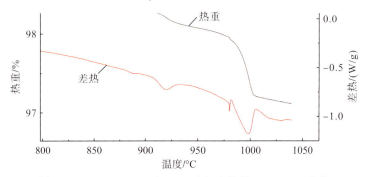

图 1-23　Y123 + xY211($x = 0.35$) 混合物的 DTA-DSC 曲线

2) 淬火生长法

DTA 法或 DSC 法所用样品的量很少，升降温速率较快，故可以粗略确定 RE123 晶体生长的温度窗口。在制备单畴 REBCO 超导块材时，所用的样品质量一般都在十几克到几十克，有些大样品甚至用到几百克粉体。因此，用 DSC 法或 DTA 法确定的温度窗口不能直接用于大尺寸单畴 RE123 晶体生长，只能作为参考。在前驱坯体的组分配比和其他技术参数确定的情况下，可采用等温生长与淬火方法相结合的方案研究 REBCO 样品在不同温度下的生长情况，进而确定最适合 REBCO 单畴样品生长的温度窗口。

7. 渗氧处理

生长成功的超导块材样品刚出炉时的超导性能极差，这是由于在前述的热处理过程中材料内部的氧元素逸出，导致材料发生了从超导到非超导的相变。故生长完成后一般需要对样品在合适的温度和流动氧氛围下进行渗氧处理。

对于 REBCO 晶体，氧含量的高低与样品热处理的温度、环境氧分压高低，以及热处理时间等密切相关。从晶体结构上看，$REBa_2Cu_3O_{7-\delta}$ 晶体随着 δ 的变化，相应的晶格常数也发生变化。例如，对 $YBa_2Cu_3O_{7-\delta}$ 晶体而言，从四方相向正交相转变的临界氧含量 δ 约为 0.65；当 $\delta > 0.65$ 时，$YBa_2Cu_3O_{7-\delta}$ 晶体为氧无序的四方相；当 $\delta < 0.65$ 时，$YBa_2Cu_3O_{7-\delta}$ 晶体为氧有序的正交相。当氧含量较大（δ 接近 0）时，随着氧含量的增加，$YBa_2Cu_3O_{7-\delta}$ 晶体从四方相逐渐转变到正交相，使 ab 面内的晶格常数 a 减小，b 增大；c 轴方向的晶格常数减小。

样品中氧含量的高低，不仅影响 $YBa_2Cu_3O_{7-\delta}$ 的晶体结构，而且对其超导性能也有明显影响。图 1-11 是 $YBa_2Cu_3O_{7-\delta}$ 晶体的临界温度随 δ 的变化规律。由图可知，随着氧含量的增加（δ 减小），$YBa_2Cu_3O_{7-\delta}$ 晶体临界温度 T_c 越来越大。当 $0 < \delta < 0.2$ 时，T_c 约为 90K；当 $0.3 < \delta < 0.5$ 时，T_c 约为 60K；当 $\delta > 0.5$ 时，T_c 迅速下降。其他 REBCO 材料的晶体结构，T_c 随氧含量的变化趋势与 $YBa_2Cu_3O_{7-\delta}$ 晶体类似，只是具体参数因 RE 元素的不同而不同，如 NdBCO 晶体从四方相向正交相转变的临界氧含量 δ 在 0.45 左右。

1.4.6　REBCO 超导块材制备研究的缺陷

一般情况下，晶体材料生长基本都在封闭的高温炉内进行，人们根本看不见炉内的样品，更无法看到高温下晶体的生长过程。因此，要了解热处理过程对样品形貌、晶体生长规律和性能的影响，只能等样品出炉以后，再进行观察和分析。这种常用的"黑箱实验"方法，每一次最多只能获得一个独立变量在某一特定值时对该样品产生的影响，如确定 RE123 晶体生长温度窗口采用的淬火方法就是如此。

如果要采用"黑箱实验"方法优化一个物理参量，就必须做多次类似的实验，方能了解该参数对样品形貌、生长规律和性能的影响。在这种情况下，仅研究一个独立变量对其晶体生长规律的影响就需要多个样品、多次实验，会造成材料、能源、设备和时间的巨大浪费，既不环保也不节能。

1.5　本　章　小　结

本章立足于超导钉扎磁浮的应用背景，概括性地梳理了超导物理的发展与研究历程，展示了围绕超导电性的主要现象与物理理论；介绍了高温超导体的定义、基本特性及其应用前景，特别地，较为详细地说明了以 YBCO 为代表的铜氧化物高温超导体的研究历程、物质结构、物理特性和有关制备方法的研究进展。超导物理是一门前沿的、蓬勃发展的物理学科，探索临界温度更高、应用潜质更强的新型超导体一直是科学家百余年来孜孜不倦追求的目标。YBCO 铜氧化物超导体既是人类发现的首个临界温度突破液氮温区的超导体，也是目前唯一被广泛用于钉扎磁浮的超导体。目前，人们主要关注通过制备工艺的改善，优化 YBCO 的磁通钉扎性能，提高制备成功率并降低成本，从根本上更好地适应工程化应用。有关利用 YBCO 超导体的超导钉扎磁浮系统的电-磁-热-力关系研究，将在后续章节详加展开。

参 考 文 献

[1] Kittel C. 固体物理导论[M]. 北京: 化学工业出版社, 2019.

[2] 黄昆. 固体物理学[M]. 北京: 北京大学出版社, 2009.

[3] Bednorz J G, Müller K A. Possible high -T_c superconductivity in the Ba-La-Cu-O system[J]. Zeitschrift für Physik B: Condensed Matter, 1986, 64(2): 189-193.

[4] Takagi H, Uchida S I, Kitazawa K, et al. High -T_c superconductivity of La-Ba-Cu oxides[J]. Japanese Journal of Applied Physics, 1987, 26(1A): L1.

[5] Chu C, Hor P, Meng R, et al. Evidence for superconductivity above 40K in the La-Ba-Cu-O compound system[J]. Physical Review Letters, 1987, 58(4): 405-407.

[6] Wu M, Ashburn J, Torng C, et al. Superconductivity at 93K in a new mixed-phase Yb-Ba-Cu-O compound system at ambient pressure[J]. Physical Review Letters, 1987, 58(9): 908-910.

[7] Nagamatsu J, Nakagawa N, Muranaka T, et al. Superconductivity at 39K in magnesium diboride[J]. Nature, 2001, 410(6824): 63-64.

[8] 王家素, 王素玉. 超导技术应用[M]. 成都: 成都科技大学出版社, 1995.

[9] Wen H H, Mu G, Fang L, et al. Superconductivity at 25K in hole-doped $(La_{1-x}Sr_x)OFeAs$[J]. EPL (Europhysics Letters), 2008, 82(1): 17009.

[10] Chen X H, Wu T, Wu G, et al. Superconductivity at 43K in $SmFeAsO_{1-x}F_x$[J]. Nature, 2008, 453(7196): 761-762.

[11] Ren Z A, Yang J, Lu W, et al. Superconductivity at 52K in iron based F doped layered quaternary compound $Pr[O_{1-x}F_x]FeAs$[J]. Materials Research Innovations, 2008, 12(3): 105-106.

[12] Gao Z S, Wang L, Qi Y P, et al. Superconducting properties of granular $SmFeAsO_{1-x}F_x$ wires with T_c=52K prepared by the powder-in-tube method[J]. Superconductor Science and Technology, 2008, 21(11): 112001.

[13] 吴杭生, 管惟炎, 李宏成. 超导电性: 第二类超导体和弱连接超导体[M]. 北京: 北京大学出版社, 2014.

[14] 松下照男. 超导体中的磁通钉扎[M]. 索红莉, 等译. 北京: 北京大学出版社, 2014.

[15] 杨万民. REBCO超导块材及其性能[M]. 北京: 北京大学出版社, 2020.

[16] Umezawa A, Crabtree G W, Liu J Z, et al. Enhanced critical magnetization currents due to fast neutron irradiation in single-crystal $YBa_2Cu_3O_{7-\delta}$[J]. Physical Review B, 1987, 36(13): 7151-7154.

[17] 伊久莫夫, 库尔马耶夫. 铁砷化合物高温超导体[M]. 影印版. 北京: 北京大学出版社, 2014.

[18] Shiohara Y, Endo A. Crystal growth of bulk high-T_c superconducting oxide materials[J]. Materials Science and Engineering: R: Reports, 1997, 19(1-2): 1-86.

[19] Xu H H, Chen Y Y, Cheng L, et al. YBCO-buffered NdBCO film with higher thermal stability in seeding REBCO growth and recycling failed bulk YBCO superconductors[J]. Journal of Superconductivity and Novel Magnetism, 2013, 26(4): 919-922.

[20] 姚忻, 钱俊, 徐家跃. 氧化物薄膜的高热稳定性能及其在晶体生长中的应用[J]. 上海应用技术学院学报(自然科学版), 2015, 15(4): 311-320.

第 2 章　超导钉扎磁浮原理与特点

当今社会中，机械运动无处不在。现有技术条件下，大到火车、轮船、飞机、汽车，小到钟表、自行车、风扇等机器，其中的机械运动主要通过各种发动机带动轮轴接触式旋转来实现。接触式的旋转带来摩擦力、磨损、噪声、发热等缺陷。因此，人们希望通过非接触的磁浮代替机械接触，尤其在接触力大、旋转速度快的情况下，如磁浮列车、磁浮轴承、磁浮电机、磁浮飞轮储能等。实现磁浮的方式虽多但并非易事，往往需要额外的能源供给和条件要求，增加了系统复杂度和构造成本。20 世纪以来，随着超导物理和技术的发展，超导技术开始应用于磁浮中。20 世纪 80 年代末，伴随着高温超导体出现的超导钉扎磁浮技术新颖而独特，引起了研究者的关注。在第 1 章超导物理与超导体的基础之上，本章对超导钉扎磁浮的原理和特点进行阐述。首先介绍该现象的发现过程，然后对基本原理进行解释，再介绍该磁浮技术的主要特征。最后侧重于实验方面，梳理和总结实验研究和优化成果。

2.1　发　　现

1842 年，英国物理学家恩肖(Earnshaw，1805～1888 年)在研究点粒子集在静电力作用下的稳定静止问题时提出著名的恩肖理论(Earnshaw's theorem)。理论指出，满足平方反比关系的点粒子集不能实现稳定悬浮[1]。永磁体与铁磁质、永磁体之间的作用力为平方反比关系，不能产生稳定的悬浮。从势能角度分析，实现稳定悬浮要求稳定点处势能为极小值，但是根据拉普拉斯方程，电势在无电荷区域不存在局部极值，极值只能在边界处，因此无法实现稳定悬浮。

根据最小势能原理，在一切可能的位移中，真实的位移总使总势能取最小值；反之，使总势能取最小值者也必是真实的位移。如图 2-1 所示，当小球处于谷底时，小球是稳定的；而小球处于峰处时是不稳定的。而铁磁质之间的势能类似于马鞍形，小球无法稳定。

恩肖理论后来被布鲁贝克(Braunbeck)于 1939 年应用在磁介质或者电介质在磁场或者电场中的稳定问题。布鲁贝克指出，对于相对磁导率小于 1 的磁介质，可以在静磁场中保持稳定。相对磁导率小于 1 的磁材料，通常称为抗磁质，金属铋、锑、水以及绝大多数的有机物都是抗磁质，依靠抗磁质实现的稳定悬浮通常称为抗磁性悬浮。但是抗磁质的磁化率绝对值往往很小，一般抗磁物质的磁化率约为负百万分之一。目前磁化率最大的抗磁质为热解碳，其磁化率为-400×10^{-6}H/m，所以实现抗磁质悬浮往往需要比较强的磁场。诺贝尔物理学奖获得者盖姆(Andre Geim)在 1997 年首次成功用 16T 的磁场将一只青蛙悬浮(图 2-2)。但是在日常环境中，16T 磁场难以实现。

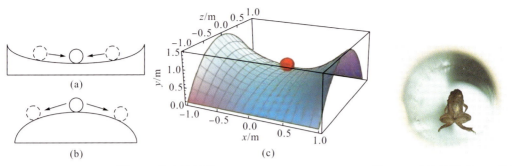

图 2-1　稳定性示意　　　　　　　　　　图 2-2　青蛙悬浮于 16T 磁场中

悬浮有两种实现途径:一是利用永磁体之间或者永磁体与铁磁质之间的磁力,通过额外控制或者位移限制实现其稳定悬浮,如电磁悬浮采用主动控制实现电磁体和铁的稳定悬浮;永磁悬浮一般采用多个方向的限位实现永磁体和永磁体之间的悬浮。第二种途径是依靠抗磁性质实现稳定悬浮。如前所述,普通的抗磁质的磁化率很小,实现抗磁浮需要苛刻的条件。但是有两类较为特殊的抗磁质,一类是存在涡流的导体,依据该原理实现涡流悬浮和电动悬浮;另一类则是超导体。

如第 1 章所述,在 1933 年,Meissner 与 Ochsenfeld 发现超导样品被冷却至超导相变温度以下时将体内磁场完全排除的迈斯纳效应[2]。1945 年,科学家观察到超导体可以稳定悬浮在磁体上方。当第 I 类超导体处于临界磁场强度(H_c)以下时,迈斯纳效应使得超导体在小于穿透深度的表面产生抗磁屏蔽电流以抵御外磁场变化来保证体内磁场为零,抗磁屏蔽电流和外磁场的相互作用力产生了稳定悬浮,这种磁浮现象是一种抗磁性悬浮现象,该现象具有无须额外控制便可实现自稳定悬浮的优越性。但由于第 I 类超导体临界磁场强度很低,屏蔽电流较小进而导致相互作用力较小。第 I 类超导体的应用条件苛刻(临界温度、临界磁场强度和临界电流密度低),只有少数应用研究,如应用该现象的磁浮轴承。

如图 2-3 所示,第 I 类超导体在外磁场 $H_e = H_c$ 时,会出现从 Meissner 态(即完全抗磁态)到正常态的突变。而第 II 类超导体则不同,其存在两个临界磁场强度,即 H_{c1}(下临界磁场强度)和 H_{c2}(上临界磁场强度)。当 $H_e = H_{c1}$ 时,并不会产生从 Meissner 态到正常态的突变,而是逐渐转变,在 H_{c2} 才完全转变为正常态。当超导体处于 $H_{c1} \sim H_{c2}$ 时称其为处于混合态。当超导体处于混合态时,磁场以磁通量子的形式渗透进超导体中。由于混合态的存在,临界磁场强度范围提升,第 II 类超导体的应用范围扩大。

第 II 类超导体有理想和非理想之分。理想第 II 类超导体在有电流通过时,电流产生的洛伦兹力会与磁通线发生相互作用,导致原本静止的磁通线沿某一方向移动,从而在电流方向产生电压,即产生了电阻。电阻的产生还带来热量的产生,这极大地限制了理想第 II 类超导体的发展和应用。相比于理想超导体,非理想第 II 类超导体又称“脏超导体”。由于晶体的不均一性和各种缺陷如位错、空位和空晶等,非理想第 II 类超导体存在一些非超导态的钉扎中心。与超导区域相比,钉扎中心的能量较低,形成能量势阱,限制磁通线的运动,钉扎中心作用在磁通线上的力称为“钉扎力”。由于存在钉扎中心对磁通线的限制,非理想第 II 类超导体处于混合态时,在很高的横向磁场下,仍可以承载很大的体超导电流，因此其发展前景更加广阔。当然，当温度高于绝对零度时，由于热激活的存在，磁通线总是有一定的概率从一个钉扎中心迁移到另一个钉扎中心，这种磁通线发生跳跃式的无规则运动称为磁通蠕动，但是和理想超导体的磁通热运动相比，磁通蠕动的规模要小得多。

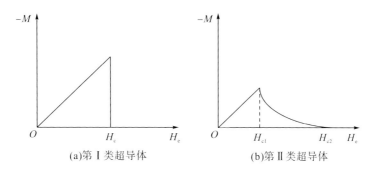

(a)第Ⅰ类超导体　　　　　　(b)第Ⅱ类超导体

图 2-3　超导体磁化与外加磁场的关系

当非理想第Ⅱ类超导体被发现后，超导体的应用范围更加广阔，但是仍旧需要稀有昂贵的液氦进行冷却以获得超导状态。随着研究的不断深入，超导体的转变温度不断提高，逐渐接近了液氮温度。1987 年，美国休斯敦大学朱经武团队[3]和中国科学院物理研究所赵忠贤团队相继发现临界温度 T_c 高达 93K 的钇钡铜氧(YBCO)超导材料。高温超导体通常是指临界温度在液氮 T_c(77K)以上超导的材料。这一成果使得超导体的临界温度进入液氮温区，避免了使用复杂的制冷机与昂贵且稀缺的液氦，不仅大幅降低了超导材料的使用成本，还使得超导材料的工程应用潜力大大增加。

超导钉扎磁浮现象伴随着高温超导体一同诞生。1987 年，Hellman 等便观察到钕铁硼(NdFeB)磁体可以稳定悬浮在 YBCO 块材圆盘上方，Peters 等又观察到 YBCO 块材超导体在悬浮之外还可以悬挂。与第Ⅰ类超导体的抗磁性悬浮不同，这种悬浮现象存在于非理想第Ⅱ类超导体的混合态，悬浮之外还可以实现悬挂，且相互作用力很大。这是一种新的自然悬浮现象，称为超导钉扎磁浮现象。当前 YBCO 是超导钉扎磁浮最主要的应用材料，本书如无特殊说明，超导体便指高温超导体 YBCO。

2.2　基　本　原　理

2.2.1　磁通钉扎原理

顾名思义，超导和钉扎是超导钉扎磁浮的两个核心。超导现象在第 1 章中已有介绍，本节对超导体的磁通钉扎特性进行描述。

应用超导磁体作为磁场源的电动悬浮或者电磁悬浮利用的是超导体的超导电性。目前，相对于常规的导体材料，超导体作为一种载流能力更强、损耗更小、发热量更小的优秀导体，可以产生更大的磁场，进而提升磁浮的性能，超导体工作在下临界磁场强度以下。超导钉扎磁浮则不同，超导体工作在较大外磁场中，超导体处于混合态。如 2.1 节所述，超导体在外磁场中承载电流，超导体中的磁通线将受到洛伦兹力。在洛伦兹力的驱动下，磁通线移动产生了电动势和电阻。电动势和电阻的出现使得超导体与常规导体一样，出现明显的能量损耗。为了阻止电动势的产生，必然要阻止磁通线的移动，即超导体需要具备磁通钉扎特性。磁通钉扎由晶体的不均一性和各种缺陷如位错、空位和晶界等引起，这些不均一性和缺陷称为"钉扎中心"。磁通钉扎像宏观中的摩擦力一样，阻碍磁通线运动，直到洛伦兹力超过钉扎中心的极限，钉扎力便是钉扎中心对磁通线的作用力。当磁通线被钉扎在钉扎中心时，只有超导电子可以流动，而磁通线不移动，就不会发生能量损耗。因此，磁通钉扎特性使得高温超导体在较大外磁场下能够承载较大的超导感应电流，使得超导钉扎磁浮有了工程应用的意义。若无磁通钉扎特性，超导钉扎磁浮将无法实现。

在磁场中的第 II 类超导体的另一个特征是宏观范围内量子化的磁通线。在足够低的磁场下，磁通线彼此分离。在高场强下磁通线重叠作用形成一个磁通线格子。这一现象可以通过理论计算得出并被实验观测。

磁通钉扎强度由钉扎力密度 F_p 描述，即

$$F_p = N_p f_p \tag{2-1}$$

其中，N_p 为钉扎中心的数量密度；f_p 为单个钉扎中心钉扎强度的最大值，称为元钉扎力。

元钉扎力的物理性质比较复杂，涉及凝聚能相互作用、弹性相互作用、磁相互作用和动能相互作用等，与温度也有关系。另外，钉扎中心具有不同的种类，其中晶界和非超导相杂质是最主要的钉扎中心类型。不同种类的钉扎中心钉扎力起源有所区别。

YBCO 包括超导的 CuO_2 面和几乎绝缘的阻隔层。因此，超导体结构会与磁通线相互作用，称为本征钉扎。本征钉扎主要出现在磁场平行于 ab 面时。另外，Y123 中的孪生边界也提供钉扎中心，孪生边界的钉扎强度与边界处的氧缺陷浓度有关。小于几微米的非超导 211 相也广泛分布在 YBCO 中，起到一部分钉扎作用。此外，制造过程中产生的缺陷如位错、表面缺陷等也可成为钉扎中心。

超导体中的电流达到临界电流密度时，洛伦兹力和最大钉扎力相等。若电流密度大于临界电流密度，磁通线将摆脱钉扎中心的束缚，电动势重新出现。临界电流密度是超导体不出现电动势和电阻的最大电流承载能力。在实际应用的超导材料中，实际的电流密度由磁通钉扎机制决定。临界电流密度依赖于钉扎中心的密度、类型和分布，为了提高临界电流密度，有必要提高磁通钉扎的强度。人们在制备 YBCO 涂层带材时引入人工钉扎中心以提高临界电流密度。例如，在基底上制造缺陷以引入钉扎中心，或通过改变化学成分引入不同相颗粒的沉淀。对于 YBCO 块材，则在制备过程中进行不同的掺杂，人为引入非超导的杂相。此时的临界电流密度已和临界磁场强度和临界温度不同，成为一个由宏观材料结构决定的性质而非超导的本质特征。

超导体中的能量损耗一方面源于自身的欧姆特性，即非超导电子的运动，该欧姆损耗与磁通线移动速度的平方成正比。另外，超导体的能量损耗还来源于钉扎中心的损耗，称为"磁滞损耗"，与磁通线的移动速度成正比。磁通线掉进和跳出钉扎中心时，其速率变化非常大，引起了磁滞损耗。钉扎中心的钉扎力是可逆的，但是磁通线的运行不可逆，表

现出磁化曲线的不可逆。

当磁场连续变化时，超导体的磁化强度变化有时不连续，会出现突变，这称为"磁通跳跃"。当磁通线超出钉扎中心的限制开始移动时，发生磁滞损耗带来温度上升，进而进一步降低了钉扎力，使得更多磁通线移动，正反馈下最终使得超导体失去超导电性。与磁通跳跃的大规模移动不同，磁通蠕动是由于热激活的存在而导致的磁通线总是有一定的概率从一个钉扎中心迁移到另一个钉扎中心的现象。磁通蠕动使得超导体的磁特性随着时间出现缓慢衰减，称为"弛豫"。该衰减与时间的指数成正比关系，在一定时间后趋于稳定。

2.2.2 悬浮原理

由于存在钉扎中心，处于混合态的非理想第Ⅱ类超导体在非均匀外磁场中运动感应出持续存在的超导感应电流以抵御磁场变化，该电流与磁场作用产生了持续存在的洛伦兹力（无电场力，式(2-2)）以抵抗超导体运动，使得超导体在外磁场中能够自稳定地悬浮，这种现象称为"超导钉扎磁(悬)浮"现象，又称"钉扎磁(悬)浮"。临界温度在液氮温区的高温超导体，又称"高温超导钉扎磁(悬)浮"，简称"高温超导磁(悬)浮"。从磁场角度看，处于混合态的非理想第Ⅱ类超导体可以看成一种磁化率绝对值很大的抗磁质，能够实现自稳定的悬浮。

$$F = J \times B \tag{2-2}$$

磁场以量子化的磁通线形式被"钉扎"在钉扎中心，磁通线移动受到钉扎力限制，使得超导体的磁化曲线呈现磁滞特性，宏观表现为超导钉扎磁浮的磁滞特性。而超导体的磁通蠕动带来超导体感应电流的弛豫，宏观表现为力弛豫。

如图 2-4 所示，超导钉扎磁浮由超导体和永磁体组成。其中超导体进入超导态，而永磁体提供外磁场，即超导态的超导体在永磁体的外磁场中运动。如图 2-5 所示，在超导钉扎磁浮中，将超导体受到的垂向洛伦兹力称为悬浮力(levitation force，F_L)，而横向洛伦兹力称为导向力(guidance force，F_G)。由永磁体按照不同排列方式而成的轨道称为永磁轨道(permanent magnet guideway，PMG)。洛伦兹力迫使超导体回到其进入超导状态时的磁场位置(场冷位置)。在本章中，坐标系设置如图 2-4 所示，y 轴为沿着轨道延伸的纵向，z 轴垂向，x 轴横向，坐标原点设置在永磁轨道上表面的中点。

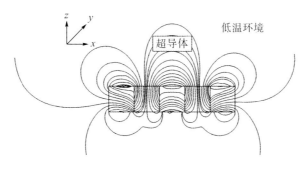

图 2-4 系统基本组成

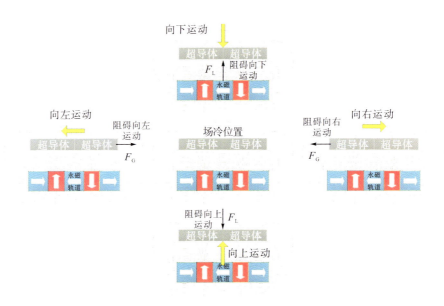

图 2-5 洛伦兹力抵抗超导体运动

对于二维轴对称系统，可以理想简单地分析悬浮力和导向力。当然，实际的系统状态十分复杂，该分析仅为对超导钉扎磁浮悬浮力和导向力的简单理解。首先将未冷却的超导体置于磁场中某一高度处，此时超导体处于正常态，磁场可以自由穿入与穿出。此时开始对超导体进行冷却，直至进入混合态。进入超导态之后，穿入超导体的磁场被超导体内部的钉扎中心捕获。此时超导体虽然捕获了磁通，但其内部磁通并没有发生变化，因此并没有产生感应电流，也就是说此时的超导体依然是不受力的。若此时释放超导体，则其因受到重力的作用而下落，超导体逐渐接近永磁体，导致其所处区域的磁场垂向磁通增加，垂向磁通的变化使超导体内部产生 xy 面内的感应电流 J_{xy}，J_{xy} 在 y 方向的分量 J_y 与水平方向的磁场分量 B_x 相互作用，从而在超导体内部产生垂向的洛伦兹力，阻止超导体进一步下落，表现为宏观的悬浮力，直至超导体稳定在垂向的平衡位置处。当超导体水平偏移时，横向磁通的变化导致超导体内部产生 yz 面内的感应电流 J_{yz}，其 y 方向分量 J_y 与垂向的磁场 B_z 相互作用产生洛伦兹力，宏观表现为使超导体回复的导向力，从而使其稳定在水平方向的平衡位置处。这样一来，在磁场中冷却的超导体，无论在垂向还是横向，一旦偏离平衡位置处都将受到自动的回复力，这就是高温超导体自稳定悬浮的简单通俗解释。

从应用的角度看，超导钉扎磁浮是一种独特的悬浮现象。基于此现象的技术和工程应用也具备独特的优势。自稳定悬浮是最大的优势所在，省去了主动控制。自稳定悬浮在磁场和低温环境之外无须额外供能。而超导电动悬浮在磁场和低温环境之外，还需要磁场在导体板上运动。电磁悬浮则需要对电磁铁线圈持续供电以维持磁场。超导钉扎磁浮的感应电流为超导电流，其能量损耗和发热较小。

2.3　主　要　特　征

2.3.1　外磁场

　　超导体唯有经历变化的外磁场才能在超导体内感应超导电流，再和外磁场相互作用实现悬浮，因此独特的外磁场是其主要特征。外磁场的来源有电磁线圈和永磁体。若外磁场是稳恒的，则要求其非均匀，即超导体在稳恒外磁场中运动经历磁场变化。在超导钉扎磁浮中，稳恒非均匀的永磁体外磁场是最常见的选择，悬浮特性主要由外磁场的特点决定。从应用角度看，在电机、轴承、飞轮储能等旋转应用领域，要求外磁场在绕轴旋转的自由度上均匀使其旋转时无阻，而在其余自由度上不均匀进而产生阻力限制其位移，因此永磁体为轴对称式；在交通运输等平移应用领域，要求外磁场在轨道纵向延伸方向均匀，使其平移前行时无阻，而在其余方向不均匀，因此永磁体为平移对称式，如图 2-6 所示。

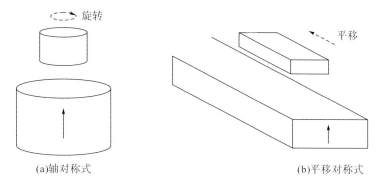

(a)轴对称式　　　　　　　　　　　　　　　　(b)平移对称式

图 2-6　轴对称式和平移对称式系统

　　对于平移对称式应用，垂向的悬浮力和横向的导向力是重点，因此要求外磁场在工作位置范围内(垂向 0～60mm，横向-20～20mm)的垂向和横向的梯度更大，即磁力线聚集在该区域。单块的永磁体磁场较为发散，造成磁场能量的浪费，并且体积难以满足系统要求，因此衍生出对极式轨道。如图 2-7(a)所示，单块永磁体和对极式轨道的磁场上下对称，只有一侧的磁场得到利用。而 Halbach 阵列[4]可以使磁场主要分布在轨道一侧，因此将 Halbach 阵列引入超导钉扎磁浮当中。

　　Halbach 阵列是一种特殊的永磁体排列方式，将横向磁化的磁铁与竖直磁化的磁体按照顺(逆)时针排列结合在一起，如果忽略端部效应，并把周围的导磁材料的磁导率看成无穷大，那么上述结构最终形成单边磁场，这就是 Halbach 阵列的显著特点。其磁场可以视为一个正弦函数磁场，以横/垂向位置为变量。

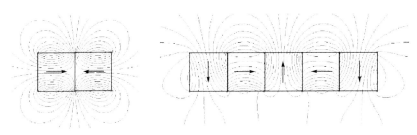

(a)对极式轨道　　　　　　　　　　　(b)Halbach式轨道

图 2-7　对极式轨道和 Halbach 式轨道的磁力线分布

$$B = B_\mathrm{r} \left(1 - \mathrm{e}^{-kd}\right) \frac{\sin\left(\pi/m\right)}{\pi/m} \tag{2-3}$$

$$H = B/\mu_0 \tag{2-4}$$

$$H_z = H \sin\left(kx\right)\mathrm{e}^{-kz} \tag{2-5}$$

$$H_x = H \cos\left(kx\right)\mathrm{e}^{-kz} \tag{2-6}$$

$$k = 2\pi/\gamma \tag{2-7}$$

其中，B_r 为永磁体的剩磁；k 为 Halbach 阵列的波数；γ 为 Halbach 阵列的波长；m 为每个波长的磁体数量；d 为磁体厚度。

　　轨道磁通密度 $\boldsymbol{B}$ 及其两个分量(B_x、B_z)是磁场的关键指标。如图 2-8 所示，Halbach 轨道磁场随着高度的降低呈指数增长，B_x、B_z 与横向位置呈近似的正弦(余弦)变化，两者具有相位差。Halbach 轨道磁场的优越特性使其成为目前主要的轨道形式。

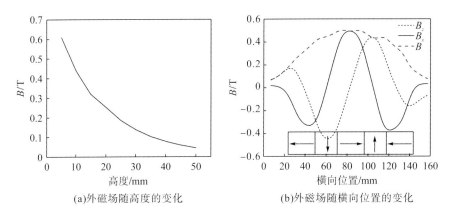

(a)外磁场随高度的变化　　　　　　　(b)外磁场随横向位置的变化

图 2-8　Halbach 轨道的磁场

2.3.2　磁滞特性

　　YBCO 块材在永磁体上方的悬浮力和导向力与悬浮间隙的关系如图 2-9 所示。块材垂向往返运动时，下降和上升的悬浮力曲线并不重合，具体为下降过程中的悬浮力大于上升过程的悬浮力，横向运动产生的导向力也同样存在这种不可逆性，这种力的不可逆性称为超导钉扎磁浮的磁滞特性。出现磁滞的原因是 YBCO 的磁化具有不可逆性，即磁化曲线具有磁滞。

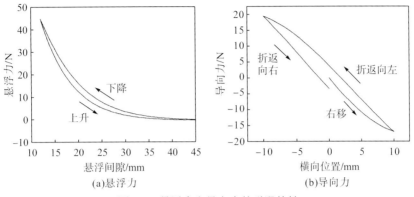

(a)悬浮力　　　　　　　　　　　　　(b)导向力

图 2-9　悬浮力和导向力的磁滞特性

　　如图 2-10 所示，第 I 类超导体和理想第 II 类超导体中不存在钉扎中心，磁通线在穿进及穿出过程中不受到阻碍，因此其磁化曲线可逆；但是在非理想第 II 类超导体中存在钉扎中心，超导体运动时外磁场变化，引起超导体内磁通线运动，在运动过程中需要克服钉扎力 F_p 做功，即磁滞损耗，而磁滞损耗在力特性的表现便是这种磁滞特性。通俗而言，当外磁场从零开始增加时，在下临界磁场到来前被完全排除在超导体外。当外磁场强度大于下临界磁场强度时，磁场以量子化的磁通线形式逐渐进入超导体。钉扎中心的钉扎力会阻碍磁通线穿入超导体，外界磁场的磁压力会推动磁通线穿入超导体。随着外磁场的不断增大，磁压力增大，越来越多的磁力线克服了钉扎力进入超导体。磁通线之间的洛伦兹力促使磁通线逐渐从超导体表面向内部深入。当外磁场强度减小时，钉扎力同样会阻碍磁通线穿出，首先最外侧的磁力线克服了钉扎力"逃离"了超导体。随着外磁场强度的继续减小，越来越多的磁通线穿出。当外磁场强度减小为零时，仍旧有一部分磁力被钉扎力"束缚"，被超导体捕获成为捕获磁通密度。而磁通线的不可逆过程伴随着感应电流变化的不可逆，也表现出了力的不可逆性，即力磁滞特性。

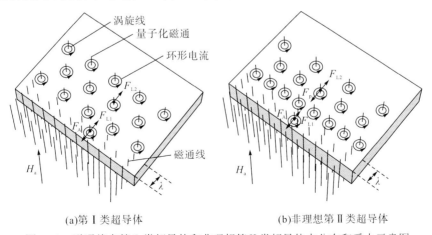

(a)第 I 类超导体　　　　　　　　　　　(b)非理想第 II 类超导体

图 2-10　磁通线在第 I 类超导体和非理想第 II 类超导体内分布和受力示意图

2.3.3 力的非线性

通过图 2-9 还可以看出，YBCO 块材与永磁轨道之间的相互作用力具有显著的非线性特征。为了描述这种非线性磁滞力特性，诸多近似模型被提出。

1994 年，Hikihara 和 Moon 借鉴固体力学中的亚弹性模型，提出了一种描述考虑磁滞效应的单自由度超导体-永磁体悬浮系统在外界激励下的二阶微分方程数学模型，即 Hikihara-Moon 模型（简称 H-M 模型）[5]：

$$\ddot{x} + \delta\dot{x} + x - \theta = A_0 + A_1\cos(\omega t) \tag{2-8a}$$

$$\dot{\theta} = -\gamma\left[\theta - f(x,\dot{x})\right] \tag{2-8b}$$

其中，θ 为超导体与永磁体之间的作用力；A_i 为激振力的幅值，i=0,1；δ 为系统的阻尼系数；γ 为悬浮系统的弛豫系数。式中 $f(x,\dot{x})$ 项可由下面公式表征：

$$f(x,\dot{x}) = f_1(x)\cdot\left[1 + f_2(\dot{x})\right] \tag{2-9a}$$

$$f_1(x) = Fe^{-x} \tag{2-9b}$$

$$f_2(\dot{x}) = \begin{cases} -\mu_1 - \dot{x}, & \dot{x} \geqslant \varepsilon \\ -\dot{x}(\mu_1 + \mu_2)/(2\varepsilon), & -\varepsilon \leqslant \dot{x} < \varepsilon \\ \mu_2, & \dot{x} < -\varepsilon \end{cases} \tag{2-9c}$$

其中，指数函数 $f_1(x)$ 表示不考虑磁滞特性时的悬浮力与位移的关系；F 为超导体与永磁体间的最大悬浮力；$f_2(\dot{x})$ 则由于速度的分段非线性特性，在悬浮体处于上升和下降过程中数值不同，体现出了系统磁滞的特性。

Zhuo 等在前述 H-M 模型的基础上，经过一定的修改和变化，提出了一种新的悬浮力模型[6]，并利用此模型研究了悬浮系统的混沌运动以及通往混沌的两条道路：倍周期分岔和准周期运动。新模型与 H-M 模型既有区别，又有联系，其具体构造如下：

$$\ddot{x} + c\dot{x} - (\theta - A_0) = A_1\cos(\omega t) \tag{2-9d}$$

$$\dot{\theta} = -\gamma\left[\theta - f(x,\dot{x})\right] \tag{2-9e}$$

其中

$$f(x,\dot{x}) = f_1(x)\cdot\left[1 + f_2(\dot{x})\right] \tag{2-10a}$$

$$f_1(x) = F\cdot\frac{|\dot{x}|}{\varepsilon}\cdot e^{-\beta x} \tag{2-10b}$$

$$f_2(\dot{x}) \begin{cases} -\mu_1 - \alpha_1\dot{x}, & \dot{x} \geqslant \varepsilon \\ -\dot{x}(\mu_1 + \mu_2)/(2\varepsilon), & -\varepsilon \leqslant \dot{x} < \varepsilon \\ \mu_2 - \alpha_2\dot{x}, & \dot{x} < -\varepsilon \end{cases} \tag{2-10c}$$

对比两模型，容易看出 Zhuo 模型对原模型最大的改动是在 $f_1(x)$ 项中考虑了速度对最大悬浮力的影响。对于高温超导体-永磁体悬浮系统，最大悬浮力与悬浮体的移动速度密切相关，悬浮体运动速度越快，所得到的最大悬浮力也越大。图 2-11 给出了采用该模型仿真得到的悬浮力与测试结果的对比情况。

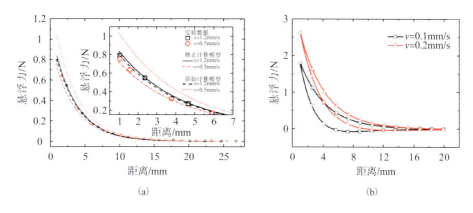

图 2-11　Zhuo 模型计算结果[7]

Sugiura 等提出了一种立方非线性动力学模型[8]。基于临界态 Bean 模型，首先可以得到超导块材的穿透深度表达式：

$$\delta(r) \approx \frac{\left| \Delta B_{\mathrm{mr}}(r, z_{\mathrm{m}}) \right|}{2\mu_0 J_c} = \frac{\left| B_{\mathrm{mr}}(r, z_{\mathrm{m}}) - B_{\mathrm{mr}}(r, z_{\mathrm{p}}) \right|}{2\mu_0 J_c} \tag{2-11a}$$

其中，z_{p} 为悬浮体振动的一个极限位置坐标；$B_{\mathrm{mr}}(r, z_{\mathrm{m}})$ 为磁体在点 $(r, -\delta/2)$ 处产生的磁力线密度的 r 分量。因此，由洛伦兹方程可以得到悬浮力为

$$F(z_{\mathrm{m}}) \approx F(z_{\mathrm{p}}) + 4\pi \int_0^{r_{\mathrm{sc}}} r\delta(r) J B_{\mathrm{mr}}(r, z_{\mathrm{m}}) \mathrm{d}r \tag{2-11b}$$

其中，F 为系统悬浮力；r_{sc} 为超导体的半径。恢复力 F 可以由悬浮体的位移 $z_{\mathrm{u}} = z_{\mathrm{m}} - z_{\mathrm{eq}}$ 表示并展开成如下立方非线性形式：

$$F(z_{\mathrm{u}}) = -k_1 z_{\mathrm{u}} - k_2 z_{\mathrm{u}}^2 - k_3 z_{\mathrm{u}}^3 - \cdots \tag{2-11c}$$

这样的变换将系统化为了力学中常见且研究手段成熟的立方非线性系统，给解析研究带来了便利条件。

Nagaya 等开展了非线性系统振动控制方面的工作。他们首先通过解析计算得到了非线性悬浮力的模型，之后提出了一种基于电流负反馈调节的振动控制方法[9]。文章根据电流与外磁场的相互作用，给出了外加交变磁场作用下的悬浮系统动力学与控制方程：

$$m\frac{\mathrm{d}^2 w}{\mathrm{d}t^2} + c\left(\frac{\mathrm{d}w}{\mathrm{d}t} - \frac{\mathrm{d}u}{\mathrm{d}t}\right) + \sum_{k=1}^n a_k \left(\frac{w-u}{d}\right)^k = -Q(A, d, I) + P \tag{2-12}$$

其中，u 为外界激励的位移 $(u = u_0 \sin(\omega t))$；w 为悬浮体的位移；Q 为控制系统作用力；I 为控制电流；P 为施加在悬浮体上的载荷。电流控制律采用一种包含频率权重的反馈电流控制方法，即把频域中位移的平方看成优化的目标函数，通过优化该函数的最小值从而达到控制悬浮系统振动的目的。

除上述模型之外，众多研究者都提出过各自的悬浮力模型，在此不再赘述。上述各模型应用场合有所不同，各自具有各自的特色与适用条件，其中以 H-M 模型应用较为广泛。

超导钉扎磁浮的力非线性源于超导材料 **E-J** 本构关系的非线性以及永磁轨道磁场的非均匀性。YBCO 块材 **E-J** 本构关系的非线性来源于超导体的磁通钉扎机制。常见的描述这种非线性 **E-J** 本构关系的模型有临界态 Bean 模型、幂指数模型、磁通流动模型、磁通流

动-蠕动模型等。而外磁场的非均匀性在前面已有所介绍。力具有磁场依赖性，而磁场非均匀带来了力的非线性，力的非线性使其动态特性也具有非线性特征，如准周期运动、倍周期分岔、亚谐共振、混沌现象、变刚度阻尼特性等。另外，超导钉扎磁浮的电磁力受到诸多因素影响，如温度、磁场、尺寸等，诸多非线性因素交织在一起，使得定量计算分析比较困难。因此，常用理论和模型多为基于假设的简化模型，各种模型有特定的适用范围。

2.3.4　悬浮、悬挂与侧挂

超导钉扎磁浮不仅可以悬浮，还可实现悬挂和侧挂，乃至 360°的稳定悬浮。这是因为超导体进入超导态时刻的磁场构成一个能量势阱，该磁场便为初始磁场，而该磁场的位置便为初始位置，任意方向的磁场变化都会引起感应电流来抵抗变化，因此任何方向的位移都会产生一个指向初始位置的回复力。

1. 悬浮情况

悬浮是最常见的情况(图 2-12)，超导体悬浮于永磁体上方。超导体在初始场冷位置(如30mm)受到的悬浮力为零，由于受到重力的作用，超导体会下落到平衡位置，即悬浮力和重力平衡，此时力的方向向上为推力。若将超导体移动至初始位置以上(大于 30mm)，此时力的方向向下为拉力，即指向初始位置。若继续升高超导体，该向下的吸力先增大后减小，原因是永磁体磁场随着高度的增加逐渐减小，因此向下的拉力不会单调增加而是存在峰值。随着场冷位置的升高，拉力逐渐减小。需要指出的是，因为磁滞特性的存在，下降和升高过程后，吸力和拉力的转换位置并非初始场冷位置，而是低于初始场冷位置。

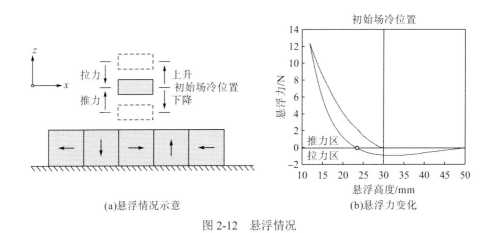

(a)悬浮情况示意　　　　　　　　(b)悬浮力变化

图 2-12　悬浮情况

2. 悬挂情况

超导体悬挂于永磁体下方为悬挂情况(图 2-13)，该情况与悬浮情况类似，超导体在初始位置(如 30mm)受到的悬浮力为零，由于受到重力的作用，超导体会下落到平衡位置，即悬浮力和重力平衡，此时力的方向向上为吸力，而该吸力先增大后减小，存在峰值。若超导体升高至平衡位置以上，则对应悬浮情况中的推力，越靠近永磁体，推力越大。从实际应用角度看，受到重力影响，悬挂主要应用吸力部分，该部分力值较小且不单调，使得悬挂情况的应用受限。而悬浮情况主要应用推力部分，越靠近永磁体，该部分力值越近似指数增加。因此，推力部分是最主要的应用场景。另外，当初始场冷位置较高时，因吸力较小，会导致吸力小于超导体重力而无法悬挂的情形。

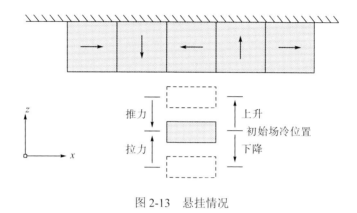

图 2-13　悬挂情况

3. 侧挂情况

侧挂情况如图 2-14 所示，若忽略超导体微小的翻转，则侧挂情况是悬浮情况旋转 90°。悬浮情况的导向力在侧挂情况中是悬浮力，而悬浮情况的悬浮力在侧挂情况中是导向力。该种情况多应用于高速环线中，因为高速环线的半径小，速度快，离心力大。将超导体布置在内侧可以保证相互作用力满足离心力要求。

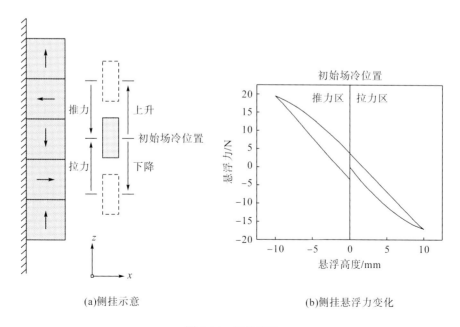

(a)侧挂示意　　　　　　　　(b)侧挂悬浮力变化

图 2-14　侧挂情况

2.3.5 弛豫

超导体相对永磁体位置不变，其电磁力仍随时间呈现对数缓慢衰减的趋势(图 2-15)，原因在于即使所有外界条件都没有变化，电磁力随着时间呈现对数衰减的趋势。原因在于，穿入超导体的磁力线是量子化的，磁通线有一定概率从一个钉扎中心跳到另一个钉扎中心，磁通运动的趋势为超导体内非均匀分布的磁通线逐渐衰减为均匀分布，因此即使没有相对运动，仍会发生磁通蠕动。描述这种现象的有磁通流动-蠕动模型(见 3.2.1 节)。磁通蠕动的过程就是超导体内磁弛豫的过程。磁弛豫必将引起超导体的电流密度随时间发生变化。根据磁通蠕动理论，电流密度随时间表现为对数衰减规律。对于超导钉扎磁浮，宏观上的电磁力是块材内部的感应电流与外场共同作用的结果。在弛豫的最初阶段块材内部的磁通运动较为剧烈，感应电流衰减较快，对应的电磁力衰减明显。经过一定时间的磁通运动后，块材内部的磁通分布逐渐趋于稳定状态，感应电流的衰减也逐渐减弱，于是宏观上的电磁力最终趋于稳定。

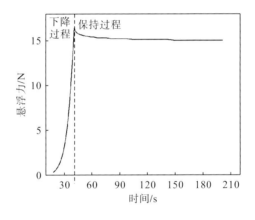

图 2-15 悬浮力的弛豫现象

2.4 实 验 研 究

2.4.1 实验内容及方法

1. 场冷和零场冷

如图 2-16 所示，零场冷(zero field cooled, ZFC)是指超导样品在一个没有磁场的位置冷却进入超导态的冷却过程。实验中通常在远离永磁轨道的高度冷却超导体(至少大于60mm)。与之相对应的场冷(field cooled, FC)是指超导样品在一定的外磁场下冷却进入超导态的冷却过程。也就是说，超导体冷却时相对永磁轨道的高度(超导体下表面与永磁轨道上表面的距离)是划分场冷与零场冷的依据，称为"场冷高度"(field cooled height，FCH)。

场冷高度视轨道情况而定。场冷高度是重要概念，场冷高度的不同会带来超导体悬浮性能的显著变化。

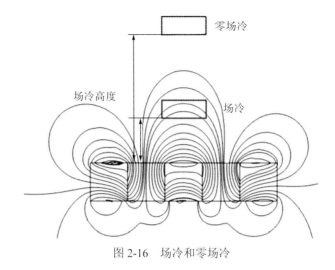

图 2-16　场冷和零场冷

2. 悬浮力及其测试方法

如前所述，悬浮力是指超导体和永磁轨道之间的垂向作用力。针对最常见的悬浮情形，测试方法是超导体在上，永磁体或永磁轨道在下。超导体在场冷位置由液氮或者制冷机冷却进入超导态，然后由电机带动垂直向下移动，到最低测试高度再折返抬升，直至悬浮力减小为零(图 2-17)。在该移动过程中由力传感器获取的垂向力即悬浮力。根据场冷情况的不同，悬浮力分为场冷悬浮力和零场冷悬浮力。相同情形的零场冷悬浮力大于场冷悬浮力。根据永磁轨道是否波动，悬浮力分为动态悬浮力和准静态悬浮力，相同情形的动态悬浮力小于准静态悬浮力。

3. 导向力及其测试方法

与悬浮力对应，超导体和永磁轨道之间的横向作用力称为导向力。针对最常见的悬浮情形，测试方法为超导体在上，永磁体或永磁轨道在下。超导体在场冷位置由液氮或者制冷机冷却进入超导态，然后由电机带动垂直向下移动至测试高度，再由电机带动横向左右平移一定距离，最后返回至中点(图 2-17)。横向移动过程中由力传感器获取的横向力即导向力。悬浮力和导向力是此消彼长的关系，而场冷高度是悬浮力和导向力转化的关键。场冷高度越低，导向力越大。零场冷的导向力非常小，因此一般没有零场冷导向力的说法，导向力多指场冷导向力。根据永磁轨道是否波动，导向力分为动态导向力和准静态导向力。

4. 磁阻力及其测试方法

与悬浮力和导向力对应，超导体和永磁轨道之间纵向(轨道延伸方向)的作用力称为磁阻力。理论而言，永磁轨道的纵向磁场为均匀磁场，不存在磁阻力。但是在实际情况中，

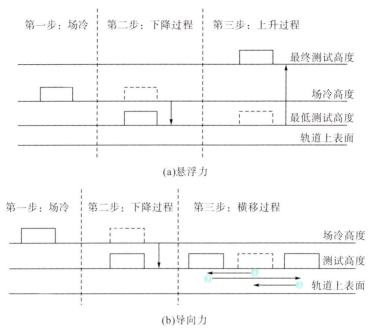

(a)悬浮力

(b)导向力

图 2-17   悬浮力和导向力测试过程

因为永磁体材料不均一、磁体装配误差、安装接缝以及线路起伏沉降等因素，轨道纵向磁场存在波动变化，所以会产生一定的磁阻力。磁阻力的测试方法是超导体在永磁轨道上方进入超导态，由电机带动垂直向下移动至测试高度，然后超导体相对永磁轨道纵向产生位移，纵向移动过程中由力传感器获取的纵向力即磁阻力。超导钉扎磁浮在平移对称式永磁轨道上的磁阻力较小(小于 10N)。

5. 弛豫测试方法

如前所述，弛豫是磁通线蠕动带来的一系列物理参量的指数衰减，因此不只磁通线存在弛豫，感应电流、捕获磁通密度、悬浮力、导向力等都会存在弛豫。一般而言，超导钉扎磁浮中的弛豫多指悬浮力弛豫。首先超导体在场冷高度处进入超导态，然后由电机带动垂直向下移动，到达一定测试高度后，超导体固定不动，通过力传感器获取悬浮力随时间的变化即为悬浮力弛豫。

6. 超导体的磁化

超导体捕获磁通密度和产生洛伦兹力意味着超导体被磁化。当高温超导体在适当的工作温度下进入超导态时，通过外部磁场激励为超导体提供磁化需要的磁场环境。在恰当的时间将外场撤去，依靠外磁场的变化在超导体内产生感应电流，维持捕获磁通密度。由于是超导电流，没有能量损耗(忽略磁通蠕动现象)，感应电流可以永久存在于高温超导体内部，类似于永磁体。如 1.3.4 节所介绍的，超导体有三种磁化方式：常规电磁铁磁化法和超导磁体磁化法，这两种磁化方法的外磁场不变，称为场冷磁化(field cooled magnetization，FCM)；第三种磁化方法是脉冲磁化(pulsed field magnetization，PFM)。

场冷磁化是指超导体在恒定磁场中被磁化的过程。超导体在永磁体磁场中场冷，然后通过移动超导体的方式撤去静磁场。在此过程中，磁场发生变化继而在超导体内部感应产生维持捕获磁通密度的超导电流。

脉冲磁化是指超导体在电磁线圈的交变磁场中被磁化的过程(图 2-18)。超导体首先被零场冷进入超导态。依靠常规导线线圈或者超导线圈产生的短时脉冲磁场为超导体磁化提供磁化的磁场源，在脉冲磁场产生和消退过程中，超导体内感应出超导电流产生捕获磁通密度。依靠磁场扫描仪对超导体表面的磁场进行测量即可获取捕获磁通密度数据。脉冲磁化的优点是对磁体的要求低，可以用较小的磁场获取较大的捕获磁通密度，缺点是脉冲磁化过程中频繁的磁场变化会产生较大的应力和热量，对超导体结构有所破坏，需要对超导体进行加固。场冷磁化的优点是应用的是静磁场，冲击小；但是缺点是对磁体的要求高，需要能产生较高磁场强度的磁体，如超导磁体。

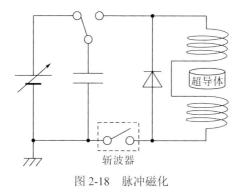

图 2-18　脉冲磁化

2.4.2　实验设备

2.4.1 节介绍了超导钉扎磁浮的主要概念以及相应的实验方法，本节主要介绍与上述实验方法相结合的实验设备。

超导体和永磁轨道之间的洛伦兹力(尤其是悬浮力)是最重要的关注点。因为超导钉扎磁浮的洛伦兹力与其余的力并无本质区别，所以依旧是依靠常规力传感器获取拉压力数据，依靠电机实现超导体和永磁体之间的位移。相关设备主要有两点不同：一是为了使超导体进入超导态，测试装置需增加由液氮或制冷机冷却的低温保持容器，如图 2-19 所示；而图 2-19(b)展示了一种典型的自由活塞斯特林制冷机的具体结构。二是永磁体周围存在磁场，因此对测试装置的无磁性提出更高的要求。

超导钉扎磁浮现象一经发现，研究人员为了研究悬浮特性，便搭建了相应的力测试装置，如图 2-20 所示。这些装置展现了超导钉扎磁浮力测试装置的雏形，即力传感器获取力信号，电机实现横向和垂向移动，利用计算机实现数据的实时采集、存储和处理。超导体浸泡在液氮中，根据超导体和永磁体的尺寸，合理布置两者的相对位置。若永磁体尺寸较小，则采用超导体固定不动，而永磁体随电机移动的方式；若永磁体尺寸较大，则采取永磁体固定不动，而超导体随电机移动的方式。力测试装置主要由超导体、永磁体、低温装置、力传感器、驱动电机构成。以下对现有的测试装置进行介绍。

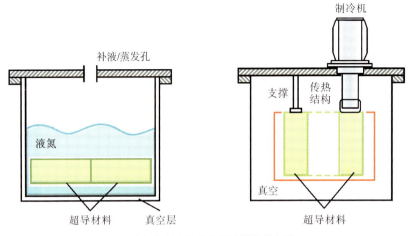

(a)液氮和制冷机冷却的低温保持容器

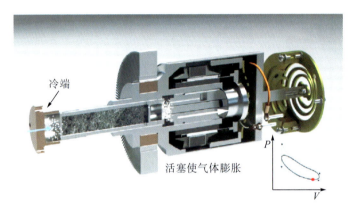

(b)自由活塞斯特林制冷机

图 2-19　液氮和制冷机冷却的低温保持容器和自由活塞斯特林制冷机

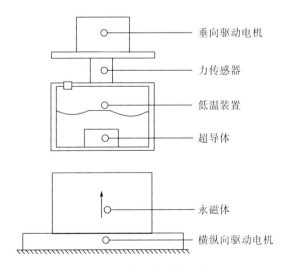

图 2-20　力测试装置基本构成

　　SCML-01(high temperature superconducting maglev measurement system 01)[7]：该测试设备由西南交通大学超导技术研究所于 1999 年研发。早期的测试装置一般只能实现单块超导体单一方向力的测量，磁场由单块钕铁硼永磁体提供，磁通密度一般小于 0.5T。SCML-01 更加面向超导钉扎磁浮的轨道交通应用，针对 Halbach 轨道或者对极式轨道上方多块超导体或者单个杜瓦的力和磁场测量。在悬浮力之外还具备导向力以及磁场扫描测试功能。如图 2-21 所示，为实现系统的测试要求，可利用二轴数控位移装置、传感技术、数据采集和处理系统、工控机自动控制及其系统软件。二轴数控位移装置有一个箱式立柱及安装在箱式立柱上的导轨和滚珠丝杠副，驱动由步进电机或伺服电机提供动力，垂直方向和水平方向上位移量由步进电机和伺服电机同步提供，两个力传感器测量力学量，温度和磁场分别由温度传感器和霍尔传感器测量。数据采集和处理、电机自动控制由工控机及其系统软件支持，由工控机(数据采集卡以及电机控制卡、多功能卡)和系统软件实现对系统的全自动测量和控制。采用图形化用户界面，用户可直接在计算机上进行操作。为了实现液氮低温容器在永磁轨道的上方，采用能放置块材的薄底液氮低温容器(杜瓦容器)，解决了将块材置于永久磁体之上的问题。SCML-01 的主要技术指标如表 2-1 所示。

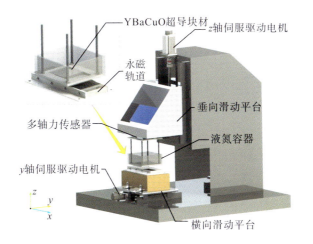

图 2-21　SCML-01 测试装置

表 2-1　SCML-01 的主要技术指标

项目名称	参数指标
悬浮力测试范围/N	−2000～2000
垂向最大位移/mm	200
导向力测试范围/N	−500～500
水平 y 轴方向最大位移/mm	100
力传感器精度	1‰
位移精度/mm	±0.1
测试频率/Hz	100

SCML-02（high temperature superconducting maglev measurement system 02）[10]：该设备是西南交通大学超导技术研究所在 SCML-01 的基础上研究开发的第二代专用测试仪器。SCML-01 针对的是多块超导体的测量，而 SCML-02 主要用于单块超导体与单块永磁体（或小型永磁轨道）相互作用的实验研究。在 SCML-01 的功能之上，SCML-02 新增了磁刚度测试（包括竖直刚度测试、水平刚度测试和交叉刚度测试）、悬浮力和导向力同时测量、悬浮力或导向力的弛豫测试及三维磁场扫描等功能。与 SCML-01 相比，SCML-02 在测试速度和测试精度上有较大的提高，测试功能也进一步完善，能够满足中小型实验研究的要求。

如图 2-22 所示，SCML-02 在结构上为四柱式多向移动平台。采用精密光学平台作为底座，两台电机的电动平台实现 xy 方向的移动，电动缸驱动精密滚动直线轴承滑座实现垂直升降。实验装置备有下置式箱形和上置式筒形两种低温容器（杜瓦瓶）。根据需要安装不同的低温容器或不安装低温容器，可以进行不同的实验。实验装置设有手动夹具，可以夹持最大直径 60mm 的圆柱试件和最大宽度 30mm 的六面体试件，被夹持的超导体和永磁体可实现三维空间相对运动，在相对运动过程中，通过两个竖直力传感器和两个水平力传感器将自动测出超导体和永磁体的相互作用力。SCML-02 的主要技术指标如表 2-2 所示。

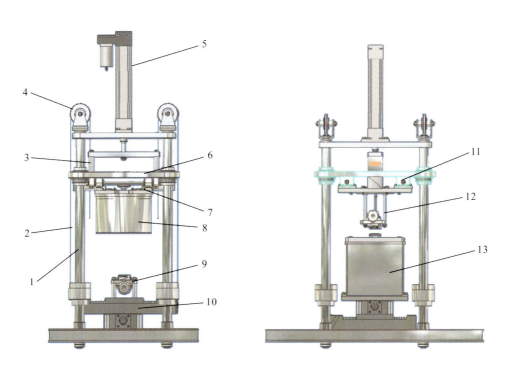

图 2-22　SCML-02 测试装置

1. 机架及平衡重组成；2. 不锈钢单股丝绳；3. 垂向力传感器；4. 滑轮组成；5. 电动缸；6. 滑座；7. 座盖组成；
8. 上置式杜瓦瓶；9. 夹具；10. xy 精密电动平台；11. 水平力传感器；12. 导向螺杆；13. 下置式杜瓦瓶

表 2-2　SCML-02 的主要技术指标

项目名称	参数指标
悬浮力测试范围/N	-1000～1000
垂向最大位移/mm	150
导向力测试范围/N	-500～500
水平 y 轴方向最大位移/mm	100
力传感器精度	1‰
位移精度/mm	±0.05

巴西里约热内卢联邦大学应用超导研究所(Laboratory for Applied Superconductivity, LASUP/UFRJ)在超导钉扎磁浮领域有着深入研究, 并同样发展出了一些测试装置[11]。其中最典型的如图 2-23 所示, 该装置可以实现杜瓦和永磁轨道之间的垂向位移, 采用一个六轴力传感器实现悬浮力的测量, 通过超声波位置传感器探取位移。采用六轴力传感器是其最主要的特征, 因此可以获取除悬浮力之外的扭矩等信息。土耳其卡拉德尼兹技术大学的研究人员也发展出了一种悬浮力测试装置[12], 其采取了类似龙门架的形式, 采用铝型材进行框架搭建。传感器采用了三轴力传感器, 量程达到 1000N 以上, 测试精度为 1N。

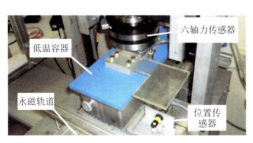

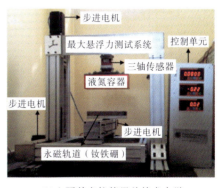

(a)巴西里约热内卢联邦大学　　　　　　　　　　(b)土耳其卡拉德尼兹技术大学

图 2-23　国外相关测试装置

微小悬浮力测试装置: 随着超导钉扎磁浮的发展, 微小悬浮力的实验需求逐渐增多。因为诸多性质如 J_c 各向异性、J_c-B 关系等在大尺寸的超导体中现象不明显, 而在微小超导体中显现出非常明显乃至极端的物理现象。另外, 第二代高温超导带材的研究近年来逐渐增多, 由于其悬浮力较小, 一些物理性质相较块材将更加极端, 并且其尺寸可以轻易地缩小, 因此对微小悬浮力的测试产生更多的现实需求, 需要测试微小悬浮力的专门测试装置。而现有装置的测试对象都着眼于单块及以上超导体的悬浮力, 在具体结构上, 部分装置将用于盛放液氮的容器放置于永磁轨道上, 此种装置的最大缺陷是, 在使用时由于需要夹具夹持超导块, 在超导块和夹具浸入液氮的过程中, 深度的不断变化, 将导致超导块受到的浮力发生变化，影响测试精度；另一种是将用于盛放液氮的容器吊挂于测试装置上，虽然能够消除浮力的影响，但是由于液氮在实验过程中不断挥发，进而导致重力不断减小，影响测试精度；上述变化对大型超导块的测量虽然影响不大，但是在微小超导块测量领域，悬浮力一般以毫牛(mN)为单位计量，因此上述影响将会造成测量精度偏差较大。

如图 2-24 所示，微小悬浮力测试装置[13]针对上述问题进行了改进。首先力传感器和液氮盒分别与滑动板固定相连，因此液氮盒与力传感器处于相互分离的状态，液氮盒与液氮的重力不传至测试单元，因此测试过程中因液氮挥发导致的重力变化不会影响测试精度，克服了外围设备对测试精度的影响。另外，超导体与液氮盒的相对间距固定，且液氮盒、超导块随滑动板同步运动，因此上述部件处于相对静止状态，超导块浸没于液氮中的位置固定，由此导致超导块受到的浮力不变，从而避免因超导块运动而导致的浮力变化引起的检测误差，提高测试的精度，主要技术指标如表 2-3 所示。

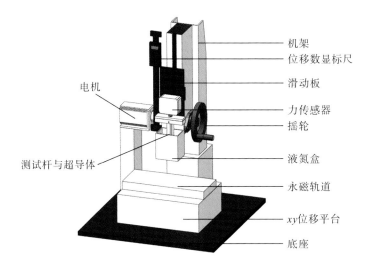

图 2-24　微小悬浮力测试装置示意图

表 2-3　微小悬浮力测试装置的主要技术指标

项目名称	参数指标
悬浮力测试范围/N	-10～10
垂向最大位移/mm	150
水平 y 轴方向最大位移/mm	60
力传感器精度	1‰
位移精度/mm	±0.01
最低测试高度/mm	2

　　上述装置面向的是准静态测试,而在超导钉扎磁浮列车实际运行过程中,超导体与永磁轨道的纵向相对运动速度达几十至数百千米每小时。因此,上述测试装置无法模拟真正的列车运行情况。由于永磁轨道由许多小块永磁体通过螺栓固定拼接而成,轨道表面的磁场不均匀,这必然使得超导体在高速运行时悬浮性能发生变化。针对块材和永磁轨道有较高相对运动速度的动态情况,超导体的动态悬浮特性研究十分必要。

　　为此,西南交通大学超导技术研究所在 SCML-01 和 SCML-02 的基础上,研制了动态测试设备 SCML-03(high temperature superconducting maglev measurement system 03),如图 2-25 所示[14]。其上半部分与 SCML-01 类似,为了模拟永磁轨道和超导体的相对运动,采用了转盘的形式。转盘上安装一个圆环状的永磁轨道。该装置 3.3m 长,2.4m 宽,3.15m 高,总重 13.95t。转盘由一个直流电机驱动,转盘直径为 1500mm,转盘最大旋转线速度为 300km/h,旋转速度误差小于 3%。该设备既可以测试准静态力特性,也可以测试动态运行时,超导体和永磁轨道之间的悬浮力、导向力及磁阻力的变化情况,是当时世界上该领域最先进的测试设备。

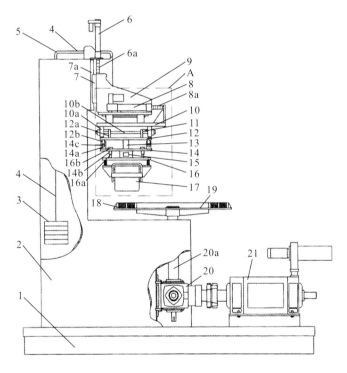

图 2-25　SCML-03 动态测试装置

1. 抗振底座;2. 机架;3. 配重块;4. 配重钢丝绳;5. 定滑轮;6. 垂向电动缸(6a. 丝杆);7. 滑槽机构(7a. 滑槽);8. 横向电动缸(8a. 丝杆);9. 支撑架;10. 上滑板(10a. 横向导向杆滑套;10b. 横向导向杆);11. 导向力传感器;12. 中滑板(12a. 横向导向杆滑套;12b. 横向导向杆);13. 纵向力传感器;14. 下滑板(14a. 纵向导向杆滑套;14b. 竖直滑套;14c. 纵向导向杆);15. 悬浮力传感器;16. 杜瓦容器支架(16a. 竖直导杆;16b. 定位帽);17. 杜瓦容器;18. 磁轨;19. 不锈钢圆盘;20. 传动机构(20a. 输出轴);21. 电机

上述测试装置皆为悬浮情形。西南交通大学超导与新能源研究开发中心针对侧挂情况，研制了一种真空管道磁浮环线轨道测试平台（side-suspended high temperature superconducting maglev system，SS-HTS）[15]。如图 2-26 所示，装置主要由真空管道、侧挂永磁双轨、侧浮超导原型车、直线电机及无线数据采集系统等组成。用车载陀螺仪（内置三轴角速度传感器及三轴加速度传感器）和气压传感器对磁浮车的运行姿态及管道气压进行测量，考虑真空管道内数据采集的特殊性，采用蓝牙对传感器采集的实验数据进行传输，并通过发光二极管（light-emitting diode，LED）点阵显示屏及上位机软件进行直接显示和处理。

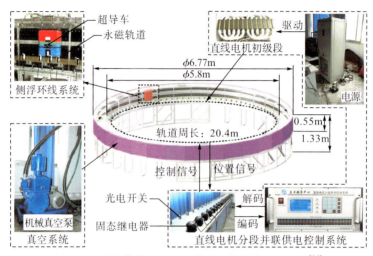

图 2-26　真空管道 SS-HTS 磁浮环线轨道测试平台[16]

除了力的测量之外，磁场也是超导钉扎磁浮的主要关注点。与磁场相关的实验设备主要有脉冲磁化机、超导磁体以及磁场扫描仪。脉冲磁化机又称充磁机，是一种成熟的实验仪器。超导磁体利用超导线圈替代常规导线线圈，可以实现强磁场。超导磁体主要应用在核磁共振、高能加速器、受控核聚变、磁浮交通等领域，根据应用场景的不同，其结构组成也大有不同。高斯计是根据霍尔效应制成的测量磁感应强度的仪器，较为成熟。

2.4.3　实验内容及方法的发展方向

2.4.1 节和 2.4.2 节介绍了超导钉扎磁浮基本的实验方法以及对应的实验设备。随着该领域的发展，当前的实验方法和设备并不能完全满足现实需要。因此，在上述实验技术的基础上，针对最新的研究需求，新的实验技术发展方向正在出现。

1. 动态磁-热-力耦合实验

目前主要的实验对象是磁-力关系。随着轴承、飞轮储能以及轨道交通应用的发展，要求超导体应用在越来越复杂的动态环境中。现有的准静态或者动态磁-力实验不能满足现实的需求。尤其是随着动态速度的提升，超导体的温升成为不可忽视的一个因素。磁场变化越剧烈，超导体内的温度变化也越剧烈，温度的变化带来超导体内临界电流密度的变化，进而影响了力特性。因此，超导钉扎磁浮是一个磁-热-力耦合的多物理场系统，动态磁-热-力实验是一个重要的发展方向。往常的磁热实验多基于线圈产生的交变磁场。对于永磁体或者永磁轨道，磁场不平顺以及运行速度带来的磁场波动对力特性的影响研究还不深入。该方向的难点在于如何准确模拟超导体经历的磁场波动、如何准确获得超导体内的温升特性，以及如何阐明磁场变化与温升之间的耦合关系。

2. 振动测试

上述实验研究皆基于实验室层面的物理机理研究。随着工程化的推进，真实线路条件下的振动测试不可或缺。超导体与永磁轨道的作用关系是独特的。与轮轨车轮施加给轨道的集中力不同，超导体施加给轨道的是面均布载荷。其与电磁悬浮的悬浮力也不相同，虽然两者皆为均布载荷，但是电磁悬浮的悬浮力和导向力由控制器主动控制，是主动承载式，而超导钉扎磁浮为被动承载式。因此，其振动特性也是独特的，随着世界各地多条模型实验线或者实车试验线的建成，该方向变得越来越重要。该方向的实验方法与普通振动及动态测试技术并无二致，但是由于实验条件的缺失而研究尚不深入。诸多问题如车辆在线路运行时的稳定性(直线、曲线、坡道)、车辆在各种情形下的响应、车辆与轨道耦合振动等需要通过真实实验确认。相关的实验数据也可为动力学仿真计算分析提供参考。

3. 实验条件范围的进一步拓展

上述实验条件多局限在液氮温区，外磁场在 2T 以下，超导体直径在 10mm 以上。而更大范围条件下的实验研究也值得研究。例如，常规永磁体的磁场几乎不可能达到 2T 以上，而超导磁体的磁场则可以相对容易地达到 5T 以上。可以借助超导磁体开展超导体在高磁场下的悬浮特性。在单块、多块超导体之外，微小尺寸(<2mm)超导体的特性也值得研究，这对实验设备的精度提出了更高的要求。

2.5　系　统　优　化

超导钉扎磁浮具有自稳定、发热小、液氮冷却、可静止悬浮等优越特点，为了将其应用于交通运输领域，需要满足载重、安全、可靠等工程要求，进一步优化性能十分重要。本节从永磁轨道的优化、超导体悬浮性能的优化、超导体与永磁轨道相互关系的优化三方面进行阐述，展示通过实验获取的规律性结论，并基于实验结果对系统性能进行优化。在本节中，由于每小节中的超导体、永磁轨道等系统参数和实验过程并不统一且十分复杂，在介绍每一项时对实验细节不做过多介绍，仅对实验现象进行规律性总结。

2.5.1　永磁轨道的优化

当前，超导钉扎磁浮的性能主要由永磁轨道的性能决定，因此永磁轨道的优化非常重要。永磁轨道优化的目标有两个：一是提升磁场以提高性能；二是降低永磁用量以节约成本。主要的优化研究工作基于上述两点开展。

1. 对极式与 Halbach 轨道

如 2.3.1 节介绍，最原始的轨道形式是单块永磁体，为了使外磁场在工作范围内(垂向 0～60mm，横向-20～20mm)的垂向和横向的梯度更大，即磁力线聚集在该区域，对极式的轨道结构引入应用中。对极式轨道的中心表面磁感应强度可以达到 1.2T(与之对应的单块永磁体的表面磁感应强度为 0.5T 左右)，明显提升了超导钉扎磁浮的性能。对极式轨道磁场上下对称，只有一侧的磁场得到利用，而 Halbach 阵列可以使磁场主要分布在轨道一侧，因此 Halbach 轨道得到广泛应用。

在永磁用量相似的情形下，超导体在 Halbach 轨道上的悬浮力和导向力是对极式轨道的 2 倍以上(图 2-27)。在最大磁感应强度相似的情形下，Halbach 轨道上的悬浮力和导向力依旧是对极式轨道的 2 倍[17]。一方面，Halbach 轨道将磁场"浓缩"到一侧，在轨道上方 5mm 处，能够将 95%的磁场集于上表面，大大提升了轨道磁场的利用率；而对极式轨道仅能达到 50%的磁场利用率。另一方面，Halbach 轨道的磁场梯度更大，磁场主要集中在 0～60mm 高度区间内，因此其悬浮和导向性能皆优于对极式。从应用层面上，Halbach 轨道磁体的块数可以根据需求增减，即轨道宽度变化灵活，具备更高的扩展性。Halbach 结构明显提升了性能，是目前应用的主要轨道结构。

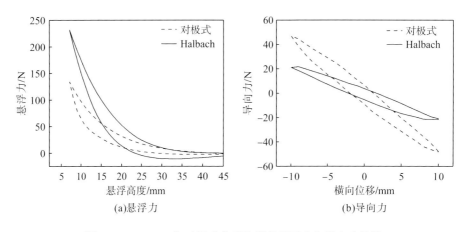

(a)悬浮力　　　　　　　　　　(b)导向力

图 2-27　Halbach 与对极式永磁轨道的悬浮力和导向力比较

2. 钕铁硼磁体的性能优化

永磁轨道由众多磁体组合而成，提升 Halbach 轨道的性能有两种途径：一是提升单块磁体的性能；二是优化磁体的磁化角。根据 Halbach 阵列磁场的分析公式(2-3)，可知单块磁体的性能与轨道的剩磁正相关。为了提升磁体性能，超导钉扎磁浮的 Halbach 轨道多使用钕铁硼稀土永磁材料，钕铁硼磁体具有极高的磁能积和矫顽力，具有优异的磁场性能。表 2-4 为常见钕铁硼磁体的性能牌号表，目前的 Halbach 轨道多采用 N40 以上牌号。

表 2-4　常见钕铁硼磁体的性能牌号表

| 牌号 | 剩磁 B_r/T | 矫顽力 H_{cb} | | 内禀矫顽力 H_{cj} | | 最大磁能积 $(BH)_{max}$ /MGOe | 居里温度 T_c/℃ | 工作温度 T_w/℃ |
		/kOe	/(kA/m)	/kOe	/(kA/m)			
N35	1.17～1.22	≥10.9	≥867	12.0	955	33～36	310	80
N38	1.22～1.25	≥11.3	≥899	12.0	955	36～39	320	80
N40	1.25～1.28	≥11.6	≥923	12.0	955	38～41	320	80
N42	1.28～1.32	≥11.6	≥923	12.0	955	40～43	320	80
N45	1.32～1.36	≥11.0	≥875	12.0	955	43～46	320	80
N48	1.36～1.40	≥11.2	≥891	12.0	955	46～49	320	80
N50	1.40～1.43	≥10.5	≥836	12.0	955	47～51	320	80
N52	1.43～1.46	≥10.5	≥836	12.0	955	51～53	320	80

　　降低轨道温度也是提高磁体性能的一种途径。磁体的磁晶各向异性反映了内禀矫顽力的极限值，是用来衡量永磁材料性能的重要指标。通常采用各向异性场 $H_A=2(K_1+K_2)\mu_0 M_s$ 来表示磁晶各向异性的大小，K_1、K_2 为各向异性常数，μ_0 为真空磁导率，M_s 为磁化强度。永磁轨道用钕铁硼永磁材料的 K_1 和 K_2 会随温度改变而发生变化，130K 以上时随温度的下降而大幅提升，内禀矫顽力也随之提高；当温度降至 130K 附近时，各向异性常数 K_1 由正变负，导致钕铁硼的磁化强度偏离易磁化方向，这种磁化强度方向随温度变化而偏离易磁化方向的现象称为自旋再取向。由上述永磁体的温度特性可知，降低永磁体温度是提升其表面磁场强度的有效方法，但同时又需要避免自旋再取向效应的出现，因此转变温度以上附近温度将是永磁体表现高性能的最佳温区。

　　如图 2-28(a)所示，随着轨道温度的降低，Halbach 轨道上方磁场逐渐升高，在 140K 达到转变温度，磁场强度达到最大值。随后随着温度的降低，轨道磁场强度逐渐降低。与之相对应，轨道上方的超导体悬浮力遵循相同的变化规律。另外，随着轨道温度的升高，轨道磁场强度将降低，悬浮性能将发生衰减[18]。对于普通烧结钕铁硼永磁体，其工作温度一般不超过 80℃，不同牌号的烧结钕铁硼的温度稳定性略有差异。如图 2-28(b)所示，

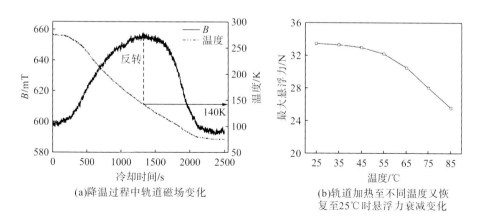

(a)降温过程中轨道磁场变化　　　　　　(b)轨道加热至不同温度又恢复至 25℃时悬浮力衰减变化

图 2-28　温度对轨道磁场的影响

永磁体升温至不同温度并恢复至 25℃时，永磁体性能发生衰减，并带来悬浮性能的衰减。为了遏止热衰减，提高永磁体的居里温度是有效手段。

3. Halbach 轨道磁化角优化

理想的 Halbach 阵列的磁化方向按正弦曲线连续变化，其强磁场一侧的场强也按正弦形式分布，而另一侧的场强为零。在实际应用中，由于很难实现永磁体的充磁方向的连续变化，常常采用将离散磁体拼接在一起形成近似正弦充磁的情况。在永磁体用量不变的情况下，增加磁体数量，减小磁化角，将有助于增大轨道磁场。如图 2-29 所示，常用 Halbach 轨道由 5 块磁体组成，磁化角为 90°。在保证永磁体用量不变的情况下，改为由 7 块磁体组成，磁化角为 60°。60°磁化角轨道磁场得到增强，进而悬浮力和导向力得到增强[19]。但是减小磁化角带来永磁体块数增多，会增加轨道制造、装配难度。

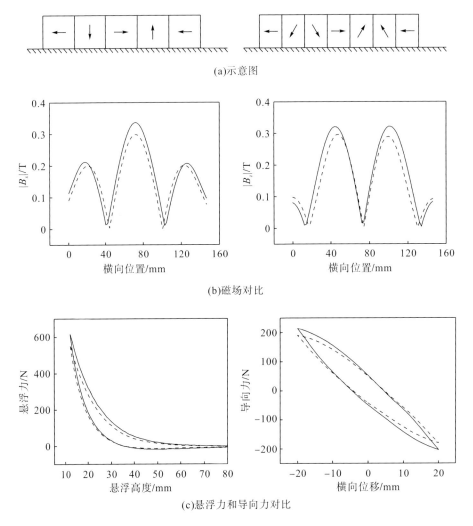

图 2-29   相同永磁体用量的 90°与 60°磁化角对比

(实线为 90°磁化角轨道，虚线为 60°磁化角轨道)

4. 磁场梯度

超导体在磁场中的悬浮力解析公式为

$$F_z = \mu_0 MV \mathrm{d}H/\mathrm{d}z \qquad (2\text{-}13)$$

其中，M 为超导体的平均磁化强度；V 为超导体的有效磁化体积。

假设超导体中电流密度是临界电流密度 J_c，则圆柱形超导体的磁化强度为

$$M = AJ_c \times r \qquad (2\text{-}14)$$

其中，A 为与超导体几何尺寸相关的一个常数，对于圆柱单畴样品，A 取值为 1/3；J_c 为临界电流密度；r 为超导块材中电流环的半径。由式 (2-13) 可以得知，磁场梯度与悬浮力呈现线性正相关关系。在实际应用中，应尽量使磁力线聚集在永磁轨道上表面较低高度，增大磁场梯度，提升悬浮性能。

当前 Halbach 轨道主要使用钕铁硼磁体，其磁场性能优异，但是价格昂贵且波动较大，同时需要消耗大量的稀土。为降低永磁轨道的成本，产生了铁氧体和钕铁硼磁体的混合轨道。铁氧体主要原料包括 $BaFe_{12}O_{19}$ 和 $SrFe_{12}O_{19}$。通过陶瓷工艺法制造而成，质地比较硬，属脆性材料，铁氧体磁体具有良好的耐温性、性能适中、价格低廉。单块铁氧体的磁场不足钕铁硼磁体的一半，不适合采取全铁氧体的轨道。综合轨道性能和成本，采用铁氧体替代 Halbach 轨道中的部分钕铁硼的方式。采取铁氧体和钕铁硼混合的轨道可以接近纯钕铁硼轨道的悬浮性能，且减少了钕铁硼的用量，但是轨道尺寸明显增加。若稀土价格过高，则混合轨道形式将成为一种替代选择。

2.5.2　超导体悬浮性能的优化

YBCO 超导体的物理和材料特性比较复杂，不同制备方法和手段得到的材料性质差异较大，不同形态的 YBCO 超导体差距也比较明显。对 YBCO 超导体进行优化，使其和磁场更加匹配，最大限度发挥材料的性能，这对整体系统性能的提升十分必要。

超导体的优化主要关注以下几点：

(1) 临界电流密度提升，主要指通过制备技术提升其性能；

(2) 块材和带材，包括两者的比较、选择及结合；

(3) 块材的不均匀性，包括单籽晶和多籽晶块材的选择、生长边界和生长区域的差异；

(4) 超导体的各向异性，主要指 J_c 各向异性带来的悬浮性能差异；

(5) 超导体的尺寸优化，包括厚度优化、宽度尺寸优化、多块超导体的组合。

临界电流密度 J_c 是影响悬浮性能的一个重要因素，也是表征超导体悬浮性能的重要指标。超导块材的临界电流密度不易测量，一般通过测量超导样品的不可逆磁化曲线反演得到，因此超导块材的临界电流密度对系统悬浮特性的影响主要借助仿真计算进行研究，这将在第 3 章中进行介绍。超导体的临界电流密度与系统性能正相关。改进超导体的制备技术可以提升临界电流密度，这在第 1 章中有所介绍。

1. 带材与块材

　　YBCO 块材因其大尺寸三维块状结构,具有较大的悬浮力和导向力,磁滞和弛豫较小,同时动态性能稳定,一直是最主要的悬浮体选择。YBCO 高温超导带材是一种多层复合结构,包括铜稳定层、银保护层、YBCO 超导层、基底层等(图 2-30),一般采用涂层技术的外延生长方法制备,因此也称为涂层导体。自 1999 年第一根 100m 长 YBCO 高温超导带材制备出以后,日本的 Fujikura 公司,美国的超导公司、Superpower 公司,韩国的 SuNAM 公司,中国的上海超导科技股份有限公司、上海上创超导科技有限公司和苏州新材料研究所等机构和企业都具备了生产百米以上工业化带材的能力。制备技术的进步使得带材具有更高的临界电流密度、更强的机械强度、更少的稀土材料用量以及更灵活多样的几何结构,具备成为悬浮体的应用潜力,因此国内外研究者开始探索带材悬浮体在磁浮交通、磁浮轴承等领域的应用,并提出了诸多带材悬浮构型,如堆叠型和盘绕型。堆叠型是指一段段带材层叠在一起,构成长方体形状,每段带材之间不导电。而盘绕型是指带材像胶带一样盘绕成圆环状,两端可以通过超导接头连通,也可以断开。带材作为悬浮体,具有近似的二维平面特征,不同的构型产生的悬浮力和导向力差异很大。但是纯带材悬浮体中的超导材料所占的比重较小,使得悬浮力和导向力目前只能达到块材的 50%左右(图 2-31),且价格较高,作为悬浮体的主体材料不实用。而块材的缺点是形状固定,尺寸单一,需要根据实际应用情况合理选择。

图 2-30　超导带材实物图　　　　　　图 2-31　相同尺寸的带材和块材悬浮力对比

　　材料性能的不均匀性是块材的固有属性。1.4.1 节介绍过,TSMTG 法是目前主流的块材制备方法,通过在坯体顶部放置籽晶来引导熔体织构生长。如图 2-32 所示,放置籽晶的一面称为籽晶面,相对应地,无籽晶的一面称为非籽晶面。块材有五个生长区域(growth sector, GS),在 ab 面内有四个生长区域,在 ac 面内有一个生长区域,生长区域与生长区域之间是生长边界(growth sector boundary, GSB)。不同区域的悬浮性能略有不同,GSB 的性能略微优于 GS。而带材采用物理气相沉积法等制备技术,使其超导层均匀性较好,不存在这一现象。

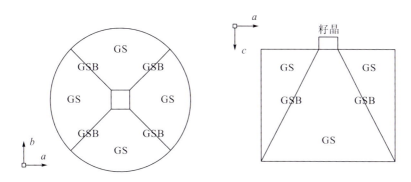

图 2-32　块材生长制备方法带来的性能分区

单畴块材的尺寸有限，超导钉扎磁浮应用希望获得大尺寸块材。目前制备大尺寸块材采用多籽晶法，即多个籽晶同时生长结合成一块超导体。如图 2-33 和表 2-5 所示，通过比较尺寸为 66mm×34mm×15mm 的长方体三籽晶块材和 ϕ30mm×15mm 的单畴块材的悬浮力和导向力可知，多籽晶块材的悬浮性能稍优于单籽晶块材。同时多籽晶块材尺寸更大，因此目前多籽晶块材成为超导钉扎磁浮的主要块材选择。但是多籽晶块材同样存在籽晶之间的弱连接问题。另外需要指出的是，超导块材由于制备路线、技术细节等差异，其性能差距较大。即使同一批样品，其性能也不相同，因此不同块材得出的结论存在差异。

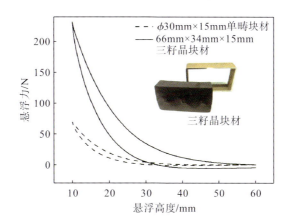

图 2-33　多籽晶和单畴块材的悬浮力对比

表 2-5　多籽晶和单畴块材的悬浮和导向性能对比（单位：N/cm²）

参数	ϕ30mm 块材	多籽晶块材
ZFC: 悬浮力密度	9.75	11.33
FC: 悬浮力密度	8.67	9.12
FC: 导向力密度	0.32	0.39

2. 各向异性

如第 1 章所述，YBCO 超导体由超导层和几乎绝缘的阻隔层组成，如图 2-34(a)所示，导电层称为 ab 面。而电流沿着 c 轴流动时会受到绝缘层的阻碍，导致 J_c 存在着较大的各向异性，即沿着 c 轴的 J_{c-c} 远小于 ab 面内的 J_{c-ab} 值。不仅如此，即使沿着相同的方向流动，J_c 也会受到磁场方向的影响而发生变化。通常磁场平行于 c 轴时的 J_c 小于磁场平行于 ab 面时的 J_c，这源于超导电子团的各向异性，这种各向异性在高场下会更加明显。悬浮力和导向力可由外磁场与超导体内的感应电流作用产生的洛伦兹力求解得到，而超导体的 J_c 和感应电流强弱以及洛伦兹力呈正相关。YBCO 具有 J_c 各向异性，使得其不同方向的感应电流承载能力具有差别，进而影响悬浮能力，由此带来的超导体磁浮特性也具有各向异性。在超导钉扎磁浮中，超导体的摆放和排列方式的差异便会带来悬浮特性的各向异性。对比 YBCO 块材和带材，由于带材为厚度小于 1μm 的薄片状涂层导体形态，这和三维大尺寸的块材有着明显差异，因此两者的各向异性并不相同。

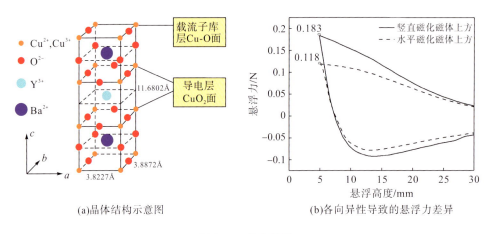

(a)晶体结构示意图   (b)各向异性导致的悬浮力差异

图 2-34   各向异性

Halbach 永磁轨道由众多永磁体按照一定顺序排列而来，轨道上方的磁场非均匀分布。如图 2-8 所示，笼统地说，在竖直磁化的磁体上方主要为分量 B_z；而在水平磁化的磁体上方主要为 B_x。宽度为 2mm 的超导体在竖直、水平磁化的磁体上方的悬浮力如图 2-34(b)所示，块材 ab 面平行于轨道表面，可见块材在不同位置上的悬浮力具有较为明显的差异。简单分析该差异产生的原因，由楞次定律可知，变化的外磁场将在超导体内感应出超导电流。超导电流产生的磁场将阻碍外磁场的变化，当超导体位于水平磁化的磁体上方时，超导体垂向运动，轨道磁场的 B_x 分量是主要变化量，在 yz 面流动的超导电流被感应产生。若该 yz 面内电流在超导体的 ab 面内流动，其悬浮力相较沿着 c 轴流动更大。当超导体位于竖直磁化的磁体上方时，当超导体垂向运动时，轨道磁场的 B_z 分量是主要变化量，感应电流将流淌在 xy 面。相应地，若该 xy 面内电流在超导体的 ab 面内流动，其悬浮力更大。总而言之，若能使感应电流在 ab 面内流动，将有效发挥 YBCO 超导体的悬浮性能。

如图 2-35 所示，堆叠带材 ab 面平行于轨道表面，提取出不同宽度的块材在竖直和水平磁化的磁体上方悬浮力的最大值。随着超导体宽度的不断缩小，超导体的力各向异性更加明显。虽然超导体的 J_c 各向异性与尺寸无关，但是随着宽度的减小，超导体所处的磁场环境更加均匀，某一磁场分量占绝大部分，使感应电流的流动方向也更加一致，造成力各向异性更加明显。堆叠带材宽度小于 10mm 时，在竖直和水平磁化磁体上方的悬浮力将相差 30 倍以上，原因在于，堆叠带材将带材一层层堆叠成块，这种形式的带材悬浮体和块材外形相似。虽然每层带材超导层的各向异性和超导块材相同，但是堆叠成块后，感应超导电流只能在每一层内流动而不能层间流动。且每一层带材中超导的 YBCO 层只有 1μm 厚度，使其呈现一种近似二维化结构，造成更加强烈的各向异性。根据超导体的各向异性，在实际应用中应合理设计超导体与轨道磁场的相互关系，使其悬浮性能得到有效的发挥，这对堆叠带材应用尤其重要。如图 2-36 所示，根据超导体的 c 轴与永磁体磁化方向，有两种极端的排布方式，一种是 c 轴与永磁体磁化方向平行，则该排布方式为大导向力排布方式，在横向位移时产生较大的导向力。而 c 轴与永磁体磁化方向垂直则称为大悬浮力排布方式。实际应用中，在保证足够过弯能力的情形下实现足够高的载重能力原则指导下，应该合理安排超导体的排布方式[20]。

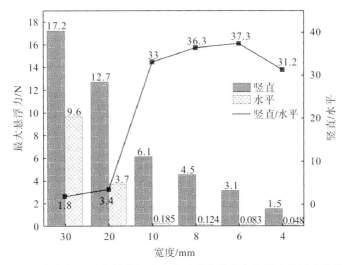

图 2-35　不同宽度的堆叠带材在竖直和水平磁化磁体上方最大悬浮力的差异变化

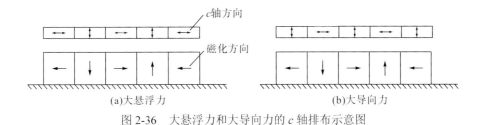

图 2-36　大悬浮力和大导向力的 c 轴排布示意图

超导体的尺寸显然对悬浮特性存在影响，主要涉及三方面：厚度、宽度以及多块超导体的组合。由于永磁轨道磁场的分布特性，越靠近轨道表面磁场越强，磁场随着高度指数增大衰减，因此超导体下部发挥着主要的作用。随着超导体厚度的增加，悬浮力随之增大，当超导体厚度增加到一定程度时，其变化已不明显。即超导体厚度向上增加时，其悬浮效率在逐渐减小，该结论在块材和堆叠带材中皆成立。对于导向力，随着超导体厚度的增加，导向力随之增大。但与悬浮力不同的是，其增长饱和速度相对较慢，导向力达到饱和的厚度大于悬浮力。原因是导向力为横向移动，厚度增大意味着纵截面增大，横向移动时可以经历更大的磁场变化。

分析比较超导体宽度和厚度对悬浮力和导向力的影响，导向力对应的最佳宽度和厚度都大于悬浮力对应的最佳宽度和厚度。在实际的磁浮系统设计中应同时考虑这两方面的因素来决定超导体尺寸的选择。在轨道磁场范围内，相较增加厚度，增加超导体的宽度对悬浮性能更加有效。宽度增加意味着可以更加有效地利用轨道磁场的宽度，其增益是显而易见的。但若超导体的宽度超出了轨道磁场宽度，其宽度增加是无效的。在实际的超导钉扎磁浮应用中，为了最大化利用永磁轨道磁场，提高磁浮列车的线载重能力，超导体的宽度和永磁轨道的宽度相等。

由于制备技术的限制，单块超导体的尺寸往往不能达到设计的要求，因此采取多块超导体组合的形式。在超导钉扎磁浮中，超导体没有外加电流激励。除轨道磁场之外，超导体还会受到其余超导体感应电流产生的磁场影响，这便涉及超导体磁场耦合影响。超导体之间的磁场耦合影响是复杂的。超导体之间的耦合影响是存在的，但是该耦合影响较小，对悬浮力影响小于5%。原因在于，虽然临近超导体内感应电流产生的磁场会对悬浮力产生影响，但是与永磁轨道的磁场相比，该磁场较小，对总体磁场的影响不大，因此对悬浮特性的影响不大。将超导体切成数份，测试其整体和切开后各部分相加的悬浮力，切开后相加与未切开的悬浮力差距不大。超导体的悬浮力基本遵循叠加原理，整体的悬浮力可由各部分叠加得到。

2.5.3　相互关系及应用环境的优化

超导体和永磁轨道结合成一个悬浮系统，在永磁轨道和超导体的优化之外，两者相互关系优化也十分重要。此外，尚有诸多系统环境因素同样影响着超导钉扎磁浮，下面将详细叙述。

场冷高度是系统的一个重要参数。场冷高度对悬浮力和导向力有着显著影响。如表2-6所示，场冷高度越高，悬浮力越大，而导向力越小；场冷高度越低，导向力越大，而悬浮力越小。悬浮力和导向力为"此消彼长"的矛盾关系[16]。

表 2-6　不同场冷高度在 15mm 测试高度时的悬浮力和导向力

场冷高度/mm	悬浮力/N	导向力/N
20	47.1	49.3
25	48.6	38.7
30	59.3	35.9

图 2-37 为超导体在不同场冷高度上场冷然后下降至 10mm 的最大悬浮力，可见场冷高度与悬浮力正相关。场冷高度的不同本质上是场冷时初始磁场的不同。从场冷高度处的 B_z 与 3mm 悬浮间隙时的悬浮力关系可以看出，两者基本呈线性关系。相同条件下，场冷高度越高，超导体在下降过程中经历的磁场变化越大，感应电流越大，因此悬浮力越大。对于导向力，超导体在横向位移前需要下降至测试高度，该下降过程中产生的感应电流对横向位移产生的导向力不利。因此，场冷高度越高，则下降过程越长，对导向力越不利，导向力越小。在实际的应用中，场冷高度的选取非常重要。选取场冷高度需要兼顾悬浮力和导向力。若一味追求载重能力而设置较高的场冷高度，则需要牺牲过弯性能。目前 30mm 场冷高度在列车中是最常用的，该场冷高度可以保证列车载重性能，并兼顾足够的过弯能力。

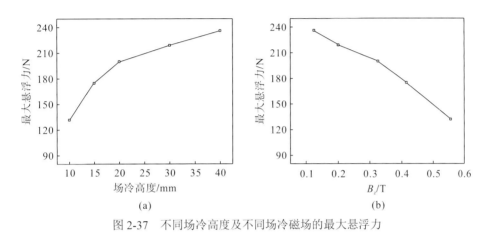

图 2-37　不同场冷高度及不同场冷磁场的最大悬浮力

预载(pre-load)是一种抑制弛豫过程中悬浮力衰减的方法。在预载条件下，首先给超导体施加一个较强的外场，然后降低外场，再回到正常工作时的外场中。一般情况下，可通过将悬浮体先运动到低于悬浮间隙处的某一位置，再上升到预定的悬浮间隙来实现对超导体的预载。预载可以有效抑制悬浮力的弛豫衰减。如图 2-38 所示，对超导体施加预载措施，可以减小超导体的弛豫，进而减小超导体悬浮间隙的衰减。

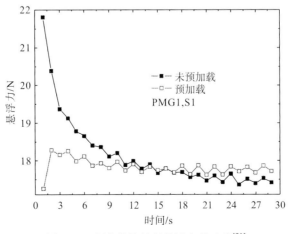

图 2-38　预载措施抑制悬浮力的弛豫[21]

超导体在永磁轨道上方多次往返，其悬浮性能逐渐变化。如图 2-39 所示，超导体在轨道上方往返运动时，第二次的悬浮力要明显小于第一次，第三次及以后的循环变化不大。该现象与悬浮力弛豫类似。另外，随着循环次数的增加，悬浮力磁滞逐渐减小，即超导体在经历多次循环后，性能逐渐稳定。在实际应用中，超导体不可避免地会经历多次振动往返，其悬浮力性能会在多次往返后达到稳定状态。超导体在永磁轨道上方的运动速度会对悬浮性能产生微弱影响，该影响是复杂和微妙的。

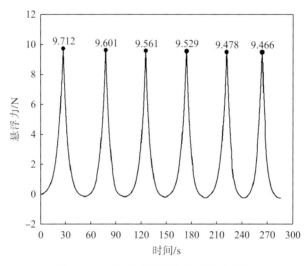

图 2-39　六次往返过程中的悬浮力变化

前面叙述了温度对永磁轨道的影响，温度也对超导体存在影响。温度通过对 J_c 的影响来影响悬浮性能。临界电流密度 J_c 具有多维性，并强烈依赖于外界温度和磁场条件。

最初，Bean 模型[22]假设在温度不变时，临界电流密度为一个常数，与磁场无关，即

$$J_c(T) = J_{c0}(T) \tag{2-15}$$

其中，$J_{c0}(T)$ 为 77K、自场下的临界电流密度。

实验表明，YBCO 临界电流密度随温度升高以及磁场的增大而减小。Bean 模型显然是不符合实际情形的，只是一种极端假设。因此，Kim-Anderson 模型[23]认为临界电流密度应考虑磁场的影响，即

$$J_c(T) = J_{c0}(T) / (1 + B / B_0) \tag{2-16}$$

指数模型[24]认为临界电流密度与磁场符合指数关系，即

$$J_c(T) = J_{c0}(T) e^{-B/B_0} \tag{2-17}$$

更一般的幂指数模型[25]，即

$$J_c(T) = J_{c0}(T) / (1 + B / B_0)^n \tag{2-18}$$

通过改变参数 n 和 B_0 的取值可以得到 Bean 模型、Kim-Anderson 模型以及指数模型。此外，还有 Kim-like 模型[26]，认为磁场方向的不同也对 J_c 产生影响，即

$$J_{c}(T) = J_{c0}(T) \Bigg/ \left(\frac{\sqrt{k^2 B_{//}^2 + B_{\perp}^2}}{B_0} \right)^n \tag{2-19}$$

其中，$B_{//}$ 和 $B_{\perp}$ 为与超导体导电平面平行和竖直的磁场分量；k 表示磁场方向对 J_c 的影响程度。带材的悬浮特性对磁场方向敏感，因此 Kim-like 模型更加符合情况。

临界电流密度 J_c 又随温度发生改变，其相关的表达式种类较多，列举较为常用的几种，如下所示。

线性关系：

$$J_{c0}(T) = J_{c0} \frac{T_c - T}{T_c - T_0} \tag{2-20}$$

非线性关系：

$$J_{c0}(T) = J_{c1} \left[1 - \left(\frac{T}{T_c} \right)^2 \right]^{\alpha} \tag{2-21}$$

其中，J_{c0} 为超导块材在初始温度(此为液氮温度，77K)且外场为零时的临界电流密度，与材料有关；J_{c1} 为通过线性关系式(2-20)外推得到的在 0K 时的临界电流密度，即 $J_{c1} = (92-0)/(92-77)J_{c0}$。式(2-20)及式(2-21)在 $\alpha = 0.5, 1, 1.5, 2$ 时的函数曲线以及 $J_c = J_{c0}$ 的函数曲线如图 2-40 所示，以更直观地看出不同 J_c-T 模型的变化关系。

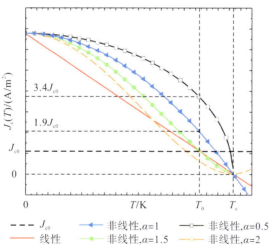

图 2-40　临界电流密度随温度变化的函数曲线

因此，温度降低使临界电流密度增大，进而带来悬浮力增大，磁滞和弛豫减小。如图 2-41(a)所示 50～90K 永磁轨道上方块材的悬浮力，在制冷机冷却下，超导块材的悬浮力随着温度的降低而减小，增加趋势逐渐变缓，并且悬浮力会有饱和的趋势。另外，如图 2-41(b)和(c)所示，气压降低使得液氮温度降低。液氮温度降低增大了超导体的临界电流密度，带来悬浮力和导向力增大，并且弛豫和磁滞减小[27]。当然，当气压继续降低至 15kPa 以下时，液氮中逐渐出现固氮，而固氮的制冷效率不如液氮，继续降低气压会适得其反。

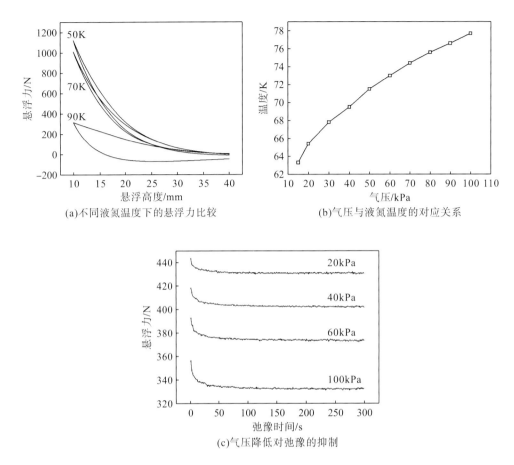

(a)不同液氮温度下的悬浮力比较   (b)气压与液氮温度的对应关系

(c)气压降低对弛豫的抑制

图 2-41   温度及降低气压对悬浮性能的影响

2.6   本章小结

综合本章，超导钉扎磁浮伴随着高温超导体的出现而得到研究者的关注。由于轨道磁场的不均匀性、超导体物理性质的非线性、材料性能的不均匀性等因素，系统呈现出电-磁-热强耦合特征，进而对力特性产生显著影响。为了阐明诸多因素对系统的影响，研究者开展了大量实验研究工作，实验结果对理解系统本质、优化系统性能起到了促进作用，推动了列车的工程化进展。当前，超导钉扎磁浮的实验研究需要进一步建立标准化的研究方法，搭建起系统化的研究体系，研究并确立理论解析方法，实现实验和模拟仿真的结合和统一，推动超导钉扎磁浮的研究和应用。在实验之外，模拟仿真是重要的研究手段，通过模拟仿真技术可以便捷地获取数据和预测结果。超导钉扎磁浮模拟仿真主要关注超导体层面的电磁仿真和车辆层面的动力学仿真，这将在第 3 章和第 4 章进行详细介绍。

参 考 文 献

[1] Earnshaw S. On the nature of molecular forces which regulate the constitution of the luminiferous ether[J]. Transactions of the Cambridge Philosophical Society 1842, 7: 97-112.

[2] Meissner W, Ochsenfeld R. Ein neuer effekt bei eintritt der supraleitfhigkeit[J]. Naturwissenschaften, 1933, 21(44): 787-788.

[3] Wu M K, Ashburn J R, Torng C J, et al. Superconductivity at 93K in a new mixed-phase Y-Ba-Cu-O compound system at ambient pressure[J]. Physical Review Letters, 1987, 58(9): 908-910.

[4] Halbach K. Design of permanent multipole magnets with oriented rare earth cobalt materials[J]. Nuclear Instruments & Methods, 1980, 169(1): 1-10.

[5] Hikihara T, Moon F C. Chaotic levitated motion of a magnet supported by superconductor[J]. Physics Letters A, 1994, 191(3-4): 279-284.

[6] Zhuo P J, Zhang Z X, Gou X F. Chaotic motion of a magnet levitated over a superconductor[J]. IEEE Transactions on Applied Superconductivity, 2016, 26(2): 3600406.

[7] Wang J S, Wang S Y, Lin G, et al. High T_c superconducting magnetic levitation measurement system[J]. High Technology Letters, 2000, 10(8): 56-58.

[8] Sugiura T, Tashiro T M, Uematsu Y, et al. Mechanical stability of a high-T_c superconducting levitation system[J]. IEEE Transactions on Applied Superconductivity, 1997, 7(2): 386-389.

[9] Nagaya K, Tsukagoshi M, Kosugi Y, et al. Vibration control for a high-T_c superconducting non-linear levitation system[J]. Journal of Sound & Vibration, 1997, 208(2): 299-311.

[10] Wang S Y, Wang J S, Deng C Y, et al. An update high-temperature superconducting maglev measurement system[J]. IEEE Transactions on Applied Superconductivity, 2007, 17(2): 2067-2070.

[11] Dias D H N, Sotelo G G, Sass F, et al. Dynamical tests in a linear superconducting magnetic bearing[J]. Physics Procedia, 2012, 36: 1049-1054.

[12] Abdioglu M, Ozturk K, Gedikli H, et al. Levitation and guidance force efficiencies of bulk YBCO for different permanent magnetic guideways[J]. Journal of Alloys and Compounds, 2015, 630: 260-265.

[13] Liu X, Ke Z, Chen Y, et al. The feasibility of designing a back propagation neural network to predict the levitation force of high-temperature superconducting magnetic levitation[J]. Superconductor Science and Technology, 2022, 35(4): 044004.

[14] Wang J S, Wang S Y, Deng C Y, et al. A high-temperature superconducting maglev dynamic measurement system[J]. IEEE Transactions on Applied Superconductivity, 2008, 18(2): 791-794.

[15] Zhou D, Cui C, Zhao L, et al. Static and dynamic stability of the guidance force in a side-suspended HTS maglev system[J]. Superconductor Science and Technology, 2016, 30(2): 025019.

[16] 任仲友. 永磁导轨上高温超导磁浮的实验研究与数值计算[D]. 成都：西南交通大学, 2004.

[17] Deng Z, Wang J, Zheng J, et al. High-efficiency and low-cost permanent magnet guideway consideration for high-T_c superconducting maglev vehicle practical application[J]. Superconductor Science and Technology, 2008, 21(11): 115018.

[18] Zheng B, Zheng J, He D, et al. Magnetic characteristics of permanent magnet guideways at low temperature and its effect on the levitation force of bulk YBaCuO superconductors[J]. Journal of Alloys and Compounds, 2016, 656: 77-81.

[19] Deng Z, Zhang W, Chen Y, et al. Optimization study of the Halbach permanent magnetic guideway for high temperature superconducting magnetic levitation[J]. Superconductor Science and Technology, 2020, 33(3): 034009.

[20] Deng Z, Wang J, Zheng J, et al. An efficient and economical way to enhance the performance of present HTS maglev systems by utilizing the anisotropy property of bulk superconductors[J]. Superconductor Science and Technology, 2013, 26(2): 025001.

[21] Ma G, Lin Q, Wang J, et al. Method to reduce levitation force decay of the bulk HTSC above the NdFeB guideway due to lateral movement[J]. Superconductor Science and Technology, 2008, 21(6): 065020.

[22] Bean C P. Magnetization of hard superconductors[J]. Physical Review Letters, 1962, 8(6): 250-253.

[23] Kim Y B, Hempstead C F, Strnad A R. Critical persistent currents in hard superconductors[J]. Physical Review Letters, 1962, 9(7): 306-309.

[24] Fietz W A, Beasley M R, Silcox J, et al. Magnetization of superconducting Nb-25%Zr wire[J]. Physical Review, 1964, 136(2A): 335-345.

[25] Xu M, Shi D, Fox R F. Generalized critical-state model for hard superconductors[J]. Physical Review B: Condensed Matter, 1990, 42(16):10773.

[26] Sirois F, Grilli F. Potential and limits of numerical modelling for supporting the development of HTS devices[J]. Superconductor Science and Technology, 2015, 28(4): 043002.

[27] Zheng B, Zheng J, Si S, et al. Levitation performance of YBCO bulks in supercooling condition under a low-pressure environment[J]. IEEE Transactions on Applied Superconductivity, 2017, 27(4): 3600405.

第 3 章　电 磁 计 算

　　"电磁计算"，在本书中特指基于电磁学基本理论对超导钉扎磁浮车-轨系统核心部分(即悬浮导向系统)的广义悬浮特性进行数学建模、数值计算和结果分析的过程。其中，广义悬浮特性又大致可向两个方面归类：一方面，它包含了直接影响整辆车动力学性能的力-位移关系，它虽然常被从整车运动的视角上简单地分解为狭义的(垂向)悬浮特性和(横向)导向特性，但从本质上来讲，两者都可归因于一种具有特殊电磁性质的材料在具有不同不均匀形式的外部磁场中运动时产生了阻碍其运动的电磁力。另一方面，则包含了虽不直接影响整车的动力学性能，但会通过影响超导材料的电磁性质来影响前述力-位移关系，从而影响整车的动力学性能的一些特定因素间的内在关联，如振动行为对块材温度的影响、温度对块材临界电流密度的影响等。本章旨在从超导体的电磁层面上介绍这种广义悬浮特性的本质来由和表现形式，而作为基础和铺垫，不得不对与之相关的基本电磁理论和数值计算方法做一个系统的梳理，以便读者可以站到更高的层面上，由现象到本质、由零碎到系统、由定性到定量地认识高温超导钉扎磁浮的工作机理和特有性质。

　　本章首先介绍具有一般形式的电磁学基本理论；其次从高温超导材料的电磁特性出发介绍可以描述高温超导体独特的电磁现象的电磁理论模型，具体包括高温超导体的 *E-J* 本构关系和 *B-H* 本构关系，并进一步从高温超导体的电各向异性、生长不均匀性、外场强度和温度分布四个方面讨论临界电流密度的影响因素。随后介绍基于不同变量的高温超导体电磁场控制方程的建立过程，并以矢量电位 *T* 方法为例介绍采用有限元和有限差分法对电磁场控制方程进行空间离散和时间离散的过程，给出数值计算程序的主要流程。为了给超导体的电磁控制方程提供定解条件，还将介绍轨道磁场的各种解析计算模型。最后将会在运用所述模型对特定工况进行模拟的基础上，针对超导块材在轨道外场中的电磁力、交流损耗等广义悬浮特性进行探讨。

3.1　电磁学理论基础

　　麦克斯韦方程组用简洁的形式深刻而又全面地总结了自然界中各种电磁现象背后的规律，是宏观电磁场理论的基础和电磁学研究的重要工具。将该方程组联立上和材料相关的电磁本构方程，原则上可以描述各种宏观电磁现象，联立后的方程一般称为电磁场控制方程。电磁场控制方程可以描述电磁行为的作用规律，但只能求出通解形式，无法求解出唯一的确定解。在解决具体的电磁场问题时，需要根据实际情况给出电磁场量的初始条件和边界条件，即方程组的定解条件。有了定解条件，根据矢量场的唯一性定理，便可从电磁场控制方程中求解出唯一解, 该唯一解可以准确描述电磁场量随空间的分布及随时间的变化情况。本节内容主要按此思路进行介绍。

3.1.1　麦克斯韦方程组

麦克斯韦方程组又称电磁场基本方程组, 是研究自然界中电磁现象的基础理论, 包含概括电磁现象规律的四个方程式, 其积分形式如下[1]。

磁通守恒定律:

$$\oint_S \boldsymbol{B} \cdot \mathrm{d}S = 0 \tag{3-1}$$

高斯定律:

$$\oint_S \boldsymbol{D} \cdot \mathrm{d}S = q \tag{3-2}$$

安培定律:

$$\oint_l \boldsymbol{H} \cdot \mathrm{d}l = \oint_l \left(\boldsymbol{J} + \frac{\partial \boldsymbol{D}}{\partial t} \right) \cdot \mathrm{d}S \tag{3-3}$$

法拉第电磁感应定律:

$$\oint_l \boldsymbol{E} \cdot \mathrm{d}l = -\frac{\partial}{\partial t} \oint_S \boldsymbol{B} \cdot \mathrm{d}S \tag{3-4}$$

其中, $\boldsymbol{E}$ 为电场强度; $\boldsymbol{B}$ 为磁感应强度; $\boldsymbol{D}$ 为电位移矢量; $\boldsymbol{H}$ 为磁场强度; $\boldsymbol{J}$ 为自由电荷的电流密度矢量。

以上四个方程组成了麦克斯韦方程组的积分形式, 其对应的微分形式如下。

磁通守恒定律:

$$\nabla \cdot \boldsymbol{B} = 0 \tag{3-5}$$

高斯定律:

$$\nabla \cdot \boldsymbol{D} = \rho \tag{3-6}$$

安培定律:

$$\nabla \times \boldsymbol{H} = \boldsymbol{J} + \frac{\partial \boldsymbol{D}}{\partial t} \tag{3-7}$$

法拉第电磁感应定律:

$$\nabla \times \boldsymbol{E} + \frac{\partial \boldsymbol{B}}{\partial t} = 0 \tag{3-8}$$

其中, ρ 为电磁介质内的自由电荷密度 $(\mathrm{C/m^3})$。

此外需要注意的是, 钉扎磁浮系统研究的电磁场属于低频电磁场, 安培定律中的电位移矢量 $\boldsymbol{D}$ 对时间的导数约为零, 因此式 (3-6) 可以写为

$$\nabla \times \boldsymbol{H} = \boldsymbol{J} \text{ (安培定律, 低频)} \tag{3-9}$$

3.1.2 电磁本构方程

麦克斯韦方程组描述的是一种仅依赖于时间和空间的电磁规律,对所有电磁材料(介质)都适用。但在有介质存在时,上述电磁场基本方程组尚不完备,因为 E 和 B 都和介质的特性有关。为了求解特定材料的电磁行为,需要给定该材料的电磁本构关系。对一些各向同性的电磁材料,其电磁本构方程可由下面公式给出[1]:

$$D = \varepsilon E \tag{3-10}$$

$$B = \mu H \tag{3-11}$$

$$J = \sigma E \tag{3-12}$$

其中, ε 为该材料的介电常数(F/m); μ 为该材料的磁导率(H/m); σ 为该材料的电导率(S/m)。

3.1.3 电磁场初/边值条件

由偏微分方程理论可知,求解一个具体的物理问题,首先必须建立问题对应的偏微分方程,并确定相应的定解条件,包括电磁场边界条件和初值条件。电磁场边界条件是指当电磁场穿越不同的导电介质的分界面时,电磁场需要满足的边界条件。假设电磁场量从介质 2 穿越到介质 1 中时,相应电磁场量的边界条件的表达式如下[1,2]。

磁场强度 H 的边界条件为

$$n \times (H_1 - H_2) = K \tag{3-13}$$

磁感应强度 B 的边界条件为

$$n \cdot (B_1 - B_2) = 0 \tag{3-14}$$

电场强度 E 的边界条件为

$$n \times (E_1 - E_2) = 0 \tag{3-15}$$

电位移矢量 D 的边界条件为

$$n \cdot (D_1 - D_2) = \rho_S \tag{3-16}$$

其中, ρ_S 为分界面上自由电荷的面密度(C/m^2); K 为传导电流的线密度(A/m); H_1 和 H_2 分别为交界面上介质 1 和介质 2 中的磁场强度矢量; E_1 和 E_2 分别为交界面上介质 1 和介质 2 中的电场强度矢量; B_1 和 B_2 分别为交界面上介质 1 和介质 2 中的磁感应强度矢量; D_1 和 D_2 分别为交界面上介质 1 和介质 2 中的电位移矢量; n 为由介质 2 指向介质 1。

上述方程中,式(3-12)表明磁场强度的切向分量边界条件与介质特性有关;式(3-13)表明在任何边界上磁感应强度的法向分量是连续的;式(3-14)表明在任何边界上电场强度的切向分量是连续的;式(3-15)表明电通密度的法向分量边界条件与介质特性有关。

在处理时变问题的电磁场问题时,还必须给定电磁场的初值条件。下面给出电磁场几个基本场量初始值的一般形式。

$$H \mid_{t=0} = H_0 \tag{3-17}$$

$$E \mid_{t=0} = E_0 \tag{3-18}$$

$$\boldsymbol{B}\big|_{t=0} = \boldsymbol{B}_0 \tag{3-19}$$

$$\boldsymbol{D}\big|_{t=0} = \boldsymbol{D}_0 \tag{3-20}$$

$$\boldsymbol{J}\big|_{t=0} = \boldsymbol{J}_0 \tag{3-21}$$

值得注意的是，上述电磁场边界条件(或衔接条件)在以场函数为控制变量时才会用到。当控制方程以电磁位函数(矢量位或标量位)为变量时，在分界面处一般只需满足连续性条件即可。在 3.2 节介绍的几种控制方程中，以位函数为变量的方程在两种介质的衔接处只需满足连续性条件，无须对边界条件(或衔接条件)做特别的讨论。

3.2　高温超导体理论模型及数值计算

本节在 3.1 节的基础上，将基本电磁场理论应用于高温超导磁浮系统中，建立适用于高温超导体的电磁理论模型并介绍数值计算方法。由于 3.1 节所述的电磁基本理论的三部分内容中，与超导材料独特性质紧密相关的主要是电磁本构关系，而 3.1 节仅给出了本构关系的通用形式，实际上在不同的介质中有不同的具体表达。因此，有必要对超导体的电磁本构关系重新进行描述。在此基础上重新构建高温超导体的理论模型，介绍具有不同控制变量和不同表达形式的高温超导体电磁场控制方程，并对其求解过程进行说明。

3.2.1　电磁本构关系

电磁本构关系是描述超导体电磁场量之间关系的一组方程，从本质上反映了超导体的电磁特性。超导悬浮系统的研究以超导电磁场分析为前提，而准确处理超导电磁场问题又以合理、有效的超导电磁本构关系为基础。可见，超导电磁本构关系不仅是超导电磁场分析的理论基础，在超导悬浮系统的研究中也处于核心位置。因此，寻求合理的电磁本构关系代替式(3-10)～式(3-12)是超导理论研究的重要内容之一。

在超导悬浮系统中，仅关心超导体宏观的运动状态，而忽略超导体变形的影响，即认为超导体为刚体，因此有关超导体特性的本构关系就只有电磁方面了。描述超导材料电磁现象的主要本构物理量有电场强度 $\boldsymbol{E}$、磁感应强度 $\boldsymbol{B}$、电流密度 $\boldsymbol{J}$ 以及温度 T，如果涉及超导体内部的不均匀性，还应考虑超导体内部空间矢量位置 $\boldsymbol{r}$(或用 (x, y, z) 表示)的影响。从而电磁本构关系可从一般意义上写为[3]

$$f(\boldsymbol{r}, \boldsymbol{E}, \boldsymbol{B}, \boldsymbol{J}, T) = 0 \tag{3-22}$$

该一般形式定性地阐述了高温超导体内的各个电磁场量之间存在相互影响的事实。具体的影响规律需要进一步深入探讨。

1. $\boldsymbol{E}$-$\boldsymbol{J}$ 本构关系

$\boldsymbol{E}$-$\boldsymbol{J}$ 本构关系本质上是欧姆定律的微分形式，用于描述介质中某一点的电场强度 $\boldsymbol{E}$ 与该点电流密度 $\boldsymbol{J}$ 之间的关系(注：$\boldsymbol{E}$ 和 $\boldsymbol{J}$ 采用黑体，表示电场强度和电流密度均为矢量。

当导电能力存在各向异性时，E 和 J 的方向并不相同。在二维模型中，一般不考虑各向异性的影响，这时 E 和 J 可认为是同向的，便可写作标量形式、非黑体的 E-J 关系）。高温超导体特有的磁通钉扎特性，使其 E-J 关系呈现出较强的非线性。目前，描述这种非线性 E-J 关系的模型主要有四种，分别是临界态模型[4]、幂指数模型[5]、磁通流动模型[6]以及磁通流动与蠕动模型[7]。下面对不同的 E-J 关系进行简单的介绍。

1）临界态模型

临界态模型（critical state model，CSM）最早是由 Bean 提出的，又称 Bean 模型。该模型认为，在非理想第 II 类超导体内部，一旦出现电流流动，该电流密度即块材的临界电流密度 J_c。并且，超导体的临界电流密度是一个与外部磁场和温度无关的常量，仅与材料自身的属性有关，即

$$J = \begin{cases} J_c \cdot \dfrac{E}{|E|}, & E \neq 0 \\ 0, & E = 0 \end{cases} \tag{3-23}$$

图 3-1 为临界态模型的 E-J 关系图像。

在所有描述超导本构关系的模型中，此模型的表达形式是最简单的，能够定性描述超导体的导电特性。但对于高温超导磁浮系统，该模型无法描述超导块材表现出的力弛豫等现象。

2）幂指数模型

幂指数模型（power law model，PLM）考虑了超导体内部发生的磁通蠕动现象，能够更真实地反映超导体的 E-J 关系，而且模型形式简单，计算收敛性好，尤其在与超导体磁滞损耗相关的仿真分析中得到了广泛的应用。其表达式为

$$E = E_c \frac{J}{J_c} \left(\frac{|J|}{J_c} \right)^n \tag{3-24}$$

其中，E_c 为电压标准，与超导体自身材料属性有关，通常取 1×10^{-4} V/m；n 为幂指数模型参数，表示超导材料从超导状态转变为正常电阻状态的速率，通常取 21。幂指数模型 E-J 关系如图 3-2 所示。

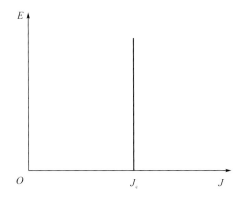

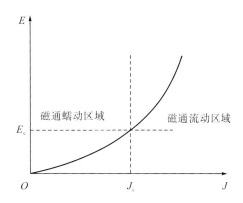

图 3-1　Bean 模型下电流密度与电场强度的关系　图 3-2　幂指数模型下电流密度与电场强度的关系

3) 磁通流动模型

高温超导体内存在涡旋电流时,电流会与穿入超导体的磁通相互作用产生洛伦兹力。当洛伦兹力小于最大钉扎力时,磁通量子不会发生整体流动;当洛伦兹力大于该处的钉扎力时,会导致磁通脱离钉扎势垒开始流动。发生磁通流动的临界条件也就是电流密度 J 等于临界电流密度 J_c 的时刻。采用磁通流动模型(flux flow model,FFM)来描述这种现象,其满足的 $E\text{-}J$ 函数关系如下:

$$\boldsymbol{E} = \begin{cases} 0, & 0 \leqslant |\boldsymbol{J}| \leqslant J_c \\ \rho_f J_c \left(\dfrac{|\boldsymbol{J}|}{J_c} - 1 \right) \dfrac{\boldsymbol{J}}{|\boldsymbol{J}|}, & |\boldsymbol{J}| > J_c \end{cases} \tag{3-25}$$

其中, ρ_f 为磁通流阻。

磁通流动模型示意图如图 3-3 所示。

4) 磁通流动与蠕动模型

磁通流动与蠕动模型(flux flow and creep model,FFCM)是目前描述超导体内部变化情形最为完善的模型。在外磁场下高温超导体内存在感应电流时,便会产生洛伦兹力,而超导体内磁通线在洛伦兹力的作用下就可能发生移动。当洛伦兹力小于该处的钉扎力时,磁通线不会大规模定向越过钉扎势垒,仅存在热作用下磁通量子在相邻钉扎势阱间的自发随机地跳动,几乎不影响宏观性能,此现象称为磁通蠕动;当洛伦兹力大于钉扎力时,洛伦兹力将克服钉扎力作用使得磁通线越过钉扎势垒并发生定向流动,此现象称为磁通流动。式(3-25)为 FFCM 满足的函数关系式:

$$\boldsymbol{E} = \begin{cases} 2\rho_c J_c \sinh\left(\dfrac{U_0}{kT} \dfrac{|\boldsymbol{J}|}{J_c} \right) \exp\left(-\dfrac{U_0}{kT} \right) \dfrac{\boldsymbol{J}}{|\boldsymbol{J}|}, & 0 \leqslant |\boldsymbol{J}| \leqslant J_c \\ \rho_c J_c + \rho_f J_c \left(\dfrac{|\boldsymbol{J}|}{J_c} - 1 \right) \dfrac{\boldsymbol{J}}{|\boldsymbol{J}|}, & |\boldsymbol{J}| > J_c \end{cases} \tag{3-26}$$

其中, ρ_c 为磁通蠕阻; ρ_f 为磁通流阻; U_0 为钉扎势能; T 为温度; k 为玻尔兹曼常量。磁通蠕动与流动模型示意图如图 3-4 所示。

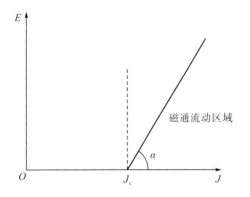

图 3-3 磁通流动模型 $E\text{-}J$ 函数曲线

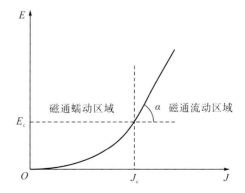

图 3-4 磁通蠕动与流动模型 $E\text{-}J$ 函数曲线

2. *B-H* 本构关系

如果超导体内任一点的磁通密度 B 大于下临界磁通密度 B_{c1}，且超导体的厚度 d 与临界电流密度 J_c 之积 $J_c d$ 大于下临界场 H_{c1}，则超导体的 *B-H* 函数关系可近似为线性，即

$$B = \mu_0 H \tag{3-27}$$

其中，μ_0 为真空磁导率，其取值为 $4\pi \times 10^{-7}$ (H/m)。

针对本书主要研究的 YBaCuO 超导体，关于 B_{c1} 的测试结果比较分散，从 0.018T 到 0.11T 不等。而根据 Ginzburg-Laudau 方程计算得到的下临界磁通密度 B_{c1} 为 0.0405T，一般被认为是参考值。在高温超导磁浮系统中，外场的磁感应强度一般都在 0.1T 以上，高于 B_{c1} 的条件很容易被满足。同时，块材的厚度都在毫米量级，临界电流密度的量级也在 $10^7 A/m^2$ 以上，对应的 $J_c d$ 值也将大于 H_{c1}。如果进一步认为块材是磁各向同性的（实际上存在磁各向异性现象），可采用式(3-27)来描述 YBaCuO 的 *B-H* 关系[8]。

3.2.2 临界电流密度的影响因素

1. 各向异性

如前所述，各向异性(anisotropy)是指材料内同一位置处沿着不同的方向有着不同的物理性质。高温超导体由于其层状的 Cu—O 面晶体结构，在导电能力上表现出各向异性，即电各向异性。

电各向异性现象使得高温超导体的临界电流密度依赖于外场方向与 c 轴间的夹角 φ。在外场方向与 ab 面垂直的情况下产生的仅在 ab 面内流动的电流密度的临界值 J_c^{ab} 要大于平行情况下产生的沿 c 轴流动的临界值 J_c^c。

在理论研究与仿真计算中，为考虑各向异性现象对高温超导体电磁特性的影响，很多描述临界电流密度与夹角 φ 之间依赖关系的模型被提出。通过对 NbSe$_2$ 超导体上临界场与方向角 φ 之间关系模型的扩展，Sawamura 等[9]提出的 $J_c(\varphi)$ 函数关系已用于考虑各向异性现象的高温超导磁浮的理论研究中，但是这种 $J_c(\varphi)$ 关系的适用外场范围(1~2T)一般情况下都会超过悬浮位置处的最大外场，在这种应用场景中不具有适用性。Yang 等[10]通过对由 YBaCuO 块材切割而成的多个小块的实验研究，给出了一种较为简单的描述 $J_c(\varphi)$ 函数关系的模型。采用这种模型得到的计算结果与实验结果具有很好的一致性，证明了模型的有效性。若仅考虑 ab 面外临界电流密度的各向异性，则可定义临界电流密度的各向异性比 $\alpha = J_c^{ab}/J_c^c$。于是，Yang 模型描述的 $J_c(\varphi)$ 方程可改写为如下形式：

$$J_c(\varphi) = J_c^{ab}\left(\cos^2\varphi + \sin^2\varphi / \alpha\right) \tag{3-28}$$

此外，也有研究将描述磁各向异性现象的一种椭圆模型引入超导体的电各向异性模型中，描述了高温超导体 ab 面外临界电流密度的各向异性行为。椭圆模型的表述方程如下：

$$\left(\frac{J_{cx}}{J_c^{ab}}\right)^2 + \left(\frac{J_{cz}}{J_c^c}\right)^2 = 1 \tag{3-29}$$

其中，J_{cx} 与 J_{cz} 分别是在 ab 面内流动和沿 c 轴流动的电流密度值。块材内沿不同方向上的临界电流密度如图 3-5 所示[8]。

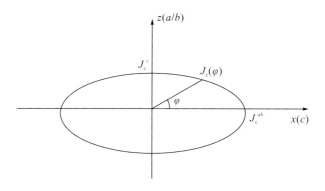

图 3-5 椭圆模型示意图

对式(3-29)做进一步变换，可得到 $J_c(\varphi)$ 关于 J_c^{ab} 与 φ 的表达式：

$$J_c(\varphi) = \sqrt{J_{cx}^2 + J_{cz}^2} = J_c^{ab}\sqrt{\cos^2\varphi + (\sin\varphi/\alpha)^2} \qquad (3\text{-}30)$$

但采用这种椭圆模型进行数值计算并不容易，因为角度 φ 的存在，不得不在笛卡儿坐标系中引入额外的坐标系或者进行坐标转换。实际中常用来表征电各向异性的方式是采用张量形式的电阻率来表达。考虑到强非线性的 **E-J** 关系，没有确定的电阻率，因而用依赖于 **J** 的等效电阻率张量来表征。如果将笛卡儿坐标系(xyz)与超导体材料坐标系(abc)对齐，且不考虑 **E** 和 **J** 的不同方向分量间的相互影响，则等效电阻率矩阵在形式上是一个对角矩阵。

下面从较为简单的各向同性的情况介绍各向异性电阻率张量的建立过程。

不考虑电各向异性时，**E** 与 **J** 具有相同的方向。以幂指数模型为例，各向同性情况下的等效电阻率可写为

$$\rho_s = \frac{E_c}{J_c}\left(\frac{|\boldsymbol{J}|}{J_c}\right)^n \qquad (3\text{-}31)$$

或者等效地写为张量形式：

$$\boldsymbol{\rho}_s = \begin{bmatrix} \rho_s & & \\ & \rho_s & \\ & & \rho_s \end{bmatrix} = \rho_s \cdot \begin{bmatrix} 1 & & \\ & 1 & \\ & & 1 \end{bmatrix} \qquad (3\text{-}32)$$

显然，式(3-31)与式(3-32)在三维的 **E-J** 关系中表现出相同的作用，推而广之，在考虑电各向异性时，等效电阻率的张量形式表达如下：

$$\boldsymbol{\rho}_s = \begin{bmatrix} \rho^{ab} & & \\ & \rho^{ab} & \\ & & \rho^c \end{bmatrix} \qquad (3\text{-}33)$$

假设 $\rho^c = \beta \cdot \rho^{ab}$，则式(3-33)可化为

$$\overline{\overline{\rho}}_s = \rho^{ab} \begin{bmatrix} 1 & & \\ & 1 & \\ & & \beta \end{bmatrix} \tag{3-34}$$

其中，$\rho^{ab} = \dfrac{E_c}{J_c}\left(\dfrac{|\boldsymbol{J}|}{J_c}\right)^n$。关于 β 的取值，不妨做如下讨论。

由图 3-6(a) 可知，当以同样的电流密度分别施加于 ab 面和 c 轴时，在两个方向上产生的电场强度并不相同，两者之比即此时的等效电阻率之比，即

$$\frac{1}{\beta} = \frac{\rho^{ab}}{\rho^c} = \frac{E_1}{E_2} = \frac{E_c\left(\dfrac{J_t}{\alpha J_c{}^c}\right)^{n+1}}{E_c\left(\dfrac{J_t}{J_c{}^c}\right)^{n+1}} = \left(\frac{1}{\alpha}\right)^{n+1} \tag{3-35}$$

此外，由图 3-6(b) 可知，当以同样的电场强度分别施加于 ab 面和 c 轴时，在两个方向上产生的电流密度也不相同，两者之比即此时的等效电阻率之比，即

$$\frac{1}{\beta} = \frac{\rho^{ab}}{\rho^c} = \frac{J_2}{J_1} = \frac{J_c{}^c\left(\dfrac{E_t}{E_c}\right)^{\frac{1}{n+1}}}{J_c{}^{ab}\left(\dfrac{E_t}{E_c}\right)^{\frac{1}{n+1}}} = \frac{1}{\alpha} \tag{3-36}$$

由此可见，由于超导体的强非线性关系，在构建超导体的各向异性模型时遇到困难，具体表现为在识别其 ab 面上与 c 轴方向的等效电阻率比值时，采取不同的标准(电压标准或电流标准)就有着不同的取值。

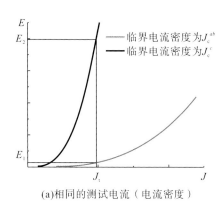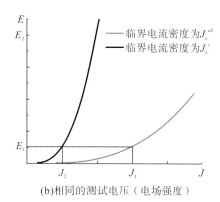

(a)相同的测试电流（电流密度） (b)相同的测试电压（电场强度）

图 3-6 以不同的标准考察等效电阻率示意图

一种思路是将 $\boldsymbol{E}$ 和 $\boldsymbol{J}$ 分解为三个方向的分量，使各个分量分别在各自方向上满足 E-J 幂律关系，然后将得到的结果叠加作为总的结果。这种思路实际上忽视了叠加原理只适用于线性关系的这一限制条件，即使在各向同性的物质中，在非线性关系中应用叠加原理也会出错。

考虑到本书研究的超导体的工作机制是在外部磁场中感应出电动势（电场），进而在超导体这一导电介质中产生感应电流。电场作为电流密度的电激励源，为简化问题，不妨在各方向上取相同的电压标准，此时等效电阻率之比满足式(3-36)。

2. 不均匀性

不均匀性(inhomogeneity)是指不同空间位置的点具有不同的物理性质。J_c 的不均匀性即在超导体中不同的点对应着不同的取值。2008 年，日本足利工业大学 Yokoyama 等[11]较早地对超导体的不均匀性进行了研究，通过分别定义超导块材内不同区域的临界电流密度 J_c 的方法，对块材进行脉冲磁化，理论上模拟超导体内部临界电流密度不同的区域在磁化过程中的不同表现，如图 3-7(a)所示。鉴于 Yokoyama 等所采用的分区域定义临界电流密度 J_c 的方法具有很明显的不连续性，2012 年英国剑桥大学 Zhang 等[12]采用一种极坐标中的平滑曲线模型来定义圆柱形超导块材内部的临界电流密度 J_c，仿真模拟了退磁后生长边界与生长区域处的捕获磁通密度分布，如图 3-7(b)所示。

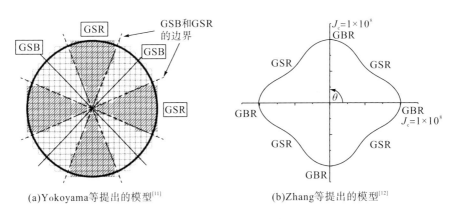

(a)Yokoyama等提出的模型[11]   (b)Zhang等提出的模型[12]

图 3-7   不同不均匀性模型

在此基础上，研究人员又提出了一种基于三角函数的描述模型，可实现在笛卡儿坐标系中对高温超导块材的不均匀性进行模拟，更加适用于具有平移对称式运行特征的超导钉扎磁浮系统中块材捕获场分布的研究[13,14]。并引入可调参数对实际块材的不均匀程度进行拟合，得出了与实验结果近似的高温超导块材捕获磁通密度的分布形态，建立了更加准确与完整的圆柱形/方形块材生长不均匀性表征模型。由模型得出的块材内部 J_c 的分布规律如图 3-8 所示。

此外，在实验方面的研究也有颇多进展。实验发现，当多个超导块材排列为一个阵列时，其中的单个块材的捕获磁通密度性能相比于该块材单独放置时有所下降，但通过合理的排布方式，可以使块材阵列的整体性能得到提升。研究发现，相对于超导块材单层排布方案，双层排布可使悬浮力和导向力明显提升。后来科研人员又对超导块材以及永磁轨道的尺寸和更多种的排布方式进行了优化研究。研究表明，对于圆柱形超导块材，当块材的生长边界与轨道前进方向对齐时，块材的悬浮性能更好。

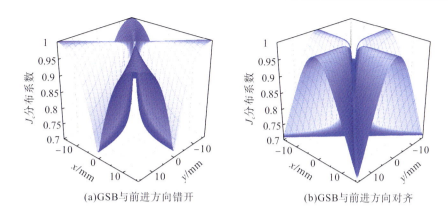

(a)GSB与前进方向错开   (b)GSB与前进方向对齐

图 3-8   不同放置方向的块材不均匀性模型

3. 温度

如第 2 章所述，在交变外磁场中，高温超导体内磁通运动会引起局部温度升高，而临界电流密度 J_c 的大小将随着外磁场 $\boldsymbol{B}$ 和温度 T 的变化而改变。

描述临界电流密度 J_c 随温度 T 的变化关系，相关表述形式种类较多，其中较为常用的有线性关系和非线性关系两种，表达式如下[15, 16]。

线性关系：

$$J_c\left(T\right) = J_{c0}\frac{T_c - T}{T_c - T_0} \tag{3-37}$$

非线性关系：

$$J_c\left(T\right) = J_{c1}\left[1 - \left(\frac{T}{T_c}\right)^2\right]^\alpha \tag{3-38}$$

其中，T_c 为高温超导体临界温度(T_c = 92K)；T_0 为超导体初始温度(在液氮环境中 T_0 = 77K)；J_{c0} 为超导体在零外场下初始温度为77K(液氮温度)时临界电流密度；J_{c1} 为通过线性关系外推得到的在 0K 时的临界电流密度。

4. 外场强度

描述外磁场 $\boldsymbol{B}$ 对块材临界电流密度 J_c 的影响的常见模型主要有 Kim 模型、指数模型和一般形式，关系式如下所示[17, 18]。

Kim 模型：

$$J_c\left(\left|\boldsymbol{B}\right|, T\right) = J_c\left(T\right)\left(\frac{B_0}{\left|\boldsymbol{B}\right| + B_0}\right) \tag{3-39}$$

指数模型：

$$J_c\left(\left|\boldsymbol{B}\right|, T\right) = J_c\left(T\right)\exp\left(-\frac{\left|\boldsymbol{B}\right|}{B_0}\right) \tag{3-40}$$

一般形式：

$$J_c\left(|\boldsymbol{B}|,T\right)=J_c\left(T\right)\left(\frac{B_0}{|\boldsymbol{B}|+B_0}\right)^{\beta} \tag{3-41}$$

其中，$J_c(T)$ 为外磁场为零且温度为 T 时的临界电流密度；B_0 为常数，与外加磁场有关；β 为无量纲常数。

3.2.3 电磁场控制方程

能够比较准确、完整地描述某一物理现象或规律的数学方程即称为该物理现象或规律的控制方程。决定着介质内部电磁场量的分布和变化规律的方程称为电磁场控制方程。根据电磁场控制方程的状态变量，从麦克斯韦方程组出发建立的高温超导磁浮理论模型一般可以分为矢量电位 $\boldsymbol{T}$ 方法、磁场强度 $\boldsymbol{H}$ 方法和矢量磁位 $\boldsymbol{A}\text{-}\varphi$ 方法三种形式。下面对它们各自的推导过程进行简要介绍。但在此之前，为避免歧义，有必要先对它们各自采用的坐标系进行说明。

对悬浮系统的建模一般分为二维和三维两种形式。在二维形式中，一般取与轨道的横截面平行的某个平面作为研究对象，按照研究者的一般习惯，通常在此平面上建立 xy 坐标系，其中 x 方向为水平向右，y 方向为竖直向上。而在三维形式中，通常会考虑与整车坐标系的关联，在三维坐标系中一般将 x 轴定义为车辆行驶方向(轨道纵向)，y 轴定义为沿车辆横移方向(轨道横向)，z 轴定义为车辆浮沉方向(竖直方向)。这两种坐标系的 x、y、z 轴方向均是不一致的。对于这种历史习惯，本书依然沿用，以便读者在进一步阅读原始文献时更易理解。而为了在本书的描述中避免造成歧义，在所有涉及坐标系的描述前都先声明采用的坐标系形式。为便于表达，将上述二维形式的坐标系命名为 1 号坐标系，三维形式的坐标系命名为 2 号坐标系。如无特殊说明，本书中所有的二维形式的描述均采用 1 号坐标系，三维形式的描述均采用 2 号坐标系。两种坐标系形式如图 3-9 所示。

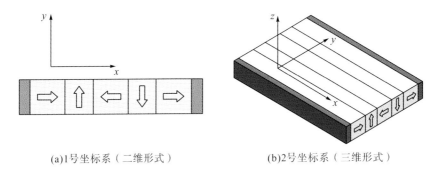

(a)1号坐标系（二维形式）   (b)2号坐标系（三维形式）

图 3-9　两种常用的坐标系形式

1. $\boldsymbol{T}$ 方法

以矢量电位 $\boldsymbol{T}$ 作为电磁场控制方程的变量的建模方法称为 $\boldsymbol{T}$ 方法。该方法引入了位函数 $\boldsymbol{T}$ 以保证方程的连续性，使得边界条件可以直接施加于超导体表面上，可实现有限元求解域的最小化。本处的推导过程为三维形式，采用 2 号坐标系。

高温超导块材在坐标系的相对位置关系如图 3-10 所示。

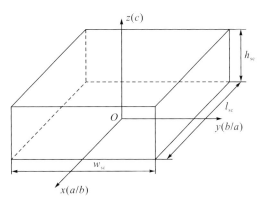

图 3-10　高温超导块材及其坐标系

对于磁浮系统，悬浮装置的电磁力是最重要的性能指标。超导体与永磁轨道之间的相互作用力可根据洛伦兹力公式求解：

$$\boldsymbol{F} = \int_V \boldsymbol{J} \times \boldsymbol{B}\mathrm{d}V \tag{3-42}$$

其中，$\boldsymbol{F}$ 为电磁力；V 为整个超导体区域；$\boldsymbol{J}$ 为电流密度矢量；$\boldsymbol{B}$ 为磁通密度矢量。

根据矢量计算法则将等式(3-42)展开，可以得到电磁力 $\boldsymbol{F}$ 的三个分量，表示为

$$\begin{bmatrix} F_x \\ F_y \\ F_z \end{bmatrix} = \begin{bmatrix} \int_V (J_y B_z - J_z B_y)\mathrm{d}V \\ \int_V (J_z B_x - J_x B_z)\mathrm{d}V \\ \int_V (J_x B_y - J_y B_x)\mathrm{d}V \end{bmatrix} \tag{3-43}$$

将式(3-9)根据矢量计算法则将电流密度 $\boldsymbol{J}$ 按照分量展开得到

$$\begin{bmatrix} J_x \\ J_y \\ J_z \end{bmatrix} = \begin{bmatrix} \dfrac{\partial H_z}{\partial y} - \dfrac{\partial H_y}{\partial z} \\ \dfrac{\partial H_x}{\partial z} - \dfrac{\partial H_z}{\partial x} \\ \dfrac{\partial H_y}{\partial x} - \dfrac{\partial H_x}{\partial y} \end{bmatrix} \tag{3-44}$$

在二维情形下，磁场强度 $\boldsymbol{H}$ 满足以下两个条件：

$$\frac{\partial \boldsymbol{H}}{\partial x} = 0 \tag{3-45}$$

$$H_x = 0 \tag{3-46}$$

将式(3-45)和式(3-46)代入式(3-44)中可以发现，在二维情况下，并考虑到式(3-27)，电流密度只存在沿 x 方向的分量，可以表示为

$$J_x = \frac{\partial H_z}{\partial y} - \frac{\partial H_y}{\partial z} = \frac{1}{\mu_0}\left(\frac{\partial B_z}{\partial y} - \frac{\partial B_y}{\partial z} \right) \tag{3-47}$$

最后，二维情形下电磁力 $\boldsymbol{F}$ 的分量形式（单位为 N/m）可以简化表示为

$$\begin{bmatrix} F_y \\ F_z \end{bmatrix} = \begin{bmatrix} -\int_S J_x B_z \mathrm{d}S \\ \int_S J_x B_y \mathrm{d}S \end{bmatrix} \tag{3-48}$$

由式(3-48)可以看出，为了求出电磁力 $\boldsymbol{F}$，关键是要求出电流密度 $\boldsymbol{J}$。下面应用矢量电位法（$\boldsymbol{T}$ 方法）进行求解。先从三维情形入手，引入电流的矢量电位 $\boldsymbol{T}$ 使其满足：

$$\boldsymbol{J} = \nabla \times \boldsymbol{T} \tag{3-49}$$

为了保证矢量电位 $\boldsymbol{T}$ 的唯一性，对其散度给予限制，取库伦规范：

$$\nabla \cdot \boldsymbol{T} = 0 \tag{3-50}$$

对于矢量电位 $\boldsymbol{T}$ 使用亥姆霍兹定理，则 $\boldsymbol{T}$ 可以表示为

$$C(\boldsymbol{r})\boldsymbol{T}(\boldsymbol{r}) = \frac{1}{4\pi}\int_V (\nabla' \cdot \boldsymbol{T}(\boldsymbol{r}'))\nabla' \frac{1}{|\boldsymbol{r}-\boldsymbol{r}'|}\mathrm{d}V' - \frac{1}{4\pi}\int_S (\boldsymbol{n}' \cdot \boldsymbol{T}(\boldsymbol{r}'))\nabla' \frac{1}{|\boldsymbol{r}-\boldsymbol{r}'|}\mathrm{d}S'$$
$$+ \frac{1}{4\pi}\int_V (\nabla' \times \boldsymbol{T}(\boldsymbol{r}')) \times \nabla' \frac{1}{|\boldsymbol{r}-\boldsymbol{r}'|}\mathrm{d}V' - \frac{1}{4\pi}\int_S (\boldsymbol{n}' \times \boldsymbol{T}(\boldsymbol{r}')) \times \nabla' \frac{1}{|\boldsymbol{r}-\boldsymbol{r}'|}\mathrm{d}S' \tag{3-51}$$

其中，$\boldsymbol{r}$ 为场点的位置矢量，代表场点坐标；$\boldsymbol{r}'$ 为源点的位置矢量，代表源点坐标；微分算子 ∇' 的运算是对源点坐标进行的；$\boldsymbol{n}'$ 为源点所在区域边界的外法线单位矢量，积分均在源点所处区域 V' 及其表面 S' 上进行。系数 $C(\boldsymbol{r})$ 的取值原则为

$$C(\boldsymbol{r}) = \begin{cases} 1, & \boldsymbol{r} \in V' \\ \dfrac{1}{2}, & \boldsymbol{r} \in S' \\ 0, & \text{其他} \end{cases} \tag{3-52}$$

由于超导体表面没有法向电流存在，超导体边界上的矢量 $\boldsymbol{T}$ 需要满足如下边界条件：

$$\int_S \boldsymbol{n}' \cdot (\nabla' \times \boldsymbol{T}')\mathrm{d}S = \int_l \boldsymbol{T}' \cdot \boldsymbol{t}'\mathrm{d}l = 0 \tag{3-53}$$

其中，$\boldsymbol{t}'$ 为场源表面的切向单位矢量；$\boldsymbol{T}'$ 为边界上的矢量电位；l 为超导体的边界区域上的任意闭合曲线。矢量 $\boldsymbol{T}$ 满足的边界条件可以写成下面的形式：

$$\boldsymbol{n}' /\!/ \boldsymbol{T}(\boldsymbol{r}') \quad \text{或} \quad \boldsymbol{n}' \times \boldsymbol{T}(\boldsymbol{r}') = 0 \tag{3-54}$$

考虑式(3-50)和式(3-54)，式(3-51)可以化为

$$\mu_0 C(\boldsymbol{r})\boldsymbol{T}(\boldsymbol{r}) = \frac{\mu_0}{4\pi}\int_V (\nabla' \times \boldsymbol{T}(\boldsymbol{r}')) \times \nabla' \frac{1}{|\boldsymbol{r}-\boldsymbol{r}'|}\mathrm{d}V' - \frac{\mu_0}{4\pi}\int_S (\boldsymbol{n}' \cdot \boldsymbol{T}(\boldsymbol{r}'))\nabla' \frac{1}{|\boldsymbol{r}-\boldsymbol{r}'|}\mathrm{d}S' \tag{3-55}$$

注意到式(3-55)右边第一项就是 Biot-Savart 定理的一种表现形式，即该项代表了超导体感生电流产生的磁通密度，用 $\boldsymbol{B}_s$ 表示，将该式移项可得

$$\boldsymbol{B}_s = \mu_0 C(\boldsymbol{r})\boldsymbol{T}(\boldsymbol{r}) + \frac{\mu_0}{4\pi}\int_S (\boldsymbol{n}' \cdot \boldsymbol{T}(\boldsymbol{r}'))\nabla' \frac{1}{|\boldsymbol{r}-\boldsymbol{r}'|}\mathrm{d}S' \tag{3-56}$$

则所研究的系统中磁通密度 $\boldsymbol{B}$ 可以表示为

$$\boldsymbol{B} = \boldsymbol{B}_e + \boldsymbol{B}_s \tag{3-57}$$

其中，$\boldsymbol{B}_e$ 为永磁轨道产生的磁通密度。

将 3.2.1 节中关于高温超导体的 $\boldsymbol{E}\text{-}\boldsymbol{J}$ 本构关系写成如下简化形式：

$$\boldsymbol{E} = \rho_s \boldsymbol{J} \tag{3-58}$$

其中，ρ_s 为超导体的等效电阻率，是一个关于电流密度模的函数。它根据 **E-J** 本构关系的不同可以写成不同的形式，同时正是该函数表明了超导体的属性，在数值计算中占有相当重要的地位。

将式(3-57)和式(3-58)代入式(3-8)中，并考虑到式(3-56)，可以得到三维情形下的电磁控制方程：

$$\nabla \times (\rho_s \nabla \times \boldsymbol{T}(\boldsymbol{r})) + \mu_0 \frac{\partial (C(\boldsymbol{r})\boldsymbol{T}(\boldsymbol{r}))}{\partial t} + \frac{\mu_0}{4\pi} \int_S \frac{\partial (\boldsymbol{n}' \cdot \boldsymbol{T}(\boldsymbol{r}'))}{\partial t} \nabla' \frac{1}{|\boldsymbol{r} - \boldsymbol{r}'|} \mathrm{d}S' = 0 \tag{3-59}$$

对于二维平移对称情形，微分积分方程(3-59)中左边第三项需要额外进行一些变换，考虑研究的系统在 x 轴方向上无限长，则前后两个端面(yz 平面)积分远小于其他面的积分，可以忽略，因此得到系统在 x 轴方向上无限长的情形下电磁控制方程：

$$\nabla \times (\rho_s \nabla \times \boldsymbol{T}) + \mu_0 \frac{\partial (C(\boldsymbol{r})\boldsymbol{T})}{\partial t} + \frac{\mu_0}{4\pi} \int_L \left(\int_{-\infty}^{+\infty} \frac{\partial (\boldsymbol{n}' \cdot \boldsymbol{T}')}{\partial t} \nabla' \frac{1}{|\boldsymbol{r} - \boldsymbol{r}'|} \mathrm{d}x' \right) \mathrm{d}L' = 0 \tag{3-60}$$

其中，L 为超导体在 yz 平面上投影的边界曲线；$\boldsymbol{T}'$ 为该边界曲线上的矢量电位。进一步对式(3-60)左边化简，得到二维情形下磁浮电磁控制方程：

$$-\rho_s \nabla^2 \boldsymbol{T} + \mu_0 \frac{\partial (C(\boldsymbol{r})\boldsymbol{T})}{\partial t} + \frac{\mu_0}{2\pi} \int_L \frac{\partial (\boldsymbol{n}' \cdot \boldsymbol{T}')}{\partial t} \frac{\boldsymbol{r} - \boldsymbol{r}'}{|\boldsymbol{r} - \boldsymbol{r}'|^2} \mathrm{d}L' = 0 \tag{3-61}$$

系统在初始时刻没有感应电流产生，因此矢量 $\boldsymbol{T}$ 应满足初值条件：

$$\boldsymbol{T}|_{t=0} = 0 \tag{3-62}$$

最后，边界条件(3-54)和初值条件(3-62)共同构成了在其求解区域(超导体区域)上关于矢量 $\boldsymbol{T}$ 的微分积分方程(3-61)的定解条件，因此式(3-61)可以求解。求解出矢量电位的分布后，便可以求解出电流密度的分布，进而可以求解出各种电磁量和力学量。这样就构建了二维平移对称电磁-力模型。

将控制方程分解为 x、y 两个方向上的分量形式，则可得到如下结论。

x 方向的电磁控制方程为

$$-\rho \left(\frac{\partial^2 T_x}{\partial x^2} + \frac{\partial^2 T_x}{\partial y^2} \right) + \mu_0 \frac{\partial T_x}{\partial t} + \frac{\mu_0}{4\pi} \int_S \frac{\partial (\boldsymbol{n}' \cdot \boldsymbol{T}')}{\partial t} \frac{\partial}{\partial x'} \left(\frac{1}{|\boldsymbol{r} - \boldsymbol{r}'|} \right) \mathrm{d}S' + \frac{\partial B_{ex}}{\partial t} = 0 \tag{3-63}$$

y 方向的电磁控制方程为

$$-\rho \left(\frac{\partial^2 T_y}{\partial x^2} + \frac{\partial^2 T_y}{\partial y^2} \right) + \mu_0 \frac{\partial T_y}{\partial t} + \frac{\mu_0}{4\pi} \int_S \frac{\partial (\boldsymbol{n}' \cdot \boldsymbol{T}')}{\partial t} \frac{\partial}{\partial y'} \left(\frac{1}{|\boldsymbol{r} - \boldsymbol{r}'|} \right) \mathrm{d}S' + \frac{\partial B_{ey}}{\partial t} = 0 \tag{3-64}$$

2. $\boldsymbol{H}$ 方法

$\boldsymbol{H}$ 方法直接用磁场强度作为被控制的变量，不引入中间变量，易于理解与推导。但由于超导体内电流产生的磁场 $\boldsymbol{H}_{sc}$ 在超导体边界上是无界的，$\boldsymbol{H}$ 在其表面上不连续，因此磁场边界条件不得不施加在超导块材外部空气层的表面上，以保证边界条件的连续性和微分方程求解的收敛性。

本处的推导过程为二维形式，采用 1 号坐标系，几何模型如图 3-11 所示。

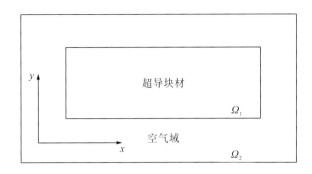

图 3-11　二维几何模型图

基于 **H** 方法，根据麦克斯韦方程中法拉第电磁感应定律可建立高温超导体电磁控制方程，如式(3-65)所示。在二维模型中，磁场强度 **H** 仅存在 x 方向分量 H_x 和 y 方向分量 H_y。由安培定律，超导体内只存在垂直于横截面的电流密度 J_z，可由 H_x、H_y 求解得出，见式(3-66)：

$$\begin{bmatrix} \mu_0 & 0 \\ 0 & \mu_0 \end{bmatrix} \cdot \begin{bmatrix} \dfrac{\partial H_x}{\partial t} \\ \dfrac{\partial H_y}{\partial t} \end{bmatrix} + \nabla \cdot \begin{bmatrix} 0 & E_z \\ -E_z & 0 \end{bmatrix} = \begin{bmatrix} 0 \\ 0 \end{bmatrix} \tag{3-65}$$

$$J_z = \frac{\partial H_y}{\partial x} - \frac{\partial H_x}{\partial y} \tag{3-66}$$

E-J 关系表示为

$$E_z = \rho \cdot J_z \tag{3-67}$$

其中，E_z 为沿 z 轴方向的电场强度；ρ 为电阻率，对于空气域，其电阻率 ρ_{air} 常取为 $1\Omega\cdot m$；高温超导体的非线性电阻率 ρ_{sc} 采用幂指数模型描述，即

$$\rho_{sc} = \frac{E_0}{J_z} \cdot \left(\frac{J_z}{J_c} \right)^{n-1} \tag{3-68}$$

对于描述某具体物理现象的偏微分方程，要想得到稳定的定解，必须给出合适的边界条件。在超导区与空气域相衔接的边界 Ω_1 处应该满足衔接条件：

$$\mu_1 H_{1n} = \mu_2 H_{2n} \tag{3-69}$$

空气域的外边界 Ω_2 属于动态边界条件。这里使用一个时间相关的函数来描述：

$$\boldsymbol{H}_{\Omega 2}(\boldsymbol{r},t) = f_{\Omega 2}(\boldsymbol{r},t) \tag{3-70}$$

函数 $f_{\Omega 2}(\boldsymbol{r},t)$ 描述了高温超导块材外界的非均匀磁场在边界 Ω_2 处随时间而变化的情况。

3. A-φ 方法

在求解电磁场问题时，经常会引入矢量势函数或标量势函数作为控制方程的状态变量，这样可以降低数值求解的难度。采用矢量磁位 **A** 作为高温超导体的建模状态变量的方法在二维电磁场中仅需求解矢量磁位一个方向上的分量，可显著减小计算量。

本处的推导过程为三维形式，采用 2 号坐标系。

由于磁通密度的散度为零，因此其可被表示为一个矢量 $\boldsymbol{A}$ 的旋度，即 $\boldsymbol{B} = \nabla \times \boldsymbol{A}$。引入的矢量 $\boldsymbol{A}$ 称为矢量磁位。则法拉第电磁感应定律可以表示为

$$\nabla \times E = -\frac{\partial B}{\partial t} = -\frac{\partial}{\partial t}(\nabla \times \boldsymbol{A}) = \nabla \times \left(-\frac{\partial \boldsymbol{A}}{\partial t} \right) \tag{3-71}$$

即

$$\nabla \times \left(\boldsymbol{E} + \frac{\partial \boldsymbol{A}}{\partial t} \right) = 0 \tag{3-72}$$

无旋矢量场可表示为一个标量场的梯度，电磁学中将该标量称为标量电势，即

$$\boldsymbol{E} + \frac{\partial \boldsymbol{A}}{\partial t} = -\nabla \varphi \tag{3-73}$$

$$\boldsymbol{E} = -\frac{\partial \boldsymbol{A}}{\partial t} - \nabla \varphi \tag{3-74}$$

对应于二维模型，超导体中磁矢量位势函数 $\boldsymbol{A}$ 与电流密度 $\boldsymbol{J}$ 平行，即只有 z 轴上存在分量，高温超导体内的电流平行于 z 轴。因此，式(3-74)在二维高温超导磁浮模型中表达为

$$E_z = -(\nabla \varphi)_z - \frac{\partial \left(A_{\text{sc},z} + A_{\text{ex},z} \right)}{\partial t} \tag{3-75}$$

其中，$(\nabla \varphi)_z$ 为电标量势在 z 轴方向的梯度，只与时间变量 t 有关；且令 $A_z = A_{\text{sc},z} + A_{\text{ex},z}$，$A_{\text{sc},z}$ 为高温超导体内电流产生的矢量磁位，是待求的未知量，$A_{\text{ex},z}$ 为高温超导体受到的激励矢量磁位，由永磁轨道的磁场解析式即可计算得出。

已知有矢量恒等式：

$$\nabla \times \nabla \times \boldsymbol{A} = \nabla(\nabla \cdot \boldsymbol{A}) - \nabla^2 \boldsymbol{A} = \mu_0 \boldsymbol{J} \tag{3-76}$$

对于稳恒或准静的外磁场，可用 Coulomb 规范 $\nabla \cdot \boldsymbol{A} = 0$，并结合安培定律，式(3-76)可化为 Poisson 方程：

$$\nabla^2 \boldsymbol{A} = -\mu_0 \sigma \boldsymbol{E} \tag{3-77}$$

将式(3-75)代入式(3-77)，得到二维形式的模型中展开可得

$$-\frac{1}{\mu_0} \left(\frac{\partial^2 A_{\text{sc},z}}{\partial x^2} + \frac{\partial^2 A_{\text{sc},z}}{\partial y^2} \right) = \sigma \left(-(\nabla \varphi)_z - \frac{\partial \left(A_{\text{sc},z} + A_{\text{ex},z} \right)}{\partial t} \right) \tag{3-78}$$

其中，$(\nabla \varphi)_z$ 为只与时间 t 有关的变量，因此可定义任意时刻 t_n 的 $(\nabla \varphi)_z$ 为 $C(t_n)$：

$$(\nabla \varphi)_z = C(t_n) = \frac{\partial}{\partial t} \left(\int_0^{t_n} C(t) \mathrm{d}t \right) \tag{3-79}$$

将式(3-79)代入式(3-78)，可得

$$-\frac{1}{\mu_0} \left(\frac{\partial^2 A_{\text{sc},z}}{\partial x^2} + \frac{\partial^2 A_{\text{sc},z}}{\partial y^2} \right) = \sigma \left(-\frac{\partial \left(A_{\text{sc},z} + \int_0^{t_n} C(t) \mathrm{d}t \right)}{\partial t} - \frac{\partial A_{\text{ex},z}}{\partial t} \right) \tag{3-80}$$

为便于表达，定义一个修正矢量磁位 $A'_{\text{sc},z}$ 满足：

$$A'_{\text{sc},z} = A_{\text{sc},z} + \int_0^{t_n} C(t) \mathrm{d}t \tag{3-81}$$

将式(3-81)代入式(3-80)，可得

$$-\frac{1}{\mu_0}\left(\frac{\partial^2 A'_{sc,z}}{\partial x^2}+\frac{\partial^2 A'_{sc,z}}{\partial y^2}\right)+\sigma\frac{\partial A'_{sc,z}}{\partial t}+\sigma\frac{\partial A_{ex,z}}{\partial t}=0 \tag{3-82}$$

式(3-82)为二维形式的电磁控制方程。

3.2.4　常用数值算法

上述控制方程在数学上表现为偏微分方程的形式。偏微分方程的求解有赖于数理方程理论的发展。数理方程理论的发展，在很大程度上反映了求解偏微分方程的需要，同时也是研究偏微分方程的强大理论后盾。有少量线性的偏微分方程，经过多年的研究，已经得到了求准确解的方法。通常情况下，求解偏微分方程的定解问题可以先求出通解，再利用定解条件确定得到解析形式。常用的方法如分离变量法、积分变换法、复变函数法等；有时也可以用各种初等函数和超越的特殊函数来表达。这一类方法通称为解析方法。但这些只限于比较典型的情况，更多的偏微分方程是非线性方程或方程组，尤其是存在耦合关系的多物理场数理方程，其求解方法更为复杂，只有少数问题能够推导得到解析形式的精确解。在实际情况下，很难得到通解形式，通过定解条件确定函数更加困难。对于这种无法通过解析形式求解的定解问题，常用有限差分法、有限元法、有限体积法等数值计算方法进行求解。自20世纪70年代以来，电子计算机得到广泛应用，带动了各种数值解法的发展。当前使用有限元法的商业软件已日益广泛地应用于科学和工程研究。这一类方法则通称为数值解法。观察上述三种方法得出的电磁场控制方程，可以看出它们都有复杂的表达形式，难以通过解析方法求解准确的解析值。因此，数值方法是求解此类偏微分方程的常用工具。本节主要介绍采用有限元法求解电磁场控制方程的一般过程。由于有限元法具有通用的思路和步骤，本节仅以二维形式的 T 方法电磁场控制方程的有限元求解过程为例进行介绍。

有限元法也称为有限单元法(finite element method, FEM)，是随着计算机的发展而飞速发展起来的一种数值求解方法。有限元法起源于土木工程和航空工程的结构力学分析，最早可以追溯到 Alexander Hrennikoff（1941年）和 Richard Courant（1942年）的工作，自20世纪50年代开始逐渐得到大规模的应用，现在已经广泛应用于各种物理、数学、工程领域[19]。这方面的商业软件很多，如 COMSOL Multiphysics、ANSYS、Abaqus 等，都是采用有限元法来进行求解的。有限元法的基础是变分原理和加权余量法，它的基本思路是把求解域离散成有限个互不重叠的单元，在每个单元内选择些合适的节点作为插值点，然后把待求的偏微分方程中的因变量改写成依据节点上的值的插值函数组成的线性方程组，即刚度矩阵，从而可以通过适当的数值方法求解得到所需的解。有限元法适合于处理复杂区域，精度可以根据需要来调节，但也存在着缺点，如计算量较大、需要较多的计算资源，在并行计算方面也不如有限差分法和有限体积法。

有限元法的基本步骤如下：

(1)结构离散。结构离散就是建立结构的有限元模型，又称网格划分或单元划分，即

将结构离散为由有限个单元组成的有限元模型。在该步骤中，需要根据结构的几何特性、载荷情况等确定单元体内任意一点的位移插值函数。对于瞬态问题，除了空间离散之外还要进行时间离散。

(2) 单元分析。根据弹性力学的几何方程及物理方程确定单元的刚度矩阵。

(3) 整体分析。把各个单元按原来的结构重新连接起来，并在单元刚度矩阵的基础上确定结构的总刚度矩阵，形成整体有限元线性方程组。

(4) 载荷移置。根据等效原理，将载荷移置到相应的节点上，形成节点载荷矩阵。

(5) 边界条件处理。有限元线性方程进行边界条件处理。

(6) 求解线性方程。求解有限元线性方程，得到节点的位移。在该步骤中，有限元模型的节点越多，线性方程的数量就越多，随之有限元分析的计算量也将越大。

(7) 求解单元的待求变量。根据求出的节点位移求解单元的应力和应变。

(8) 结果处理与显示。进入有限元分析的后处理部分，对计算出来的结果进行加工处理，并以各种形式将计算结果显示出来。

上述步骤是有限元求解的通用步骤，其中用到的术语(如载荷、刚度、结构等)多是来自于有限元被应用最早的力学领域的词汇。实际上，在电磁领域，这些词汇也有着各自对应的物理意义。接下来将以超导体控制方程的矢量电位 T 形式为例，对有限元"结构离散"的基本思想进行介绍，其中上述的"单元分析"、"整体分析"等步骤也将顺便提及。

1. 空间离散

本小节采用 Galerkin 有限元法对 x 和 y 方向上的电磁控制方程进行空间离散。选取一次的三角形单元，取形函数$[N]$，则每个离散单元的电磁场未知变量 T 可写为

$$T^e = [N]\{T\}^e \tag{3-83}$$

其中

$$[N] = [N_i \quad N_j \quad N_k] = \begin{bmatrix} N_i & 0 & N_j & 0 & N_k & 0 \\ 0 & N_i & 0 & N_j & 0 & N_k \end{bmatrix} \tag{3-84}$$

$$\{T\}^e = \begin{bmatrix} T_i & T_j & T_k \end{bmatrix}^T = \begin{bmatrix} T_{iy} & T_{iz} & T_{jy} & T_{jz} & T_{ky} & T_{kz} \end{bmatrix}^T \tag{3-85}$$

i、j、k 分别为一个三角形单元节点编号。

对于线性三角形单元，式(3-84)中的形函数分量可表达为

$$N_i = \frac{1}{2\Delta}(a_i + b_i x + c_i y), \quad N_j = \frac{1}{2\Delta}(a_j + b_j x + c_j y), \quad N_k = \frac{1}{2\Delta}(a_k + b_k x + c_k y)$$

其中，$a_i = x_j y_k - x_k y_j$，$b_i = y_j - y_k$，$c_i = x_k - x_j$；且 $\Delta = 1/2(b_i c_j - b_j c_i)$ 为三角形单元的面积，$N_p(p=i,j,k)$ 为三角形单元的形函数，即插值函数。

分别将 x 和 y 方向上的近似解代入式(3-63)和式(3-64)中，必定会产生余数 R_x 和 R_y，其表达式如下：

$$R_x = -\rho\left(\frac{\partial^2 T_x}{\partial x^2} + \frac{\partial^2 T_x}{\partial y^2}\right) + \mu_0 \frac{\partial T_x}{\partial t} + \frac{\mu_0}{4\pi}\int_S \frac{\partial(n' \cdot T')}{\partial t}\frac{\partial}{\partial x'}\left(\frac{1}{|r-r'|}\right)dS' + \frac{\partial B_{ex}}{\partial t} \tag{3-86}$$

$$R_y = -\rho\left(\frac{\partial^2 T_y}{\partial x^2} + \frac{\partial^2 T_y}{\partial y^2}\right) + \mu_0\frac{\partial T_y}{\partial t} + \frac{\mu_0}{4\pi}\int_S\frac{\partial(n'\cdot T')}{\partial t}\frac{\partial}{\partial y'}\left(\frac{1}{|r-r'|}\right)\mathrm{d}S' + \frac{\partial B_{ey}}{\partial t} \tag{3-87}$$

根据 Galerkin 有限元法定义，令各个单元的余数在加权意义下为零，也就是

$$\int_{S_e} WR_x\mathrm{d}S = \int_{S_e} W\left[\begin{array}{l} -\rho\left(\dfrac{\partial^2 T_x}{\partial x^2} + \dfrac{\partial^2 T_x}{\partial y^2}\right) + \mu_0\dfrac{\partial T_x}{\partial t} \\[3mm] +\dfrac{\mu_0}{4\pi}\displaystyle\int_S\dfrac{\partial(n'\cdot T')}{\partial t}\dfrac{\partial}{\partial x'}\left(\dfrac{1}{|r-r'|}\right)\mathrm{d}S' + \dfrac{\partial B_{ex}}{\partial t} \end{array}\right]\mathrm{d}S = 0 \tag{3-88}$$

$$\int_{S_e} WR_y\mathrm{d}S = \int_{S_e} W\left[\begin{array}{l} -\rho\left(\dfrac{\partial^2 T_y}{\partial x^2} + \dfrac{\partial^2 T_y}{\partial y^2}\right) + \mu_0\dfrac{\partial T_y}{\partial t} \\[3mm] +\dfrac{\mu_0}{4\pi}\displaystyle\int_S\dfrac{\partial(n'\cdot T')}{\partial t}\dfrac{\partial}{\partial y'}\left(\dfrac{1}{|r-r'|}\right)\mathrm{d}S' + \dfrac{\partial B_{ey}}{\partial t} \end{array}\right]\mathrm{d}S = 0 \tag{3-89}$$

其中，$W=[N]_e^{\mathrm{T}}$。

式(3-88)和式(3-89)中存在二阶偏导，采用分部积分法对方程进行降阶处理。这里以式(3-88)第一项为例进行推导，其余相关项的推导一样。分部积分形式如下：

$$W\frac{\partial^2 T_x}{\partial x^2} = \frac{\partial}{\partial x}\left(W\frac{\partial T_x}{\partial x}\right) - \frac{\partial W}{\partial x}\frac{\partial T_x}{\partial x} \tag{3-90}$$

将式(3-90)代入式(3-88)的相关项中并对单元进行面积分，根据高斯散度定理，得到

$$\begin{aligned} \int_{S_e} W\frac{\partial^2 T_x}{\partial x^2}\mathrm{d}S &= \int_{S_e}\left\{\frac{\partial}{\partial x}\left(W\frac{\partial T_x}{\partial x}\right) - \frac{\partial W}{\partial x}\frac{\partial T_x}{\partial x}\right\}\mathrm{d}S \\ &= \oint_{S_e} W\frac{\partial T_x}{\partial x}l_x\mathrm{d}l - \int_{S_e}\frac{\partial W}{\partial x}\frac{\partial T_x}{\partial x}\mathrm{d}S \end{aligned} \tag{3-91}$$

其中，l_x 为 T 对 x 轴的方向余弦。

同理，对式(3-88)中的其余部分进行分部积分，因此式(3-88)可以写为

$$\begin{aligned} &-\oint_{S_e}\rho W\left(\frac{\partial T_x}{\partial x}l_x + \frac{\partial T_x}{\partial y}l_y\right)\mathrm{d}l + \int_{S_e}\rho\left(\frac{\partial W}{\partial x}\frac{\partial T_x}{\partial x} + \frac{\partial W}{\partial y}\frac{\partial T_x}{\partial y}\right)\mathrm{d}S \\ &+ \int_{S_e} W\left(\frac{\mu_0}{4\pi}\int_S\frac{\partial(n'\cdot T')}{\partial t}\frac{\partial}{\partial x'}\left(\frac{1}{|r-r'|}\right)\mathrm{d}S' + \frac{\partial B_{ex}}{\partial t}\right)\mathrm{d}S = 0 \end{aligned} \tag{3-92}$$

由于 $\dfrac{\partial T_x}{\partial x}l_x + \dfrac{\partial T_x}{\partial y}l_y = \dfrac{\partial T_x}{\partial n}$，因此式(3-92)可以写为

$$\begin{aligned} &-\oint_{S_e}\rho W\frac{\partial T_x}{\partial n}\mathrm{d}l + \int_{S_e}\rho\left(\frac{\partial W}{\partial x}\frac{\partial T_x}{\partial x} + \frac{\partial W}{\partial y}\frac{\partial T_x}{\partial y}\right)\mathrm{d}S \\ &+ \int_{S_e} W\left(\frac{\mu_0}{4\pi}\int_S\frac{\partial(n'\cdot T')}{\partial t}\frac{\partial}{\partial x'}\left(\frac{1}{|r-r'|}\right)\mathrm{d}S' + \frac{\partial B_{ex}}{\partial t}\right)\mathrm{d}S = 0 \end{aligned} \tag{3-93}$$

注意到式(3-93)中的线积分必须沿着每个单元的闭合边界进行计算，即必须沿着每个三角形单元的三条边的逆时针方向计算积分。但由于超导区域非边界边属于两个相邻的三角形，计算出来的结果相同但方向相反，因此可以相互抵消。式(3-93)中的线积分只需对

边界区域进行计算，考虑矢量电位法的边界条件，此时线积分也是零，因此该项在所有区域都为零，不需要进行计算。

经有限元空间离散并进行整理后，电磁场控制方程的矩阵形式可表示为

$$[K(\rho)]\{T\} + [Q]\left\{\frac{\partial T}{\partial t}\right\} + [Q']\left\{\frac{\partial T'}{\partial t}\right\} = \{L\} \tag{3-94}$$

其中，$[K(\rho)] = \sum [K(\rho)]^{e}$，$[Q] = \sum [Q]^{e}$，$[Q'] = \sum [Q']^{e}$，$\{L\} = \sum \{L\}^{e}$。

上述各单元参量又可以写为

$$[K(\rho)]^{e} = \int_{S^{e}} \rho^{e} [\nabla N]^{T} [\nabla N] \mathrm{d}S \tag{3-95}$$

$$[Q]^{e} = \int_{S^{e}} \mu_{0} [N]^{T} [C(\boldsymbol{r})N] \mathrm{d}S \tag{3-96}$$

$$[Q']^{e} = \int_{S^{e}} [N]^{T} \left(\frac{\mu_{0}}{2\pi} \int_{L} \frac{\boldsymbol{r}-\boldsymbol{r}'}{|\boldsymbol{r}-\boldsymbol{r}'|^{2}} (\boldsymbol{n}')^{T} [N] \mathrm{d}L' \right) \mathrm{d}S \tag{3-97}$$

$$\{L\}^{e} = -\int_{S^{e}} [N]^{T} \frac{\partial \boldsymbol{B}_{e}}{\partial t} \mathrm{d}S \tag{3-98}$$

其中，"$[\cdot]^{e}$"和"$\{\cdot\}^{e}$"分别表示单元矩阵和向量，"$[\cdot]$"和"$\{\cdot\}$"分别表示整体矩阵和向量。

2. 时间离散

由于在电磁场方程中还存在对时间的一阶偏导项，因此需要对方程进行时间离散，本小节采用线性插值法进行离散。取时间单元长度Δt，单元内 T 值可由节点值T^{n}及T^{n+1}插值得到：

$$T_{x} = N_{n} T_{x}^{n} + N_{n+1} T_{x}^{n+1} \tag{3-99}$$

$$T_{y} = N_{n} T_{y}^{n} + N_{n+1} T_{y}^{n+1} \tag{3-100}$$

则其一阶导数可以表示为

$$\dot{T}_{x} = \dot{N}_{n} T_{x}^{n} + \dot{N}_{n+1} T_{x}^{n+1} \tag{3-101}$$

$$\dot{T}_{y} = \dot{N}_{n} T_{y}^{n} + \dot{N}_{n+1} T_{y}^{n+1} \tag{3-102}$$

插值函数及其一阶导数可以用局部变量 ξ 表示，其中有

$$\begin{cases} \xi = \dfrac{t}{\Delta t} \\ N_{n} = 1 - \xi \\ \dot{N}_{n} = -\dfrac{1}{\Delta t} \\ N_{n+1} = \xi \\ \dot{N}_{n+1} = \dfrac{1}{\Delta t} \end{cases} \tag{3-103}$$

对每个单元建立加权余量格式，得到

$$\int_{0}^{1} w \left[K(N_{n} T^{n} + N_{n+1} T^{n+1}) + (Q + Q')(\dot{N}_{n} T^{n} + \dot{N}_{n+1} T^{n+1}) + L \right] \mathrm{d}\xi = 0 \tag{3-104}$$

将式(3-103)代入式(3-104)可以得到

$$
\left[K\int_0^1 w\xi\mathrm{d}\xi + (Q+Q')\int_0^1 w\frac{1}{\Delta t}\mathrm{d}\xi \right]T^{n+1}
$$

$$
+\int_0^1 wL\mathrm{d}\xi + \left[K\int_0^1 w(1-\xi)\mathrm{d}\xi + (Q+Q')\int_0^1 w\left(-\frac{1}{\Delta t}\right)\mathrm{d}\xi \right]T^n = 0 \tag{3-105}
$$

对上述等式两边同时除以 $\int_0^1 w\mathrm{d}\xi$，可以得到任何权函数都适用的一般形式：

$$
\left[K\theta + (Q+Q')\frac{1}{\Delta t} \right]T^{n+1} + \theta L^{n+1}
$$

$$
+(1-\theta)L^n + \left[K(1-\theta) - (Q+Q')\frac{1}{\Delta t} \right]T^n = 0 \tag{3-106}
$$

其中，$\theta = \int_0^1 w\xi\mathrm{d}\xi \Big/ \int_0^1 w\mathrm{d}\xi$。

对式(3-106)进行整理得到进行时间离散后的方程：

$$
\left(\frac{[\boldsymbol{Q}]}{\Delta t} + \theta[\boldsymbol{K}(\rho_{\mathrm{s}})] \right)\{\boldsymbol{T}\}_n + \frac{[\boldsymbol{Q'}]}{\Delta t}\{\boldsymbol{T'}\}_n
$$

$$
= \left(\frac{[\boldsymbol{Q}]}{\Delta t} + (1-\theta)[\boldsymbol{K}(\rho_{\mathrm{s}})] \right)\{\boldsymbol{T}\}_{n-1} + \frac{[\boldsymbol{Q'}]}{\Delta t}\{\boldsymbol{T'}\}_{n-1} + \theta\{\boldsymbol{L}\}_n + (1-\theta)\{\boldsymbol{L}\}_{n-1} \tag{3-107}
$$

其中，n 为时间步；Δt 为时间步长；θ 为加权因子，对应于 Galerkin 方法，取值为 2/3。

对时间离散后的方程组进行求解，即可得到每一时刻的矢量电位 $\boldsymbol{T}$，再通过 $\boldsymbol{J} = \nabla \times \boldsymbol{T}$ 可求得电流分布，最后根据洛伦兹力公式 $\boldsymbol{F} = \int_S \boldsymbol{J} \times \boldsymbol{B}\mathrm{d}S$ 即可计算悬浮力和导向力。

3. 非线性方程组的求解方法

在求解有限元方程组时，需要选用一定的数值求解方法，来保证求解的收敛性。常采用的数值求解方法有超松弛迭代法、Newton-Raphson(NR)法等。采用超松弛迭代法求解方程组虽然编程实现较为简单，但往往会造成求解过程中的收敛性较差。而 NR 法求解有限元方程组的过程中，需要引入一个线性余量，增加内存开销。此外，共轭梯度法常被用来处理线性对称的方程组，而本章有限元方程组引入边界条件后会出现非对称的情形，因此需要对其进行改进。改进共轭梯度法[20]现在也已被应用于超导钉扎磁浮系统的编程求解。

3.2.5 电磁计算流程

上述介绍的三种形式的电磁控制方程，在有限元求解上具有相似的计算流程，因此本节仍以 $\boldsymbol{T}$ 方法为例进行介绍。高温超导磁浮数值算法的计算流程如图 3-12 所示：

(1)在初始时刻令 $T=0$，假设超导体内所有单元具有相等且足够大的电导率初始值。

(2)计算 t 时刻永磁轨道产生的磁通密度分布 $\boldsymbol{B}$ 及其对时间的导数。

(3)计算矩阵 $\left[K\left(\rho_\mathrm{s}\right)\right]$，然后求解其对应的大型方程组(3-107)，得到每一个单元节点上的矢量电位 $\boldsymbol{T}^\mathrm{e}$，再求出相应单元的电流密度 $\boldsymbol{J}^\mathrm{e}$，最后根据超导体 *E-J* 本构关系求出电场强度 $\boldsymbol{E}^\mathrm{e}$；则该单元的电阻率 $\rho_\mathrm{s}^\mathrm{e}$ 可以根据不同的电磁本构方程求出。

$$\rho_\mathrm{s}^\mathrm{e} = \frac{\left|\boldsymbol{E}^\mathrm{e}\right|}{\left|\boldsymbol{J}^\mathrm{e}\right|} \tag{3-108}$$

(4)重复步骤(3)，直到非线性方程组收敛，即每一个单元都满足收敛条件

$$\frac{\left|\left(\rho_\mathrm{s}^\mathrm{e}\right)_k - \left(\rho_\mathrm{s}^\mathrm{e}\right)_{k-1}\right|}{\left|\left(\rho_\mathrm{s}^\mathrm{e}\right)_{k-1}\right|} < \varepsilon \tag{3-109}$$

其中，k 为迭代步；ε 为相对容差，用于控制非线性方程组的求解精度。

(5)对二维情形下的电磁力进行求解。

(6)重复步骤(1)~(5)，计算 $t+\Delta t$ 时刻相应的待求量，直到时间步达到上限。

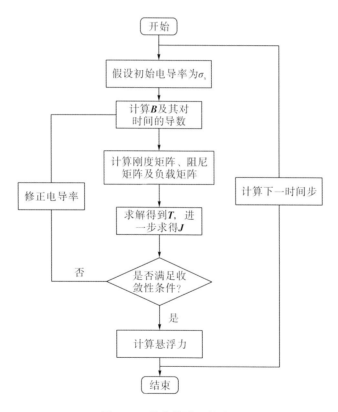

图 3-12　数值算法计算流程

3.2.6　有限元软件的使用

随着有限元技术的发展和商业有限元软件的成熟，使用商业有限元软件求解具有复杂形式的偏微分方程正成为主流。已经被应用于超导领域的有限元软件有 Flux2D/3D、COMSOL

Multiphysics、FlexPDE、GetDP、Photo-eddy 和 ANSYS 等。其中，COMSOL Multiphysics（以下简称 COMSOL）在求解自定义的、耦合的偏微分方程方面具有独特的优势[21]。

使用 COMSOL 求解高温超导块材内部电磁场量分布情况的方法大致分为两类：一类是采用可用于自定义偏微分方程的偏微分方程（partial differential equation，PDE）接口，将电磁场控制方程写入该接口中，并添加时变外场作为定解条件。该时变外场既可以是用于磁化的电磁场，也可以是用于悬浮的永磁轨道场。此方式仅将 COMSOL 作为一个求解偏微分方程的工具，省去了采用编程语言对电磁场控制方程离散和组装的烦琐过程，但边界条件仍需根据外场情况进行输入。另一类是采用 AC/DC 模块结合动网格（ale）接口对永磁轨道-超导块材系统进行整体建模，求解出轨道磁场的分布和变化情况，进而计算超导体内的电磁场分布。该方式可充分利用软件内置的电磁场求解接口，容易实现更好的收敛性和建模效率，尤其是在具有聚磁铁轭或其他材料的场合以及轨道截面形式较为复杂的情况下具有显著优势。本书 3.4 节和 3.5 节探讨的一些工况的仿真结果是在该软件中采用这两种方式得到的。

3.3 永磁轨道磁场的解析计算

超导体需要在外磁场中才能稳定悬浮，因此求解出特有的永磁轨道在空间中的磁场分布是先决条件。从数理方程理论角度来讲，永磁轨道产生的磁场在块材所在位置处的分布情况为超导体电磁控制方程提供了定解条件。永磁轨道产生的磁场分布主要可采用有限元法和解析法，其中有限元法理论上可以求解任意永磁轨道的磁场分布，一些商业仿真软件如 FEMM、ANSYS Maxwell 及 COMSOL 等就是利用有限元法求解永磁体产生的磁场分布。有限元法虽然比较通用，但是涉及划分网格，求解大型线性方程组等比较耗费时间，因而在很多情况下求解效率不高。考虑到当前工程上用到的永磁轨道大多采用长方体永磁体拼接而成，每一块的永磁体都比较规则，而针对每一个长方体永磁体可以采用等效面电流法求出该单块永磁体产生的磁场分布解析式，因此可以很快计算出空间任意一点的磁场，这对于磁浮数值计算和优化计算具有重要意义，可以提高计算效率。本章主要介绍使用解析法求解永磁轨道在空间中的磁通密度分布解析式的两种方法，每种方法又各自分二维情况和三维情况进行讨论。

如第 2 章所述，常用的永磁轨道主要有两种形式，第一种为对极式永磁轨道，第二种为 Halbach 永磁轨道。本节主要采用等效电流模型对两种结构的永磁轨道的磁场计算公式进行推导。

3.3.1 二维情况

当不考虑永磁轨道的不平顺时，轨道结构及其磁场的空间分布是平移对称的，因此轨道磁场的空间分布可用任意一个截面的磁场分布来表达。这是轨道磁场二维模型在理论上成立的基础。

1. 对极式永磁轨道

图 3-13(a)给出的是"世纪号"采用的"对极式"永磁轨道截面图[22]，其特点为左右两边的永磁体关于 y 轴对称分布，磁化方向如图中箭头所示。为了简化问题，忽略永磁轨道中聚磁物质的影响。根据面电流模型，可将永磁体等效为有一层表面电流的任意块体，磁体的磁场等于表面电流产生的磁场。在二维情况下，其等效模型如图 3-13(b)所示。

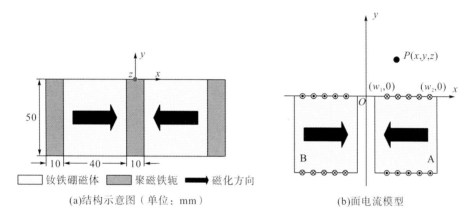

(a)结构示意图（单位：mm）　　　　　　(b)面电流模型

图 3-13　"世纪号"永磁轨道系统

图 3-13(b)中，w_1 和 w_2 分别为对应位置的横坐标。记轨道高度为 t_{PMG}，单个永磁体宽度为 W_{PMG}。假设永磁体具有均匀的磁化强度，其大小记为 M_0，方向如图中箭头所示，则永磁体 A 和 B 的磁化强度分别为

$$\boldsymbol{M}_A = -M_0\hat{x} \tag{3-110}$$

$$\boldsymbol{M}_B = M_0\hat{x} \tag{3-111}$$

基于等效电流模型求得永磁体的矢量磁位的公式为

$$A_z = \frac{\mu_0}{4\pi}\int_{V'}\frac{\boldsymbol{J}_{vol}}{R}\mathrm{d}V' + \frac{\mu_0}{4\pi}\int_{S'}\frac{\boldsymbol{J}_{sur}}{R}\mathrm{d}S' \tag{3-112}$$

其中，$\boldsymbol{J}_{vol}$ 为体电流密度(A/m)；$\boldsymbol{J}_{sur}$ 为面电流密度(A/m)。$\boldsymbol{J}_{vol}$ 和 $\boldsymbol{J}_{sur}$ 可分别可由式(3-113)和式(3-114)计算得到：

$$\boldsymbol{J}_{vol} = \nabla \times \boldsymbol{M} \tag{3-113}$$

$$\boldsymbol{J}_{sur} = \boldsymbol{M} \times \boldsymbol{n}' \tag{3-114}$$

由式(3-110)可知，永磁体 A 的等效体电流密度 $\boldsymbol{J}_{vol} = \nabla \times \boldsymbol{M}_A = 0$。永磁体 A 的单位外法向方向矢量为

$$\hat{n} = \begin{cases} \hat{y}, & y = 0 \\ -\hat{y}, & y = -t_{PMG} \end{cases} \tag{3-115}$$

$$\hat{n} = \begin{cases} -\hat{x}, & x = w_1 \\ \hat{x}, & x = w_2 \end{cases} \tag{3-116}$$

所以永磁体 A 的等效电流密度分布为

$$J_{\text{sur}} = \begin{cases} -M_0\hat{z}, & y = 0 \\ M_0\hat{z}, & y = -t_{\text{PMG}} \end{cases} \tag{3-117}$$

同理可得永磁体 B 的等效电流分布。因此，对称分布式永磁轨道可由四个平行于 x 轴且垂直于 xy 平面的电流面代替。

由麦克斯韦方程可知，矢量磁位与产生该矢量磁位的电流密度方向相同。因此，可以得到永磁体 A 的上表面的电流元在点 $P(x, y, z)$ 产生的矢量磁位为

$$\mathrm{d}A_z = -\frac{\mu_0 I}{2\pi}\ln\left[\sqrt{(x-x')^2+y^2}\right] = -\frac{\mu_0(-M_0\mathrm{d}x')}{4\pi}\ln\left[(x-x')^2+y^2\right] \tag{3-118}$$

继而得到该电流面的矢量磁位为

$$\begin{aligned} A_z(x,y) &= -\frac{\mu_0(-M_0)}{4\pi}\int_{w_1}^{w_2}\ln\left[(x-x')^2+y^2\right]\mathrm{d}x' \\ &= \frac{\mu_0 M_0}{4\pi}\left[\left\{(x-x')\ln\left[(x-x')^2+y^2\right]-2(x'-x)+2y\arctan\frac{x'-x}{y}\right\}\Bigg|_{w_1}^{w_2}\right] \end{aligned} \tag{3-119}$$

化简得到

$$\begin{aligned} A_z(x,y) = \frac{\mu_0 M_0}{4\pi}&\left\{(w_2-x)\ln\left[(x-w_2)^2+y^2\right]-(w_1-x)\ln\left[(x-w_1)^2+y^2\right]\right. \\ &\left.+2y\arctan\frac{w_2-x}{y}-2y\arctan\frac{w_1-x}{y}+2(w_1-w_2)\right\} \end{aligned} \tag{3-120}$$

该电流面产生的磁感应强度 $\boldsymbol{B}$ 满足：

$$\boldsymbol{B} = \nabla\times\boldsymbol{A} = \frac{\partial A_z}{\partial y}\hat{x} - \frac{\partial A_z}{\partial x}\hat{y} \tag{3-121}$$

将式 (3-120) 代入式 (3-121) 可以得到该电流面产生的磁场的磁感应强度为

$$\begin{aligned} \boldsymbol{B}_{\text{A\_upper}} = \frac{\mu_0 M_0}{4\pi}&\left[\left(-2\arctan\frac{w_1-x}{y}+2\arctan\frac{w_2-x}{y}\right)\hat{x}\right. \\ &\left.+\ln\frac{(x-w_1)^2+y^2}{(x-w_2)^2+y^2}\hat{y}\right] \end{aligned} \tag{3-122}$$

同理可推导出永磁体 A 下表面的等效电流在点 $P(x, y, z)$ 处的磁感应强度为

$$\begin{aligned} \boldsymbol{B}_{\text{A\_lower}} = \frac{\mu_0 M_0}{4\pi}&\left[\left(2\arctan\frac{w_1-x}{y+t_{\text{PMG}}}-2\arctan\frac{w_2-x}{y+t_{\text{PMG}}}\right)\hat{x}\right. \\ &\left.+\ln\frac{(x-w_1)^2+(y+t_{\text{PMG}})^2}{(x-w_2)^2+(y+t_{\text{PMG}})^2}\hat{y}\right] \end{aligned} \tag{3-123}$$

对于 y 轴左侧的永磁体 B，根据对称性可得其对应在点 $P(x, y, z)$ 处的矢磁感应强度。

$$\boldsymbol{B}_{\text{B\_upper}} = \frac{\mu_0 M_0}{4\pi}\Bigg[\left(-2\arctan\frac{x+w_2}{y}+2\arctan\frac{x+w_1}{y}\right)\hat{x}$$
$$+\ln\frac{(x+w_2)^2+y^2}{(x+w_1)^2+y^2}\hat{y}\Bigg] \tag{3-124}$$

$$\boldsymbol{B}_{\text{B\_lower}} = \frac{\mu_0 M_0}{4\pi}\Bigg[\left(2\arctan\frac{w_2+x}{y+t_{\text{PMG}}}-2\arctan\frac{w_1+x}{y+t_{\text{PMG}}}\right)\hat{x}$$
$$-\ln\frac{(x+w_2)^2+(y+t_{\text{PMG}})^2}{(x+w_1)^2+(y+t_{\text{PMG}})^2}\hat{y}\Bigg] \tag{3-125}$$

因为本问题中电流面产生的矢量磁位均与 z 轴平行，所以 P 点处的磁感应强度为四个电流面在该点的磁感应强度的和，因此可以得到对称分布式永磁轨道在 x 和 y 方向上的磁场分量分别为

$$B_x = \frac{\mu_0 M_0}{2\pi}\Bigg(\arctan\frac{w_1+x}{y}-\arctan\frac{w_1-x}{y}-\arctan\frac{w_2+x}{y}+\arctan\frac{w_2-x}{y}$$
$$-\arctan\frac{w_1+x}{y+t_{\text{PMG}}}+\arctan\frac{w_1-x}{t_{\text{PMG}}+y}+\arctan\frac{w_2+x}{t_{\text{PMG}}+y}-\arctan\frac{w_2-x}{t_{\text{PMG}}+y}\Bigg) \tag{3-126}$$

$$B_y = \frac{\mu_0 M_0}{4\pi}\Big(\ln\big((w_2-x)^2+y^2\big)-\ln\big((w_1-x)^2+y^2\big)$$
$$-\ln\big((w_1+x)^2+y^2\big)+\ln\big((w_2+x)^2+y^2\big)$$
$$+\ln\big((w_1-x)^2+(y+t_{\text{PMG}})^2\big)-\ln\big((w_2-x)^2+(y+t_{\text{PMG}})^2\big)$$
$$+\ln\big((w_1+x)^2+(y+t_{\text{PMG}})^2\big)-\ln\big((w_2+x)^2+(y+t_{\text{PMG}})^2\big)\Big) \tag{3-127}$$

2. Halbach 永磁轨道

Halbach 阵列最早由美国科学家 Halbach 提出，2007 年，西南交通大学超导技术研究所团队根据这一启发，设计了直线式 Halbach 永磁轨道。图 3-14 给出了"Super-Maglev"的 Halbach 轨道的横截面图，如图所示，Halbach 永磁轨道的原理为：将磁化方向为某一特定角度序列的条形永磁体依次拼接起来，使得磁场可以更多地聚集于轨道一侧，构成单边聚磁的直线型 Halbach 永磁轨道。与对极式永磁轨道相比，Halbach 永磁轨道将绝大部分磁场都聚集到轨道上表面，有效地提升了轨道磁场的利用率，在满足特定磁场强度的要求下大幅省了永磁体用量，节约了建造成本。

由图 3-14 中可以看出，Halbach 永磁轨道由水平磁化和垂直磁化的永磁体组成，对于水平磁化的永磁体 A、C、E 的求解方法，和上述对称分布永磁轨道磁场的计算方法一样，这里直接给出它们的磁场解析表达式。为了方便表达，直接采用永磁体顶点坐标来表示，永磁体的顶点坐标按照逆时针顺序依次标记。

$$\boldsymbol{B}_{\text{A\_upper}} = \frac{\mu_0 M_0}{4\pi}\Bigg[\left(-2\arctan\frac{x-x_2}{y-y_6}+2\arctan\frac{x-x_4}{y-y_6}\right)\hat{x}+\ln\frac{(x-x_2)^2+(y-y_6)^2}{(x-x_4)^2+(y-y_6)^2}\hat{y}\Bigg] \tag{3-128}$$

$$\boldsymbol{B}_{\mathrm{A\_lower}} = \frac{\mu_0 M_0}{4\pi}\left[\left(2\arctan\frac{x-x_3}{y-y_7} - 2\arctan\frac{x-x_5}{y-y_7}\right)\hat{x} - \ln\frac{(x-x_3)^2+(y-y_7)^2}{(x-x_5)^2+(y-y_7)^2}\hat{y}\right] \quad (3\text{-}129)$$

$$\boldsymbol{B}_{\mathrm{C\_upper}} = \frac{\mu_0 M_0}{4\pi}\left[\left(2\arctan\frac{x_8-x}{y-y_6} - 2\arctan\frac{x_6-x}{y-y_6}\right)\hat{x} - \ln\frac{(x-x_6)^2+(y-y_6)^2}{(x-x_8)^2+(y-y_6)^2}\hat{y}\right] \quad (3\text{-}130)$$

$$\boldsymbol{B}_{\mathrm{C\_lower}} = \frac{\mu_0 M_0}{4\pi}\left[\left(2\arctan\frac{x_7-x}{y-y_7} - 2\arctan\frac{x_9-x}{y-y_7}\right)\hat{x} + \ln\frac{(x-x_7)^2+(y-y_7)^2}{(x-x_9)^2+(y-y_7)^2}\hat{y}\right] \quad (3\text{-}131)$$

$$\boldsymbol{B}_{\mathrm{E\_upper}} = \frac{\mu_0 M_0}{4\pi}\left[\left(-2\arctan\frac{x_{12}-x}{y-y_6} + 2\arctan\frac{x_{10}-x}{y-y_6}\right)\hat{x} - \ln\frac{(x-x_{12})^2+(y-y_6)^2}{(x-x_{10})^2+(y-y_6)^2}\hat{y}\right] \quad (3\text{-}132)$$

$$\boldsymbol{B}_{\mathrm{E\_lower}} = \frac{\mu_0 M_0}{4\pi}\left[\left(2\arctan\frac{x-x_{11}}{y-y_7} - 2\arctan\frac{x-x_{13}}{y-y_7}\right)\hat{x} - \ln\frac{(x-x_{11})^2+(y-y_7)^2}{(x-x_{13})^2+(y-y_7)^2}\hat{y}\right] \quad (3\text{-}133)$$

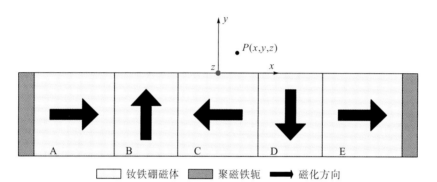

图 3-14   "Super-Maglev" 轨道横截面图

图 3-14 所示的垂直磁化的永磁体，对于 y 轴右边的永磁体 D，磁化方向垂直向下 $\boldsymbol{M} = -M_0\hat{y}$。对于永磁体 D 右侧的面电流，根据等效面电流模型可推导其在 P 点产生的矢量磁位为

$$\begin{aligned}
A_z(x,y) = -\frac{\mu_0 M_0}{4\pi}\Big\{ &(y_8-y)\ln((x-x_{10})^2+(y_8-y)^2)\\
&-(y_9-y)\ln((x-x_{10})^2+(y_9-y)^2) - 2(y_8-y_9)\\
&+2(x-x_{10})\arctan\frac{y_8-y}{x-x_{10}} - 2(x-x_{10})\arctan\frac{y_9-y}{x-x_{10}}\Big\}
\end{aligned} \quad (3\text{-}134)$$

因此该电流面产生的磁感应强度可根据 $\boldsymbol{B} = \nabla\times\boldsymbol{A}$ 计算出。

$$\boldsymbol{B}_{\mathrm{D\_right}} = \frac{\mu_0 M_0}{4\pi}\left[\ln\frac{(x-x_{10})^2+(y_8-y)^2}{(x-x_{10})^2+(y_9-y)^2}\hat{x} + \left(2\arctan\frac{y_8-y}{x-x_{10}} - 2\arctan\frac{y_9-y}{x-x_{10}}\right)\hat{y}\right] \quad (3\text{-}135)$$

同理可推导得到永磁体 D 左侧的面电流，在 P 点产生的磁感应强度解析式如下：

$$\boldsymbol{B}_{\mathrm{D\_left}} = \frac{\mu_0 M_0}{4\pi}\left[\ln\frac{(x-x_8)^2+(y_9-y)^2}{(x-x_8)^2+(y_8-y)^2}\hat{x} - \left(2\arctan\frac{y_8-y}{x-x_8} - 2\arctan\frac{y_9-y}{x-x_8}\right)\hat{y}\right] \quad (3\text{-}136)$$

永磁体 D 在 P 点产生的矢量磁位和磁感应强度可表示为两侧面电流在 P 点产生的矢

量磁位和磁感应强度之和。同理，可以求出永磁体 B 在 P 点产生的磁感应强度如下：

$$\boldsymbol{B}_{\mathrm{B\_right}} = \frac{\mu_0 M_0}{4\pi}\left[\ln\frac{(x-x_6)^2+(y_7-y)^2}{(x-x_6)^2+(y_6-y)^2}\hat{x} - \left(2\arctan\frac{y_6-y}{x-x_6} - 2\arctan\frac{y_7-y}{x-x_6}\right)\hat{y}\right] \quad (3\text{-}137)$$

$$\boldsymbol{B}_{\mathrm{B\_left}} = \frac{\mu_0 M_0}{4\pi}\left[\ln\frac{(x-x_4)^2+(y_4-y)^2}{(x-x_4)^2+(y_5-y)^2}\hat{x} + \left(2\arctan\frac{y_4-y}{x-x_4} - 2\arctan\frac{y_5-y}{x-x_4}\right)\hat{y}\right] \quad (3\text{-}138)$$

Halbach 永磁轨道是由水平磁化和垂直磁化的永磁体组合而成的，根据叠加原理即可得到永磁轨道产生的磁感应强度的表达式。

3.3.2　三维情况

若需考虑轨道在纵向延伸过程中几何不平顺带来的磁场波动情况，则基于平移对称假设建立的二维模型便会失效。因此，对轨道磁场进行三维形式的表征在描述不平顺时有着特殊的意义。为了介绍三维 Halbach 轨道磁场解析表达式的推导过程，有必要先介绍单块任意磁化方向的长方体永磁体产生的磁场分布。

1. 单块永磁体三维磁场计算

为了得到任意永磁体拼接而成的永磁轨道的磁场分布，首先应计算单块任意磁化方向的长方体永磁体产生的磁场，如图 3-15 所示，该永磁体长度是 a，宽度是 b，高度是 h，磁化强度是 $\boldsymbol{M}$。对于这种任意磁化方向的磁体，直接求磁体外空间任意一点 $P(x, y, z)$ 的磁场解析式是困难的，但是可以先求出磁化方向分别为 x、y 和 z 轴正方向时的解析表达式，然后通过以 x、y 和 z 轴正方向磁化的磁场解析表达式为基函数构造任意磁化方向的单块永磁体的磁场解析表达式。

接下来讨论当磁化方向为 z 轴正方向时，单块永磁体在磁体外空间中所产生磁场的分布解析表达式，如图 3-16 所示。

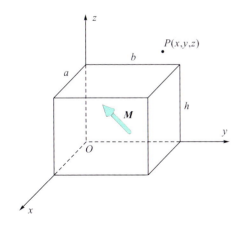

图 3-15　任意方向磁化的长方体永磁体

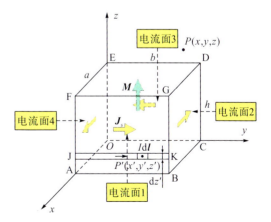

图 3-16　磁化方向为 z 轴正方向的情形

根据毕奥-萨伐尔定律，磁通密度微元 $\mathrm{d}\boldsymbol{B}$ 可以表示为

$$\mathrm{d}\boldsymbol{B} = \frac{\mu_0}{4\pi} \frac{I\mathrm{d}\boldsymbol{l} \times \boldsymbol{r}}{r^3} \tag{3-139}$$

其中，μ_0 为真空磁导率；I 为电流强度；$\boldsymbol{r}$ 为从电流微元 $\mathrm{d}\boldsymbol{l}$ 到空间任意一点 $P(x, y, z)$ 的位置矢量。

在图 3-16 中，$\boldsymbol{J}_s$ 为四个电流面上的面电流密度，其大小满足：

$$|\boldsymbol{J}_s| = |\boldsymbol{M}| \tag{3-140}$$

其方向与磁化方向的相对位置关系满足右手螺旋法则。于是永磁体产生的磁通密度 $\boldsymbol{B}$ 可以表示为 $\boldsymbol{B}_m$（$m=1, 2, 3, 4$，分别表示电流面 m 产生的磁通密度）的叠加，满足下面两个公式：

$$\boldsymbol{B} = \sum_{m=1}^{4} \boldsymbol{B}_m \tag{3-141}$$

$$\boldsymbol{B}_m = \int_0^h \mathrm{d}\boldsymbol{B}_m = \int_0^h (\mathrm{d}B_{xm}\boldsymbol{i} + \mathrm{d}B_{ym}\boldsymbol{j} + \mathrm{d}B_{zm}\boldsymbol{k}), \quad m = 1, 2, 3, 4 \tag{3-142}$$

其中，$\mathrm{d}B_{xm}$、$\mathrm{d}B_{ym}$ 和 $\mathrm{d}B_{zm}$ 分别为 $\mathrm{d}\boldsymbol{B}_m$ 在笛卡儿坐标系下的三个分量；$\mathrm{d}\boldsymbol{B}_m$ 为电流面 m 上电流带微元产生的磁通密度。如图 3-16 中 J-K 表示电流面 1 上宽度为 $\mathrm{d}z'$（字母带有"$'$"表示场源点）、长度为 b 的电流带，电流方向为 y 轴正方向。根据式(3-139)和式(3-140)可以计算得出 $\mathrm{d}B_{x1}$、$\mathrm{d}B_{y1}$ 和 $\mathrm{d}B_{z1}$ 可以由以下三个公式表示：

$$\mathrm{d}B_{x1} = \frac{\mu_0 |\boldsymbol{M}| \mathrm{d}z'}{4\pi} \int_0^b \frac{(z-z')\mathrm{d}y'}{[(x-a)^2 + (y-y')^2 + (z-z')^2]^{3/2}} \tag{3-143}$$

$$\mathrm{d}B_{y1} = 0 \tag{3-144}$$

$$\mathrm{d}B_{z1} = \frac{\mu_0 |\boldsymbol{M}| \mathrm{d}z'}{4\pi} \int_0^b \frac{(a-x)\mathrm{d}y'}{[(x-a)^2 + (y-y')^2 + (z-z')^2]^{3/2}} \tag{3-145}$$

为了简化描述上述等式，给出如下两个公式：

$$K = \frac{\mu_0 |\boldsymbol{M}|}{4\pi} \tag{3-146}$$

$$\psi_i(\phi_1, \phi_2, \phi_3) = \frac{\phi_i}{(\phi_1^2 + \phi_2^2 + \phi_3^2)^{3/2}}, \quad i = 1, 2, 3 \tag{3-147}$$

为了计算单块永磁体产生的磁场分布解析式，关键就是求解式(3-142)右边的每一项，下面就来求解电流面 1 产生的磁通密度分布，其余电流面可以以此类推。电流面 1 产生的三个方向的磁通密度分量可以统一表示为

$$B_{j1} = \int_0^h \mathrm{d}B_{j1}, \quad j = x, y, z \tag{3-148}$$

根据式(3-143)、式(3-146)和式(3-147)，可以得到电流面 1 产生的磁通密度 x 分量：

$$B_{x1} = \int_0^h \mathrm{d}B_{x1} = K \int_0^h \mathrm{d}z' \int_0^b \psi_3(a-x, y-y', z-z')\mathrm{d}y' \tag{3-149}$$

值得注意的是，式(3-149)利用富比尼定理交换逐次积分的顺序(交换积分次序后，得到的结果与不交换次序的结果实质上相同，但在表达形式上更简洁)，可得

$$B_{x1} = K \int_0^b \mathrm{d}y' \int_0^h \psi_3(a-x, y-y', z-z')\mathrm{d}z' \tag{3-150}$$

为了简化表达，引入下面的函数：

$$R(r_1, r_2, r_3) = \ln\left(\frac{\sqrt{r_1^2 + r_2^2 + (h - r_3)^2} + r_2}{\sqrt{r_1^2 + r_2^2 + r_3^2} + r_2} \right) \tag{3-151}$$

于是，电流面 1 产生的沿 x 方向的磁通密度分量可以表示为

$$B_{x1} = K\left[R(a - x, s - y, z) \right]\Big|_0^b \tag{3-152}$$

其中，" $[f(s)]\big|_0^b$ " 表示函数 $f(s)$ 在自变量 s 分别等于 b 和 0 时的差值，下同。

显然，根据式 (3-144) 可以得出电流面 1 产生的沿 y 方向的磁通密度分量为 0，即

$$B_{y1} = 0 \tag{3-153}$$

类似地，电流面 1 产生的沿 z 方向的磁通密度分量可以表示为

$$B_{z1} = \int_0^h \mathrm{d}B_{z1} = K \int_0^h \mathrm{d}z' \int_0^b \psi_1(a - x, y - y', z - z') \mathrm{d}y' \tag{3-154}$$

注意到式 (3-154) 中仍含有积分算符，其积分计算结果中含有反正切函数。为简化表达，根据其积分结果的特征，引用如下函数：

$$\phi(\varphi_1, \varphi_2, \varphi_3) = \begin{cases} \arctan\left[\dfrac{\varphi_2(s - \varphi_3)}{\varphi_1 \sqrt{\varphi_1^2 + \varphi_2^2 + (s - \varphi_3)^2}} \right], & \varphi_1 \neq 0 \\ 0, & \varphi_1 = 0 \end{cases} \tag{3-155}$$

其中，参量 s 的作用与式 (3-152) 起到类似简化表达式的作用。于是电流面 1 产生的 z 方向的磁通密度分量最终可以表示为

$$B_{z1} = K\left[\phi(a - x, y, z) + \phi(a - x, b - y, z) \right]\Big|_0^h \tag{3-156}$$

综合式 (3-152)、式 (3-153) 和式 (3-156)，电流面 1 产生的磁通密度三向分量最终可以整理为

$$\begin{cases} B_{x1} = K\left[R(a - x, s - y, z) \right]\Big|_0^b \\ B_{y1} = 0 \\ B_{z1} = K\left[\phi(a - x, y, z) + \phi(a - x, b - y, z) \right]\Big|_0^h \end{cases} \tag{3-157}$$

利用同样的方法，可以得到电流面 2、3 和 4 产生的磁通密度分量计算表达式为

$$\begin{cases} B_{x2} = 0 \\ B_{y2} = K\left[R(b - y, s - x, z) \right]\Big|_0^a \\ B_{z2} = K\left[\phi(b - y, x, z) + \phi(b - y, a - x, z) \right]\Big|_0^h \end{cases} \tag{3-158}$$

$$\begin{cases} B_{x3} = K\left[-R(x, s - y, z) \right]\Big|_0^b \\ B_{y3} = 0 \\ B_{z3} = K\left[\phi(x, y, z) + \phi(x, b - y, z) \right]\Big|_0^h \end{cases} \tag{3-159}$$

$$\begin{cases} B_{x4} = 0 \\ B_{y4} = K[-R(y,s-x,z)]\Big|_0^a \\ B_{z4} = K[\phi(y,x,z)+\phi(y,a-x,z)]\Big|_0^h \end{cases} \tag{3-160}$$

根据四个电流面产生的磁通密度叠加，一个长度 a、宽度 b、高度 h 的永磁体，其磁化强度大小是 M，磁化方向是 z 轴正方向，选择坐标系原点如图 3-15 所示，则该永磁体在磁体外空间中任意一点 $P(x,y,z)$ 的磁通密度解析式可以表示为

$$\begin{cases} B_x^{(z)}(x,y,z,a,b,h) = K\big[R(a-x,s-y,z)-R(x,s-y,z)\big]\Big|_0^b \\ B_y^{(z)}(x,y,z,a,b,h) = K\big[R(b-y,s-x,z)-R(y,s-x,z)\big]\Big|_0^a \\ B_z^{(z)}(x,y,z,a,b,h) = K\big[\phi(a-x,y,z)+\phi(a-x,b-y,z) \\ \qquad\qquad +\phi(b-y,x,z)+\phi(b-y,a-x,z) \\ \qquad\qquad +\phi(x,y,z)+\phi(x,b-y,z) \\ \qquad\qquad +\phi(y,x,z)+\phi(y,a-x,z)\big]\Big|_0^h \end{cases} \tag{3-161}$$

式 (3-161) 表达了沿 z 方向磁化的单块磁体附近磁场的分布情况。对于沿 x 或 y 方向磁化的磁体，其附近磁场推导方法与之类同。但更简单的方法是直接通过对式 (3-161) 进行坐标变换实现，如式 (3-162) 和式 (3-163) 所示：

$$\begin{cases} B_x^{(x)}(x,y,z,a,b,h) = B_z^{(z)}(-z+h,y,x,h,b,a) \\ B_y^{(x)}(x,y,z,a,b,h) = B_y^{(z)}(-z+h,y,x,h,b,a) \\ B_z^{(x)}(x,y,z,a,b,h) = -B_x^{(z)}(-z+h,y,x,h,b,a) \end{cases} \tag{3-162}$$

$$\begin{cases} B_x^{(y)}(x,y,z,a,b,h) = B_x^{(z)}(x,-z+h,y,a,h,b) \\ B_y^{(y)}(x,y,z,a,b,h) = B_z^{(z)}(x,-z+h,y,a,h,b) \\ B_z^{(y)}(x,y,z,a,b,h) = -B_y^{(z)}(x,-z+h,y,a,h,b) \end{cases} \tag{3-163}$$

在同一个坐标系下，该永磁体磁化方向变为任意方向，而其他属性均不变时，可以将磁化强度 M 表示为

$$\boldsymbol{M} = \begin{bmatrix} M_x \\ M_y \\ M_z \end{bmatrix} = \begin{bmatrix} |\boldsymbol{M}|\cos\alpha \\ |\boldsymbol{M}|\cos\beta \\ |\boldsymbol{M}|\cos\gamma \end{bmatrix} \tag{3-164}$$

其中，α、β 和 γ 分别为磁化强度 M 与 x 轴、y 轴和 z 轴正方向的夹角，M_x、M_y 和 M_z 分别为磁化强度 M 的三个分量。因此，将磁化强度 M 分别投影到 x 轴、y 轴和 z 轴上，利用式 (3-161)～式 (3-164)，再根据叠加原理即可得到该永磁体产生的磁通密度关于磁化强度 M 的函数关系式：

$$\begin{aligned} \boldsymbol{B}(\boldsymbol{M}) &= \big[B_x^{(x)}\cos\alpha + B_x^{(y)}\cos\beta + B_x^{(z)}\cos\gamma\big]\boldsymbol{i} \\ &+ \big[B_y^{(x)}\cos\alpha + B_y^{(y)}\cos\beta + B_y^{(z)}\cos\gamma\big]\boldsymbol{j} \\ &+ \big[B_z^{(x)}\cos\alpha + B_z^{(y)}\cos\beta + B_z^{(z)}\cos\gamma\big]\boldsymbol{k} \end{aligned} \tag{3-165}$$

其中，i、j 和 k 分别为 x 轴、y 轴和 z 轴正方向的单位矢量。

为了简化式(3-165)，引入如下记号：

$$\boldsymbol{P} = \begin{bmatrix} B_x^{(x)} & B_x^{(y)} & B_x^{(z)} \\ B_y^{(x)} & B_y^{(y)} & B_y^{(z)} \\ B_z^{(x)} & B_z^{(y)} & B_z^{(z)} \end{bmatrix} \tag{3-166}$$

矩阵 $\boldsymbol{P}$ 内各元素的值可由式(3-161)、式(3-162)和式(3-163)得出。最后，任意磁化方向的单块永磁体产生的磁通密度解析表达式可以化简为

$$\boldsymbol{B}(x,y,z,a,b,h,\boldsymbol{M}) = \frac{\boldsymbol{PM}}{|\boldsymbol{M}|} \tag{3-167}$$

2. 永磁轨道三维磁场计算

为了不失一般性，本部分主要研究斜向磁化磁体组成的永磁轨道，其结构如图 3-17 所示。方便起见，一般令坐标 xy 平面与轨道上表面处于同一个水平面，此外每块磁铁都有与自身对应的一个局部坐标系，选取原则与图 3-15 相同。假设永磁轨道的第 i 块永磁体的局部坐标系原点在给定的绝对坐标系中的位置坐标为 $(\Delta x_i, \Delta y_i, \Delta z_i)$，长、宽、高分别是 a_i、b_i、h_i，磁化强度矢量为 $\boldsymbol{M}_i$(相对坐标系下)，则对于一个由 n 个长方形永磁体构成的轨道在空间中一点 $P(x,y,z)$ 产生的磁通密度 $\boldsymbol{B}_e$ 可以在式(3-167)的基础上得出：

$$\boldsymbol{B}_e(x,y,z) = \sum_{i=1}^{n} \boldsymbol{B}(x - \Delta x_i, y - \Delta y_i, z - \Delta z_i, a_i, b_i, h_i, \boldsymbol{M}_i) \tag{3-168}$$

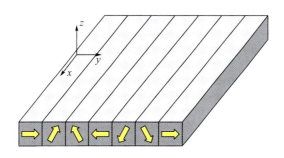

图 3-17　斜向磁化的 Halbach 轨道

对于二维情形，也可以由上述三维情形演变而来。理想轨道在 x 方向上是无限长的，对应于式(3-168)中的参数 a_i 趋于无穷大，实际上只要取相比于轨道横断尺寸(对应于 b_i 和 h_i)足够大，设为 L，然后取轨道中间平面上的磁场分布作为二维情形下的磁场分布，这样轨道两端的端面效应就可以忽略不计。例如，本书主要研究的横断尺寸最大量级是 0.1m，于是可以取 $L=1$m。将绝对坐标系的原点设置在 $L/2$ 处，这样二维情形下轨道产生的磁通密度分布可以用式(3-169)表示：

$$\boldsymbol{B}_e(y,z) = \sum_{i=1}^{n} \boldsymbol{B}(0, y - \Delta y_i, z - \Delta z_i, L, b_i, h_i, \boldsymbol{M}_i) \tag{3-169}$$

此外，还有一些比较特殊的轨道，如 V 形轨道，其永磁体是倾斜放置的，结构示意

图如图 3-18 所示，相当于在永磁体局部坐标系下，绕着 x 轴逆时针旋转了角度θ。

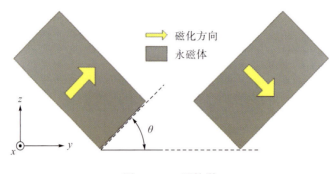

磁化方向

永磁体

$$\theta$$

图 3-18　V 形轨道

对于倾斜放置的一块永磁体，设旋转前场点 $Q(Y, Z)$，该点磁通密度为 $\boldsymbol{B}_q(Y, Z)$，绕着 x 轴旋转角度θ后变为点 $P(y, z)$，该点磁通密度为 $\boldsymbol{B}_p(y, z)$，则根据坐标旋转理论可以得出

$$\boldsymbol{B}_p(y,z) = \boldsymbol{T}(\theta)\boldsymbol{B}_q(Y,Z) \tag{3-170}$$

且满足：

$$\boldsymbol{T}(\theta) = \begin{bmatrix} \cos\theta & -\sin\theta \\ \sin\theta & \cos\theta \end{bmatrix}$$
$$\begin{bmatrix} y \\ z \end{bmatrix} = \boldsymbol{T}(\theta)\begin{bmatrix} Y \\ Z \end{bmatrix} \tag{3-171}$$

于是可以求出 $\boldsymbol{B}_p(y, z)$：

$$\boldsymbol{B}_p(y,z) = \boldsymbol{T}(\theta)\boldsymbol{B}_q(y\cos\theta + z\sin\theta, -y\sin\theta + z\cos\theta) \tag{3-172}$$

由于 P 点是任意的，Q 点磁通密度计算表达式满足式(3-169)，因此可以将更加一般的轨道的二维情形磁通密度分布计算表达式写为

$$\boldsymbol{B}_e(y,z) = \sum_{i=1}^{n}\boldsymbol{T}(\theta_i)\boldsymbol{B}(0,(y-\Delta y_i)\cos\theta_i + (z-\Delta z_i)\sin\theta_i,$$
$$-(y-\Delta y_i)\sin\theta_i + (z-\Delta z_i)\cos\theta_i, L, b_i, h_i, \boldsymbol{M}_i) \tag{3-173}$$

其中，θ_i 为第 i 块永磁体绕着 x 轴逆时针旋转的角度。

3.4　悬　浮　特　性

不同于根据电磁感应原理设计而成的电动悬浮，也不同于借助精确控制技术的电磁悬浮和需要额外导向装置的永磁悬浮，超导钉扎磁浮借助其块材内部的钉扎中心在不均匀外场中对磁通的束缚作用实现无须控制的自稳定悬浮。其独特的悬浮原理决定了其悬浮状态表现出独特的性质，这种悬浮状态的独特性质称为超导钉扎磁浮的"悬浮特性"。从广义上讲，悬浮系统各参量(力、位移、速度、刚度、阻尼、温度、损耗等)之间的相互关系都

属于悬浮特性的范畴。而在狭义上，一般仅从力学层面对悬浮特性进行描述。本节主要从狭义上对其做一些介绍，根据研究对象的运动状态不同又可分为"准静态"和"动态"两类分别进行讨论。其他相关内容(如温升和损耗等)会在 3.5 节提及。

3.4.1 准静态

当高温超导块材在永磁轨道上方竖直或横向运动时，会受到指向场冷位置方向的电磁力。当运动速度较低时，速度对悬浮状态的影响不显著，一般仅考虑力与位移之间的关系，称为准静态悬浮特性。

在数值计算中，块材的受力可用洛伦兹力的积分形式描述：

$$\boldsymbol{F} = \int_v \boldsymbol{J} \times \boldsymbol{B} \mathrm{d}v = \int_v \begin{vmatrix} \boldsymbol{i} & \boldsymbol{j} & \boldsymbol{k} \\ J_x & J_y & J_z \\ B_x & B_y & B_z \end{vmatrix} \mathrm{d}v \tag{3-174}$$

$$= \boldsymbol{i} \int_v \left(J_y B_z - J_z B_y \right) \mathrm{d}v + \boldsymbol{j} \int_v \left(J_z B_x - J_x B_z \right) \mathrm{d}v + \boldsymbol{k} \int_v \left(J_x B_y - J_y B_x \right) \mathrm{d}v$$

其分量形式可写为

$$\begin{aligned} F_x &= \int_v \left(J_y B_z - J_z B_y \right) \mathrm{d}v \\ F_y &= \int_v \left(J_z B_x - J_x B_z \right) \mathrm{d}v \\ F_z &= \int_v \left(J_x B_y - J_y B_x \right) \mathrm{d}v \end{aligned} \tag{3-175}$$

结合外场的特性，假设轨道是(几何上)平顺、(磁化上)均匀的，则在以轨道纵向为 x 轴、横向为 y 轴、垂向为 z 轴建立的笛卡儿坐标系中，外场纵向分量 B_x 为 0。同时可以证明，$\int_v \left(J_y B_z - J_z B_y \right) \mathrm{d}v$ 的积分结果为 0，因此三个分量可重新整理为如下形式：

$$\begin{aligned} F_x &= 0 \\ F_y &= -\int_v J_x B_z \mathrm{d}v \\ F_z &= \int_v J_x B_y \mathrm{d}v \end{aligned} \tag{3-176}$$

其中，F_z 沿竖直方向，称为悬浮力；F_y 沿横向方向，称为导向力。

1. 悬浮力-位移特性

应用 COMSOL 对三种工作条件下的磁-力特性进行仿真计算。计算工况如图 3-19 所示，工况 I 为块材在竖直方向往返运动，工况 II 为块材的弛豫过程，工况Ⅲ为块材在横向方向上做往返运动。其中工况 I 和工况 II 又各自包括场冷和零场冷两种冷却条件。

工况 I：块材以预定的速度 1mm/s 由轨道上方某一场冷高度运动到工作高度(本处为 10mm)，然后返回至场冷高度，完成一个竖直方向循环计算。

工况 II：块材以预定的速度 1mm/s 由轨道上方某一场冷高度运动到工作高度(本处为 10mm)，然后进行 300s 的弛豫计算。

工况Ⅲ：块材以预定的速度 1mm/s 由轨道上方某一场冷高度运动到工作高度(本处为

10mm），然后进行 300s 的弛豫计算；弛豫结束后横向运动至某一位置后返回，完成一个横向方向的循环计算。

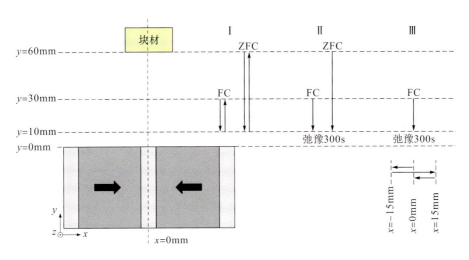

图 3-19　三种仿真工况

对于工况Ⅰ竖直运动情况，在块材靠近轨道的过程中，随着间隙的减小，感应电流密度逐渐增大，且电流分布区域从边缘到内部增加。这是因为，随着间隙的减小，轨道外场逐渐增强（图 3-20(b) 可以说明这一点），对应的外场梯度也逐渐增大，外场在块材内感应出的电流密度也随之增大。分析图 3-20(b) 中的相应部分的空间磁场分布情况可见，由于此时感应磁场的方向与轨道外场相反，表现为对外场的屏蔽，磁通线很难进入块材内部，于是块材所在区域的磁场主要集中在块材的边缘部分，内部很弱。感应磁场对外场的屏蔽作用在宏观上体现为图 3-20(c) 所示块材与外场之间的悬浮力。由于随着间隙的减小，感应电流密度增大，外场增强，因此在图 3-20(c) 中会出现悬浮力随悬浮间隙减小而增大的现象。

在块材由最低点返回至起始位置过程中，可以看到，在相同的悬浮间隙，电流密度及磁通密度分布均存在差异。当块材回到起始位置，$t=40s$ 时，块材内部仍然存在感应电流，说明在循环运动过程中块材被磁化而捕获了磁通，这部分感应电流与外场作用产生电磁力，对应图 3-20(c) 中初始位置悬浮力不重合的现象。

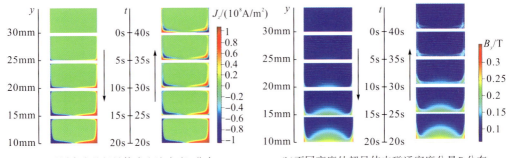

(a) 不同高度处超导体内电流密度 J_z 分布　　　　　(b) 不同高度处超导体内磁通密度分量 B_y 分布

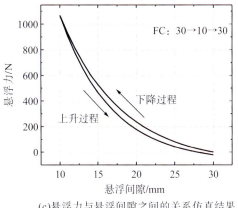

(c)悬浮力与悬浮间隙之间的关系仿真结果

图 3-20 场冷条件下超导体电磁特性仿真结果

图 3-21 为零场冷时的仿真结果,其变化趋势与场冷情况基本相同,只是在最低高度处,电流密度值明显大于场冷情况。这是因为块材在从零场冷位置下降到工作高度处时具有更大的磁变化量,根据法拉第电磁感应定律,在其他条件不变的情况下会感应出更大的感应电流,这也直接导致了该情况的最大悬浮力要大于同一工作高度时的场冷情况对应的最大悬浮力。

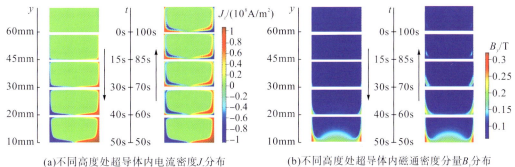

(a)不同高度处超导体内电流密度J_z分布   (b)不同高度处超导体内磁通密度分量B_y分布

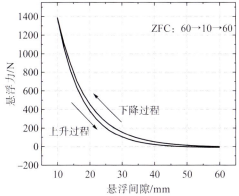

(c)悬浮力与悬浮间隙之间的关系仿真结果

图 3-21 零场冷条件下超导体电磁特性仿真结果

2. 导向力-位移特性

在横向运动过程中,系统中不仅存在导向力的变化,也存在悬浮力的变化。图 3-22 分别给出了块材从中心位置($x = 0$)开始的一次横向往返运动过程中,内部电流分布及导向力随时间的变化情况。从图中可以看出,随着横向位移的增加,导向力的绝对值均不断增大,且与运动方向相反,这说明导向力具有阻碍块材横向偏移的作用。在去程和回程经过同一点时,导向力大小并不相同,这说明导向力也表现出和悬浮力一样的磁滞现象。

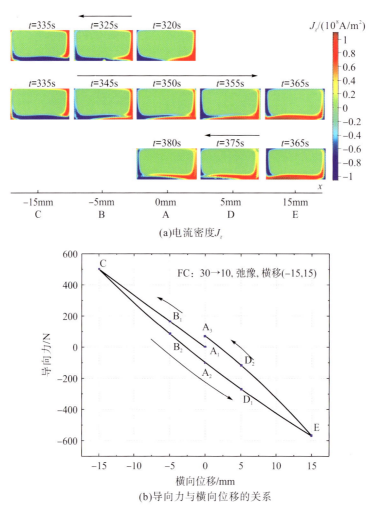

(a)电流密度J_z

(b)导向力与横向位移的关系

图 3-22   横向运动过程中块材的电流密度及导向力

3. 弛豫

图 3-23 为弛豫 300s 过程中,块材内部 z 方向电流密度变化情况,可以看到电流密度值衰减,并逐渐趋于稳定,同时电流密度分布区域增加。这是因为磁通的蠕动效应,使得电流逐渐向电流密度低的区域渗透。

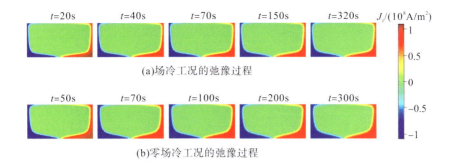

(a)场冷工况的弛豫过程

(b)零场冷工况的弛豫过程

图 3-23 电流密度 J_z 在弛豫 300s 中的变化情况

为了更清楚地观测电流密度衰减情况，图 3-24 给出了块材内部 z 方向电流密度最大值随时间的变化情况。由图可见，电流密度在前 50s 快速衰减，然后逐渐变得平缓，最后趋于稳定。从插图给出的电流密度随时间对数变化的曲线可以看出，电流密度与时间对数近似呈线性关系。图 3-25 给出了悬浮力的弛豫特性，其变化情况与电流密度弛豫特性一致，表明悬浮力的弛豫是电磁弛豫的宏观体现。在弛豫后，零场冷下的悬浮力衰减约 75N，场冷下的悬浮力衰减约 50N，零场冷下悬浮力衰减值更大。

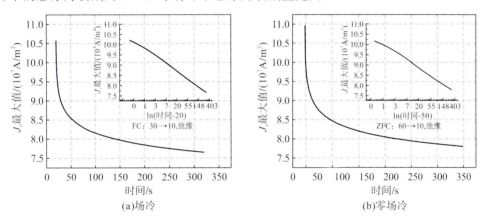

(a)场冷　　　　　　　　　　　　　　　(b)零场冷

图 3-24 z 方向电流密度最大值弛豫 300s 的衰减情况

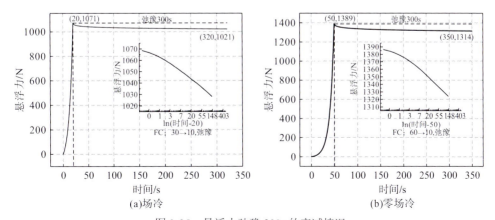

(a)场冷　　　　　　　　　　　　　　　(b)零场冷

图 3-25 悬浮力弛豫 300s 的衰减情况

3.4.2　动态

前述内容建立了准静态过程的电磁仿真模型并基于该模型分析了准静态悬浮特性。本节将在此基础上，介绍将运动方程引入该模型从而建立电磁振动模型的过程，并对高温超导体在应用外场中的非线性振动特性进行系统的分析。值得注意的是，动力学方程中作为刚度和阻尼项来源的悬浮力和导向力是基于电磁理论及有限元法实时计算得到的数值解，这一点与第 4 章将要介绍的采用悬浮力和导向力的拟合公式的方法不同。这里的方法具有更好的普适性但效率较低。

1. 振动微分方程

式 (3-177) 和式 (3-178) 分别表示磁浮系统垂向和横向上的振动微分方程：

$$m\ddot{y} + F_y - mg = f_y \tag{3-177}$$

$$m\ddot{x} + F_x = f_x \tag{3-178}$$

其中，$\ddot{y}$ 和 $\ddot{x}$ 分别为悬浮体在垂向和横向的加速度；m 为悬浮体质量；g 为重力加速度（取 9.8N/kg）；f_y 和 f_x 分别为悬浮体垂向（y 方向）和横向（x 方向）上加载的激励；F_y 和 F_x 分别为 y 和 x 方向的电磁力。

2. 永磁轨道激励源的等效表征形式

永磁轨道由永磁体沿着轨道纵向铺设而成。在永磁体拼接和安装的过程中，由于安装精度、环境温度和加工误差等因素的影响，不可避免地会产生错位、间隙、夹杂等缺陷，包括地面沉降隆起等现象引起的轨道宏观的起伏变化，决定了永磁轨道存在着几何不平顺。此外，永磁体本身也存在磁化不均匀现象，与几何不平顺共同作用，引起了轨道上方的磁场波动。图 3-26 展示了一段永磁轨道上方的几何偏差和磁场的实测值，可以看出两者之间在变化趋势上有一定的相似性。因此，为简化问题，可将振动系统的激励源等效为其中一种因素的影响。例如，很多研究中将引起系统振动的各种激励源统一用等效的轨道几何不平顺谱来表征。

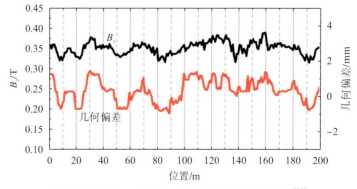

图 3-26　"Super-Maglev" 轨道不平顺测试结果[23]

由于目前尚没有用于描述永磁轨道表面磁场不平顺和几何不平顺的功率谱,一般采用铁路领域仿真计算中常用的美国六级谱来模拟永磁轨道的几何不平顺。美国六级谱中的轨道高低不平顺谱的表达式为

$$S_v(\Omega) = \frac{kA_v\Omega_c^2}{\Omega^2(\Omega^2 + \Omega_c^2)} \tag{3-179}$$

其中,$S_v(\Omega)$ 为轨道不平顺功率谱密度(cm²/(rad/m));Ω 为空间频率(rad/m);A_v 为粗糙度常数,一般取 0.0339(cm²·rad/m);Ω_c 为截断频率,一般取 0.8245(rad/m);k 为系数,一般取 0.25。

此外,结合永磁轨道的材料特征,用它的磁化强度谱作为激励源的统一表征形式是另一种可行的思路。科研人员对环形永磁轨道上方不同高度处的磁场进行了测试。测试方法为:固定测试点,低速转动轨道(3r/min),发现轨道旋转一圈其上方的磁场波动近似为一个正弦曲线,如图 3-27 所示。

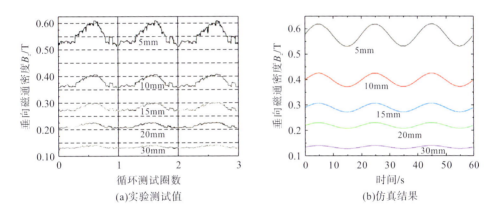

图 3-27 轨道上方垂向磁场波动

由图 3-27 可以看出,不同的高度处有不同的波动情况,且高度越高,磁场波动幅度越小,难以用统一的公式表达。而它们对应的永磁轨道磁化强度波动情况却是几乎一致的。因此,用轨道的磁化强度谱作为激励源的等效替代是合理且简单的。

3. 自由振动

若系统在振动过程中没有外部激励源,则称为系统的自由振动。如果超导块材原地悬浮在永磁轨道上方,或者在平顺的轨道上向前运行,此时施加一个初始的垂向扰动并立即撤去,则块材会在垂向上做自由振动,动力学拓扑结构如图 3-28 所示。

以如下研究工况为例:场冷高度 FCH=30mm,工作高度 WH=10mm。当超导体运动至工作高度处后,对其施加一个初始扰动(如初始速度),超导体将在扰动下进行自由振动。图 3-29 显示了在不同的初始速度 $v_0(v_0=0.05\text{m/s},0.1\text{m/s},0.3\text{m/s})$ 下,超导体振动过程中悬浮间隙变化值。从图 3-29 中不难发现,振动开始时,超导体下降速度最快,随着时间的推移,衰减幅值逐渐减小。

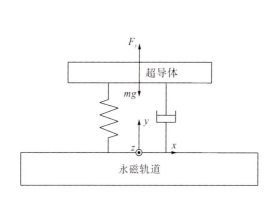

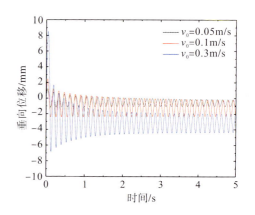

<table>
</table>

图 3-28　悬浮系统动力学模型　　　　图 3-29　不同初始速度 v_0 对应的自由振动响应

此外，超导体的垂向位移随 v_0 的增加而增大，这是由于 v_0 越大，超导体在运动过程中所经历的外部磁场变化越快，导致超导体中会感应出更高的屏蔽电流，进而提高超导体的局部温度，导致临界电流密度下降，进而引起悬浮力的损失，最终导致垂向悬浮漂移增大。

4. 受迫振动

若系统在振动过程中受到外部的激励，则称为系统的受迫振动。为测试系统的振动特性，脉冲型激励和正弦型激励是常用的测试激励源。

1) 脉冲型激励

脉冲型激励常被用来研究系统的固有频率。图 3-30(a) 给出了超导体从场冷高度 30mm 以 1mm/s 的速度向下运动到 10mm，然后在垂向施加持续时间为 1s 的脉冲激励，超导体的垂向位移随时间变化关系，其中脉冲激励幅值分别为 5N、10N、20N、40N、80N。从图 3-30(a) 中可以看出，超导体在脉冲激励下振动随时间变化曲线分为两个阶段：受激励阶段和激励卸载阶段。在施加脉冲激励阶段，超导体快速下降，当脉冲激励稳定后，超导体以较小的斜率下降；在脉冲激励卸载阶段，超导体恢复到新的稳定状态，并继续做简谐运动。从图 3-30(a) 中不难看出，随着脉冲激励的增大，超导体的垂向位移也随之增大，并且当激励卸载后，超导体恢复到的新平衡位置也发生变化。仿真结果表明，施加的脉冲激励增大，当激励卸载后，超导体的悬浮漂移量也相应增大。图 3-30(b) 给出了超导体固有频率随脉冲激励的变化曲线，从图中可以看出，随着脉冲激励增大，超导体垂直方向上的固有频率也随之增大。

总而言之，施加脉冲激励会导致悬浮体垂向发生悬浮漂移现象，激励幅值越大，悬浮漂移现象越明显。此外，垂直方向固有频率也随着激励幅值的增大而增大，这是因为在大幅值的脉冲激励作用下，超导块材工作高度较低，悬浮力较大，即刚度较大，导致固有频率也较大。当脉冲激励大于一定的数值时，悬浮系统的稳定性会被破坏，出现失超现象，因此在实际应用中应该控制脉冲激励的大小。

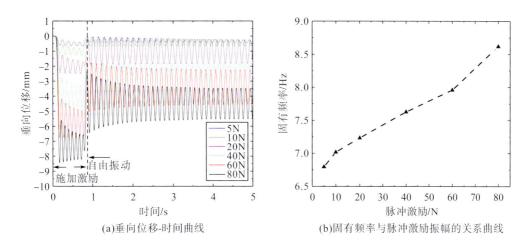

(a)垂向位移-时间曲线　　　　　　(b)固有频率与脉冲激励振幅的关系曲线

图 3-30　磁浮系统在不同振幅脉冲激励下的振动情况

2)正弦型激励

图 3-31 给出了超导体在激励幅值为 20N，不同激励频率下的悬浮体的垂向位移变化情况。当激励频率较小(0.5Hz，2Hz)时，从图 3-31(a)和(b)可以看出，超导体可以近似看成做周期运动。从图 3-31(c)可以看出，当激励频率增大至接近系统自由振动主振动频率 8Hz 时，悬浮系统发生共振，表现为超导体垂向位移大于 10mm，此时发生触轨，在实际中应尽量避免此频率附近的激励。从图 3-31(f)可以发现，当激励频率增大至磁浮系统的二倍频附近即 15Hz 左右时，系统会出现很强的"拍"现象。"拍"现象在物理学上的定义为当两列波的频率相近时，两列波会发生相互叠加，振幅发生变化。

对比不同激励频率下超导体垂向位移可以看出，激励频率增大，超导体垂向振动的振幅反而减小，此外超导体在简谐激励下振动中心存在明显的漂移现象。表 3-1 给出了不同激振频率下超导体的垂向悬浮漂移量，不难发现，磁浮系统在较低频和较高频区域振动过程中的垂向悬浮漂移量较小，具有较好的低频和高频抗振性能。

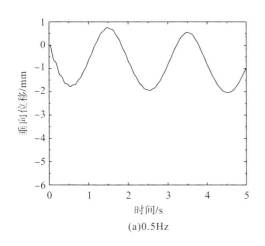

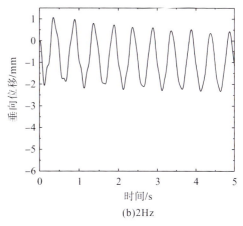

(a)0.5Hz　　　　　　　　　　　(b)2Hz

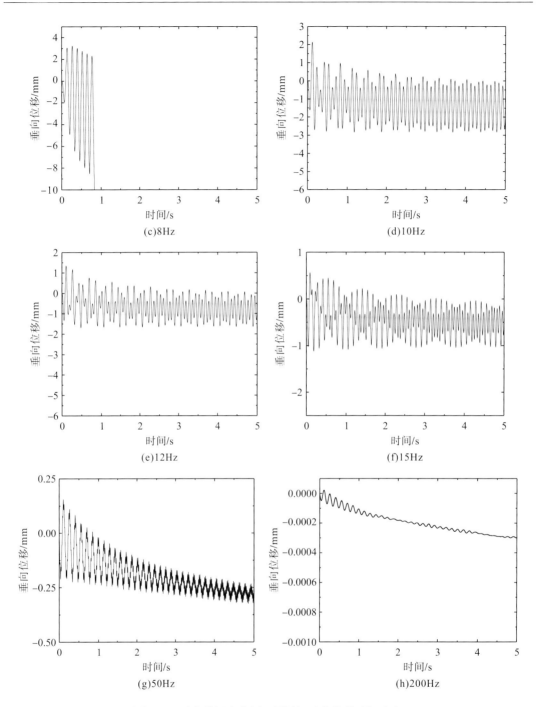

图 3-31　垂向激振力作用下悬浮间隙变化的时间响应

表 3-1　不同简谐激励频率下超导体的垂直悬浮漂移

简谐激励/Hz	0.5	2	8	12	15	50	200
垂向悬浮漂移量/mm	0.95258	1.004	10	0.78	0.464	0.277	0.0003

3) 轨道谱激励

此处采用永磁轨道激励源的轨道谱表征形式作为系统的外加激励,对其真实运行情况下的振动特性进行研究。轨道不平顺的数值计算方法有白噪声滤波法、二次滤波法、三角级数法和傅里叶逆变换法。对美国六级谱进行傅里叶逆变换即可得到时域不平顺信号。考虑到高温超导磁浮是面向高速的,因此计算中选取运行速度为 500km/h,空间波长选取 0.9~250m,轨道不平顺的时域模拟结果如图 3-32 所示。

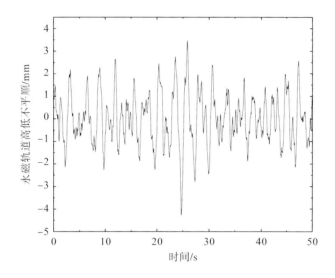

图 3-32　基于美国六级谱模拟得到的永磁轨道表面不平顺时域信号

分别仿真计算运行速度为 300km/h、400km/h、600km/h 和 800km/h 下的动力学响应,图 3-33 给出了不同运行速度下超导体在轨道不平顺激励下的垂向位移变化情况。从中可以看出,在轨道不平顺激励的扰动下,超导体最多下降 4mm,距离轨道表面依然存在 6mm 的间隙。同时,随着运行速度的增大,超导体的最大下降位移量依然为 4mm 左右,不会发生砸、碰轨道的危险,这也说明系统适合高速运行的情况。

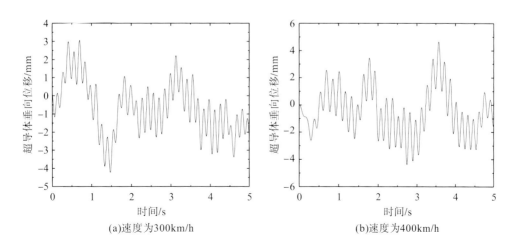

(a)速度为300km/h　　　　　　　　　(b)速度为400km/h

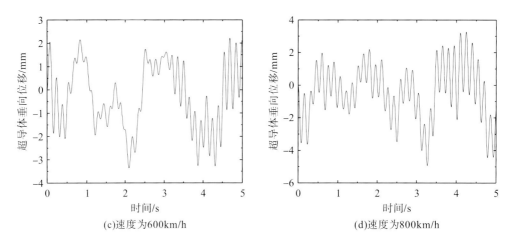

(c)速度为600km/h　　　　　　　　　　　　　(d)速度为800km/h

图 3-33　以不同速度通过轨道不平顺区段时悬浮系统的垂向振动

3.5　交流损耗引起的热效应

高温超导块材在振动过程中会经历外部磁场的交替变化，如果磁场变化幅度超过一个阈值，就会在块材内部发生磁通流动，引起交流损耗，从而将内部的电磁能转换为内能。交流损耗的产生增加了制冷系统的负担，若交流损耗能量不能及时被液氮带走，能量累积，就会导致超导块材局部温度升高，温升会引起材料临界电流密度降低，进而增大交流损耗，以此恶性循环往复最终导致超导块材局部温度进一步升高并发生扩散，导致超导块材大面积温度上升，宏观表现为悬浮力、导向力衰减。此现象在极端情况下可能诱发超导块材整体超导—局部失超—整体失超交替转变的风险，最终导致悬浮系统彻底失效，因此不得不对其进行细致的研究。超导块材内部温度的分布是很难测量的，往往采用多点打孔测温的方式，不具有全局性，且对研究对象的电流及温度分布产生干扰性影响。因此，构建电磁-热模型对其进行仿真研究成为一个重要的手段。

3.5.1　电磁-热耦合模型

如前所述，温度对超导电磁特性的影响主要表现为对临界电流密度的影响。描述临界电流密度与温度之间关系的方程主要有线性、非线性两种。

J_c-T 线性关系：

$$J_c(T) = J_{c0} \frac{T_c - T}{T_c - T_0} \tag{3-180}$$

J_c-T 非线性关系：

$$J_c(T) = J_{c0} \left[1 - \left(\frac{T}{T_c} \right)^2 \right]^{\alpha} \tag{3-181}$$

为了研究高温超导体在轨道不平顺下动态运行的温升效应，常采用 COMSOL 中的

PDE 模块与固体传热接口耦合对其进行研究。采用该模块的优势在于，可以灵活地改变边界条件从而模拟任意的磁场波动，并具有较好的收敛性。

在二维模型中，超导体内部温升及热量传导采用传统的热传导方程表示为

$$C_{\mathrm{p}}\frac{\partial T}{\partial t}-\lambda\left(\frac{\partial^2 T}{\partial x^2}+\frac{\partial^2 T}{\partial y^2}\right)=\boldsymbol{E}\cdot\boldsymbol{J} \tag{3-182}$$

其中，C_{p} 为超导体单位体积热容（J/(kg·K)）；λ 为超导体导热系数（W/(m·K)）；$\boldsymbol{E}\cdot\boldsymbol{J}$ 为超导体单位时间内的电磁损耗（W/m³），在磁-热耦合模型中作为热源输入。

由于超导块材在液氮中充分冷却至超导态，故超导体区域内初始温度 T_0 设为 77K。在系统运行过程中，超导块材与液氮间始终保持热量交换，因此对超导块材的几何边界采用对流热通量边界条件表示块材内部产生的热量向周围液氮扩散的过程，避免了对液氮流体的有限元模拟。对流热方程如下：

$$\lambda\frac{\partial T}{\partial n}+h(T-T_0)=0 \tag{3-183}$$

其中，n 垂直于块材表面；h 为超导块材与液氮间对流换热系数（W/(m²·K)）。

在电磁-热模型中，将进一步引入临界电流密度的温度效应，采用式(3-180)中的线性关系表示 J_{c} 与温度 T 的关系。此外，实验表明，高温超导体的导热系数 λ 存在各向异性，且与温度 T 有关。已有实验测得的超导材料热学参数曲线如图 3-34 所示。在计算中，相关热耦合参数及其取值如表 3-2 所示。

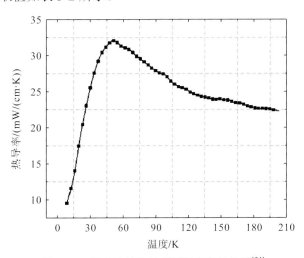

图 3-34 超导块材热导率随温度变化曲线[24]

表 3-2 磁-热耦合模型相关参数设定

符号	取值	名称
C_{p}	152J/(kg·K)	恒压热容
H	400W/(m²·K)	对流换热系数
T_0	77K	初始温度
T_{c}	92K	临界温度
P	6310kg/m³	块材密度

3.5.2　磁场波动频率对温升的影响

在正常的永磁轨道磁场波动幅值条件下，频率的改变对温升的影响约在 0.01T 量级。图 3-35 给出了当外磁场波动幅值 $B = 0.02$T 时，不同频率下（10Hz、20Hz、40Hz、60Hz）高温超导块材内部最高温度随时间的变化情况。前 80s 为准静态及弛豫过程，四组工况下计算结果完全相同。由 FCH 下降至 WH 过程中，由于受到的外磁场逐渐增大，超导块材内部磁通运动加快，温升逐渐增加，在第 20s 到达 WH 时所处外磁最大，磁通运动最剧烈，产生的热量达到最高。在经过一定时间弛豫后，块材内部磁通运动逐渐转变为微弱的磁通蠕动，温度逐渐下降至液氮环境温度。80～200s 为动态运行工况，在由准静态转变为动态工况瞬间，块材内部磁通运动突然加剧，使得温度迅速增大，但由于块材的导热性能较差，产生的热量无法及时散去，温度在短时间将处于累积状态，随着经历磁场波动周期的增加，块材内部磁通运动逐渐稳定，内部热量与液氮热交换达到平衡，块材内部温度不再上升并在某一范围内保持稳定波动。此外，随着磁场波动频率的增加，块材内部温度先快速上升后逐渐减缓至稳定，到达温升平衡点的时间也有所延长，这是因为在相同时间内经历的磁场波动周期增加，内部温度累积，但当磁场变化频率较高时，超导体产生的感应电流变化过快，无法迅速地穿入超导体内，因此产生的交流损耗和温升不再增加。从数值上看，不同外磁场变化频率下温度变化均非常小。由此可知，在相同幅值下，磁场波动频率的增加对超导块材温升特性的影响较小。

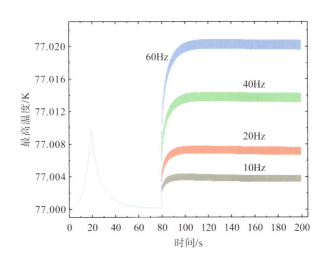

图 3-35　不同磁场波动频率下超导块材内部最高温度变化曲线

图 3-36 为块材在 10Hz、40Hz、60Hz 波动频率下不同时刻块材内部温度分布云图。在经历磁场波动初期，块材内部温度分布主要集中于底部和两侧，呈对称分布，这与超导体电流密度分布相同，在永磁轨道垂向磁场下，磁通线从超导体下表面及两侧逐渐向内部渗透，在边缘处磁通穿入穿出得越多，产生的交流损耗越大，温升越高，且随着时间推移逐渐向中间扩散。

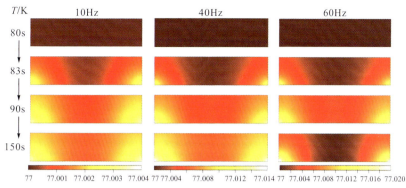

图 3-36 不同磁场波动频率下超导块材内部温度分布云图

图 3-37 给出了在整个运动过程中块材内部瞬时交流损耗功率及累积交流损耗随时间的变化曲线。在第 80s 经历磁场波动开始时，超导块材内的磁通变化率最大，块材内部瞬时损耗功率瞬间增大，随着时间的增加，逐渐衰减至稳定波动。磁场波动频率越高，瞬时交流损耗稳定波动的幅值越大，通过对瞬时交流损耗进行时间上的积分得出的累积交流损耗也越大。这也进一步说明超导体内部温度升高来源于能量损耗。

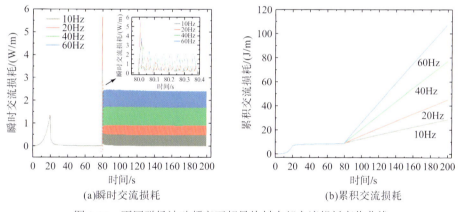

(a)瞬时交流损耗　　　　　　　　　　(b)累积交流损耗

图 3-37 不同磁场波动频率下超导块材内部交流损耗变化曲线

3.5.3 磁场波动幅值对温升的影响

由以上研究可知，在幅值较小的情况下，磁场波动频率的改变对温升的影响较小。因此，为探究幅值对温升的影响，可任取一个频率作为固定值，如选取磁场波动频率为 20Hz，探究不同磁场波动幅值对超导块材交流损耗的影响。

图 3-38 和图 3-39 分别为不同磁场波动幅值(0.02T、0.04T、0.06T、0.08T)下超导块材在动态运行过程中内部最高温度与瞬时交流损耗随时间的变化情况。在相同频率的波动外磁场激励下，磁场波动幅值越大，超导块材内部最高温度及瞬时交流损耗越大。在动态运行工况初期，由于外磁场波动幅值的增大，块材内产生的感应电流增加，内部磁通运动更加剧烈，从而导致交流损耗增加，块材内部温度快速升高。块材内部产生的热量越高，与液氮热交换达到平衡的时间越长，此后块材温度不再上升，内部磁通运动逐渐稳定。

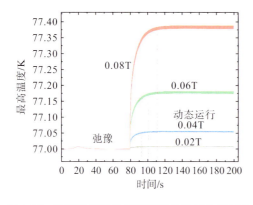

图 3-38　不同磁场波动幅值下超导块材内部最高
温度变化曲线

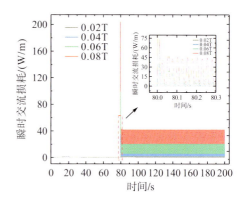

图 3-39　不同磁场波动幅值下超导块材瞬时交流
损耗变化曲线

表 3-3 给出了不同波动频率和幅值下超导块材内部温度达到平衡点时的最高温度。可以更加直观地看出，相比于波动频率的改变，磁场波动幅值是影响块材内部温升特性的重要因素。

表 3-3　不同波动频率和幅值下超导块材内部最高温度

磁场波动频率(0.02T)/Hz	10	20	40	60
不同磁场波动频率下最高温度/K	77.003	77.007	77.013	77.02
磁场波动幅值(20Hz)/T	0.02	0.04	0.06	0.08
不同磁场波动幅值下最高温度/K	77.007	77.053	77.17	77.38

不同外磁场波动幅值下高温超导块材动态悬浮力变化曲线如图 3-40(a)所示。第 80s 动态运行开始时刻各组工况下初始悬浮力相同。在动态运行过程中，随着磁场波动幅值的增加，悬浮力最大波动值相应增大。数据处理后的平均悬浮力如图 3-40(b)所示。从图中可以看出，在动态运行初期，悬浮力随波动幅值的增大下降明显，一段时间后趋于稳定。

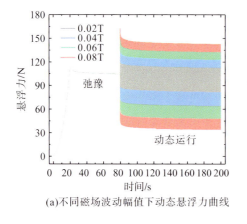

(a)不同磁场波动幅值下动态悬浮力曲线

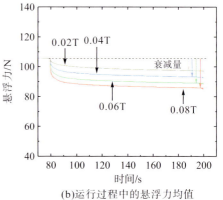

(b)运行过程中的悬浮力均值

图 3-40　不同磁场波动幅值下动态悬浮力响应

不同磁场波动幅值下的悬浮力变化情况如表 3-4 所示。当波动幅值为 0.02T 时，动态运行结束后悬浮力下降 8.1N；当波动幅值为 0.04T、0.06T、0.08T 时，悬浮力下降值分别为 12.2N、16N、19.9N，悬浮力衰减分别为 7.7%、11.6%、15.2%、18.9%。这与超导块材内部温度变化趋势相对应，块材内部温度的上升引起临界电流密度下降，临界电流密度越低，悬浮力越小，悬浮力衰减越明显。也应当指出，0.08T 的波动幅值是一个极端的计算工况，这相当于悬浮高度 10mm 的超导体连续受到了幅值 4mm 的外界激扰。

表 3-4　不同磁场波动幅值下动态运行期间悬浮力变化情况

磁场波动幅值/T	初始悬浮力/N	悬浮力波动值/N	最终悬浮力/N	衰减率
0.02	105.3	30.1	97.2	7.7%
0.04	105.3	58.3	93.1	11.6%
0.06	105.3	84.5	89.3	15.2%
0.08	105.3	109.1	85.4	18.9%

上述现象的原因可以归纳为：磁场波动幅值越大，块材内部磁通运动越剧烈，超导体内的能量损耗越多，将更多的电磁能转化为热能。如果热量不能被及时散发到液氮中，便会在块材内部积累，导致内部温度升高。温度的上升进一步导致临界电流密度下降，致使悬浮性能发生衰减。为了将悬浮力衰减控制在 10% 以内，可以采取如下措施：一是尽可能减小由安装工艺、车辆振动等因素引起的磁场波动；二是提升超导体的临界电流密度；三是对超导体进行预载；四是采用过冷液氮以降低超导体的温度。

3.6　本 章 小 结

本章从电磁学基本理论出发，介绍了高温超导磁浮系统电磁场控制方程的建立过程以及采用有限元法进行数值求解的流程。随后介绍了采用面电流法推导永磁轨道上方磁场分布的过程，为超导体电磁场控制方程提供了定解条件。然后基于洛伦兹力公式，求解悬浮导向力并对准静态悬浮特性进行了介绍，结合运动微分方程计算和分析了高温超导块材在各种外部激励下的动态响应。最后引入热传导模块，分析了块材在交变外场中的交流损耗引起的热效应。值得注意的是，本章采用的动力学求解方法是在有限元求解电磁力的基础上进行的，虽然具有一定的普适性且更能反映高温超导体的本质特征，但计算效率较低。因此，将拟合得到的悬浮力和导向力公式引入动力学方程从而进行动力学研究成为更高效的方法，尤其是在多自由度情况如整车的动力学计算上成为主流，这部分内容将在第 4 章展开。

参 考 文 献

[1] 郭硕鸿. 电动力学[M]. 北京: 高等教育出版社, 2008.

[2] 冯慈璋, 马西奎. 工程电磁场导论[M]. 北京: 高等教育出版社, 2000.

[3] 苟晓凡. 高温超导悬浮体的静、动力特性分析[D]. 兰州: 兰州大学, 2004.

[4] Bean C P. Magnetization of hard superconductors[J]. Physical Review Letters, 1962, 8(6): 250-253.

[5] Paul W, Hu D, Baumann T. Voltage-current characteristic between 10^{-13}V/cm and 10^3V/cm of BSCCO and time decay of the magnetization[J]. Physica C, 1991, 185-189(part 4): 2373-2374.

[6] 党巧红, 芦逸云, 张薇薇. 基于 FEPG 系统 HTS 块材磁浮数值计算[J]. 低温与超导, 2012, 40(9): 21-26.

[7] Yoshida Y, Uesaka M, Miya K. Magnetic field and force analysis of high -T_c superconductor with flux flow and creep[J]. IEEE Transactions on Magnetics, 1994, 30(5): 3503-3506.

[8] 马光同. 高温超导磁浮三维理论模型及其数值计算研究[D]. 成都: 西南交通大学, 2009.

[9] Sawamura M, Tsuchimoto M. Numerical analysis for superconductor in sheet and bulk form[J]. Japan Journal of Industrial and Applied Mathematics, 2000, 17(2): 199-208.

[10] Yang W, Feng Y, Zhou L, et al. The effect of the grain alignment on the levitation force in single domain YBa$_2$Cu$_3$O$_y$ bulk superconductors[J]. Physica C, 1999, 319(3-4): 164-168.

[11] Yokoyama K, Oka T, Fujishiro H, et al. Numerical analysis of bulk superconducting magnet magnetized by pulsed-field considering a partial difference of superconducting characteristics[J]. IEEE Transactions on Applied Superconductivity, 2008, 18(2): 1545-1548.

[12] Zhang M, Matsuda K, Coombs T A. New application of temperature-dependent modelling of high temperature superconductors: Quench propagation and pulse magnetization[J]. Journal of Applied Physics, 2012, 112(4): 043912.

[13] Zheng J, Chen N, Zhang W, et al. Modeling study on high-temperature superconducting bulk's growth anisotropy effect on magnetization and levitation properties in applied magnetic fields[J]. Superconductor Science and Technology, 2021, 34(3): 035011.

[14] Cheng Y, Zheng J, Huang H, et al. A reconstructed three-dimensional HTS bulk electromagnetic model considering J_c spatial inhomogeneity and its implementation in a bulks' combination system[J]. Superconductor Science and Technology, 2021, 34(12): 125017.

[15] Tsukamoto O, Yamagishi K, Ogawa J, et al. Mechanism of decay of trapped magnetic field in HTS bulk caused by application of AC magnetic field[J]. Journal of Materials Processing Technology, 2005, 161(1-2): 52-57.

[16] Yamagishi K, Asaba I, Sekizawa S, et al. AC losses in HTS bulk at various temperatures[J]. IEEE Transactions on Applied Superconductivity, 2005, 15(2): 2879-2882.

[17] Kim Y B, Hempstead C F, Strnad A R. Critical persistent currents in hard superconductors[J]. Physical Review Letters, 1962, 9(7): 306-309.

[18] Sass F, Sotelo G G, Junior R D A, et al. H-formulation for simulating levitation forces acting on HTS bulks and stacks of 2G coated conductors[J]. Superconductor Science and Technology, 2015, 28(12): 125012.

[19] 王勖成, 邵敏. 有限单元法基本原理和数值方法[M]. 北京: 清华大学出版社, 1997.

[20] 何光渝. Visual C++常用数值算法集[M]. 北京: 科学出版社, 2002.

[21] 王刚, 安琳. COMSOL Multiphysics 工程实践与理论仿真[M]. 北京: 电子工业出版社, 2012.

[22] Wang J S, Wang S Y, Zeng Y W, et al. The first man-loading high temperature superconducting maglev test vehicle in the world[J]. Physica C, 2002, 378-381(1): 809-814.

[23] Sun R X, Zheng J, Zheng B T, et al. Study on the magnetic field inhomogeneity of a Halbach permanent-magnet guideway due to different defects[J]. IEEE Transactions on Applied Superconductivity, 2016, 26(1): 3600107.

[24] Fujishiro H, Ikebe M, Naito T, et al. Phonon thermal diffusivity and conductivity of oxygen deficient YBa$_2$Cu$_3$O$_{7-x}$[J]. Physica C, 1994, 235(2): 825-826.

第4章　系统动力学

动力学是任何轨道交通从原理可行迈向工程化的关键前期研究。动力学是一个较为广泛的概念，基础方面包含振动力学、随机振动、非线性动力学等，专业方面如车辆动力学、柔性体振动等。动力学研究的目的在于能够探明系统的运动行为特征，为工程化发展与设计提供参考。本章从动力学基本理论出发，介绍超导钉扎磁浮系统运动微分方程与系统基本的悬浮力和导向力测量；介绍超导钉扎磁浮各自由度上的运动稳定性与独特的非线性振动现象；介绍车-轨耦合动力学的理论基础，并仿真分析超导钉扎车轨耦合动力学性能；介绍永磁轨道不平顺的特征与测量、不平顺功率谱估计与不平顺激励对车辆动力学的影响；拓展介绍超导钉扎磁浮动力学的相关实验与减振构想。

4.1　非线性振动

对于任意一个稳定的力学系统，如果它具有刚度与惯性，即有可能发生振动。对于一个力学系统，若由牛顿定律推导而来的运动微分方程中各阶次项均只乘以了一个固定的常数，则该力学系统为线性力学系统，如弹簧阻尼振子(图 4-1)的运动微分方程为

$$m\ddot{x} + c\dot{x} + kx = mg \qquad (4\text{-}1)$$

此系统由惯性力、阻尼力、刚度力和重力组成，每一项都与某一阶的运动参数呈线性关系。由于常微分方程理论的完善发展，线性系统基本可以得到解析解，结合线性系统具有叠加原理的特征，让其在大量工程计算中能快速、便捷地得到满意的结果。而实际工程力学系统中多数是由非线性系统简化而成的线性系统。

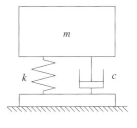

图 4-1　弹簧阻尼振子

非线性系统是微分方程中包含非线性项，即任何不能简化成常微分方程的系统。非线性系统具有以下特点：

(1)非线性系统振动响应会随着时间逐渐区别于其近似的线性系统；

(2)非线性系统可能存在多个平衡状态和周期振动(线性系统一般只存在一个)；

(3)非线性系统不满足叠加原理(线性系统满足)；

(4)非线性系统振动的频率一般与振幅相关(线性系统不相关)；

(5)即使是无阻尼的非线性系统，其共振时的响应并不会无限增加(线性系统会)；

(6)在一定频率的激励下，非线性系统可能存在多个响应频率(线性系统响应频率与激励保持一致)；

(7)非线性系统可能出现自激振动(线性系统则不会)。

近几十年来,计算机科学技术的迅猛发展,使得非线性振动问题得到了大量的研究,工程技术中的非线性振动问题也获得了越来越多的关注。

对于超导钉扎磁浮,由于其永磁轨道上方的磁场呈现指数分布,其钉扎力就是一个非线性力元。而钉扎磁浮系统可以在较大范围内振动,使得其拥有许多非线性振动现象。

4.1.1 悬浮导向力模型

YBCO 块材的磁捕获能力是实现悬浮系统自稳定悬浮特性的关键。纵向均匀永磁轨道实现了系统的纵向无阻运动,在这种情况下,永磁导轨的纵向磁场变化不大。在水平面上,由于磁场的高度非线性分布,根据式(4-1)中的洛伦兹力,Halbach 阵列 PMG 上力也是非线性的:

$$F = \int (J \times B) \mathrm{d}v \tag{4-2}$$

悬浮力和导向力如图 4-2 所示,超导钉扎磁浮系统的钉扎力具有明显的磁滞回线。基于麦克斯韦方程和洛伦兹力方程,可以采用有限元法对钉扎力进行数值模拟。有限元法的应用虽然能很好地反映钉扎力的大小,但也会耗费大量的计算资源[1]。在动态仿真特别是车辆动态仿真中,积分步长通常较短,求解时间较长,这就造成了大量的计算步骤,使得有限元法不适合这种计算。因此,对于大量的求解步骤,有必要提出几种更有效的数学模型。

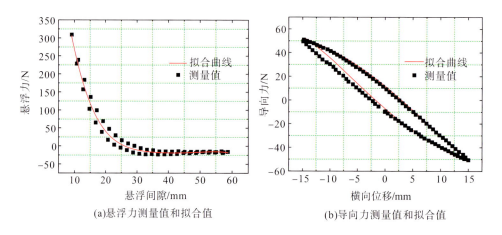

(a)悬浮力测量值和拟合值   (b)导向力测量值和拟合值

图 4-2 钉扎力测量数据

为简化系统的动态仿真,提出了拟合悬浮力和导向力数学模型,具体如下[2, 3]:

$$F_{\mathrm{lev}} = A_1 z \mathrm{e}^{\alpha z} + A_2 \mathrm{e}^{\alpha z} + A_3 \dot{z} \tag{4-3}$$

$$F_{\mathrm{gui}} = B_1 \sin(\beta y) + B_2 \dot{y} + B_3 \dot{y}^3 \tag{4-4}$$

其中，F_{lev} 为悬浮力；F_{gui} 为导向力；z 为悬浮间隙；y 为超导体横向位移；α、β、A_1、A_2、A_3、B_1、B_2、B_3 为拟合参数。简化后的力模型既能很好地拟合实验测量值，又能很好地反映其非线性特性。

在实际中，超导块材沿永磁轨道在二维空间中运动。以往的研究表明，悬浮力与 y 不解耦，导向力与 z 也不解耦。为了研究悬浮力和导向力的垂向-横向耦合效应，设计了实验，并提出了二维耦合模型：

$$
\begin{cases}
F_z = C_1 z \mathrm{e}^{\phi z} + C_2 y^2 + C_3 y^4 + C_4 \dot{z} \\
F_y = D_1 z \sin(\varphi_1 y) + z^{\varphi_2}(D_2 \dot{y} + D_3 \dot{y}^3)
\end{cases}
\tag{4-5}
$$

其中，ϕ、φ_1、φ_2、C_1、C_2、C_3、C_4、D_1、D_2、D_3 为拟合参数。图 4-3 和图 4-4 为实验测量值和式(4-5)的拟合值。图 4-3 为不同悬浮间隙下的数学模型和实验数据的悬浮力。图 4-4 为不同悬浮间隙下数学模型和实验数据的导向力。可以发现式(4-5)能较好地反映出钉扎磁浮系统的横垂向耦合特点[4]。

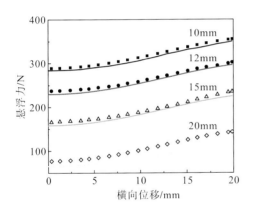

图 4-3　不同悬浮高度下的数学模型和
实验数据的悬浮力

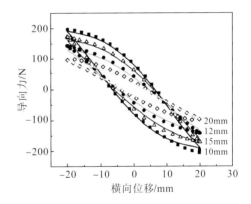

图 4-4　不同悬浮间隙下的数学模型和
实验数据的导向力

4.1.2　运动稳定性与自由振动

1. 运动稳定性

在完成了悬浮导向力数学模型的建立之后，下一步的研究重点是超导钉扎磁浮系统的运动稳定性。根据牛顿第三定律，运动微分方程为

$$
\boldsymbol{M}\ddot{\boldsymbol{x}} = \boldsymbol{F}_\mathrm{p} + \boldsymbol{F}_\mathrm{e}
\tag{4-6}
$$

其中，$\boldsymbol{M}$ 为质量矩阵；$\ddot{\boldsymbol{x}}$ 为系统加速度向量；$\boldsymbol{F}_\mathrm{p}$ 为钉扎力向量；$\boldsymbol{F}_\mathrm{e}$ 为外力向量。

首先考虑垂向悬浮的情况，将前述式(4-3)代入式(4-6)，考虑重力，则动力学系统方程为

$$
m\ddot{z} + A_1 z \mathrm{e}^{\alpha z} + A_2 \mathrm{e}^{\alpha z} + A_3 \dot{z} - mg = 0
\tag{4-7}
$$

并将其整理为范式可得

$$\begin{cases} \dot{z}_1 = f_1(z_1, z_2) = z_2 \\ \dot{z}_2 = f_2(z_1, z_2) = -A_1 z_1 \mathrm{e}^{\alpha z_1} - A_2 \mathrm{e}^{\alpha z_1} - A_3 z_2 + mg \end{cases} \tag{4-8}$$

其中，$z_1 = z$，$z_2 = \dot{z}$。方程组(4-8)的雅可比矩阵为

$$A_z = \left. \frac{\partial f_i(z)}{\partial z_i} \right|_{z=0} = \begin{bmatrix} 0 & 1 \\ -(A_1 + A_2\alpha + A_1\alpha z)\mathrm{e}^{\alpha z_1} & -A_3 \end{bmatrix} \tag{4-9}$$

且可知系统的平衡条件为 $\dot{z}_1 = \dot{z}_2 = 0$，设平衡位置为原点 $F_{\mathrm{lev}}(0) = mg$，则在平衡位置处的雅可比矩阵为

$$A_z = \left. \frac{\partial f_i(z)}{\partial z_i} \right|_{z=0} = \begin{bmatrix} 0 & 1 \\ -A_1 - A_2\alpha & -A_3 \end{bmatrix} \tag{4-10}$$

A_z 矩阵的特征方程为

$$\Delta(A_z - \lambda I) = \lambda^2 + A_3\lambda + (A_1 + A_2\alpha) = 0 \tag{4-11}$$

可知特征值为

$$\frac{-A_3 \pm \sqrt{A_3^2 - 4(A_1 + A_2\alpha)}}{2} \tag{4-12}$$

由于拟合系数均为非负常数，可知雅可比矩阵所有特征值均含有负实部，说明系统零解为渐近稳定的。

横向也采用相同的方法，其运动微分方程范式为

$$\begin{cases} y_1 = y_2 \\ y_2 = -B_1 \sin(\beta y_1) - B_2 y_2 - B_3 y_2^3 \end{cases} \tag{4-13}$$

其范式的雅可比矩阵为

$$A_y = \left. \frac{\partial f_i(y)}{\partial y_i} \right|_{y=0} = \begin{bmatrix} 0 & 1 \\ -B_1\beta \cos(\beta y_1) & -B_2 - 3B_3 y_2^2 \end{bmatrix} \tag{4-14}$$

中心位置为其平衡点，可得

$$A_y = \left. \frac{\partial f_i(y)}{\partial y_i} \right|_{y=0} = \begin{bmatrix} 0 & 1 \\ -B_1\beta & -B_2 \end{bmatrix} \tag{4-15}$$

同样可知雅可比矩阵所有特征值均含有负实部，说明系统零解为渐近稳定的。

此方法同样适用于横垂向耦合模型，基于式(4-5)中的耦合力模型，建立了单体的自由振动动力学模型，动力学方程如下：

$$m\ddot{z} + F_z(y, z) = mg \tag{4-16}$$

$$m\ddot{y} + F_y(z, y) = 0 \tag{4-17}$$

设 $x_1 = z$，$x_2 = \dot{z}$，$x_3 = y$，$x_4 = \dot{y}$，可转换为范式：

$$\begin{cases} \dot{x}_1 = x_2 \\ \dot{x}_2 = -a_1 x_1 \mathrm{e}^{\alpha x_1} + a_2 x_3^4 - a_3 x_3^2 - a_4 x_2 + a_5 \\ \dot{x}_3 = x_4 \\ \dot{x}_4 = -b_1 \sin(\beta_1 x_3) \cdot x_1 - b_2 (x_4 + x_4^3) \cdot x_1^{\beta_2} \end{cases} \tag{4-18}$$

其中，$a_1, a_2, a_3, a_4, a_5, b_1, b_2, \alpha, \beta_1, \beta_2 > 0$。

利用同样的方法可知耦合力模型的雅可比矩阵所有特征值均含有负实部，说明系统零解为渐近稳定的。

通过数值积分方程(4-8)和(4-19)可以获得垂向和横向的运动相图(图4-5)。对于垂向运动，系统则有一个稳定的焦点，且由于考虑了悬浮力的非线性特性，图4-5中的相轨线并不是一簇簇的椭圆，而是关于y轴并不对称的曲线簇。对于横向运动，系统有一个稳定的焦点和两个不稳定的鞍点。图4-5中灰色的区域为稳定区域，白色的区域为不稳定区域，可以发现系统垂向全域稳定，而横向偏移过大即容易失稳。

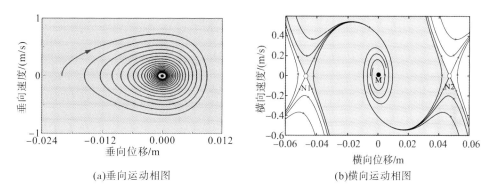

(a)垂向运动相图　　　　　　　　(b)横向运动相图

图 4-5　垂向运动相图[3]和横向运动相图[5]

对方程(4-17)进行数值积分，并给予系统一个初始横向速度，可以发现此时出现了垂向运动(图4-6)。由图可以看出，该系统的垂直运动是渐近稳定的，初始横向运动必然引起垂直运动。

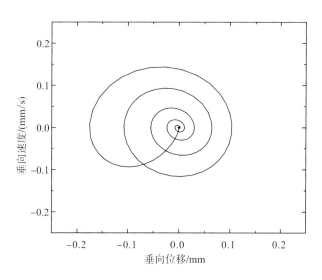

图 4-6　耦合模型垂向运动相图

2. 自由振动

这里将平衡位置设置在悬浮力为零处，故式(4-7)中 $A_2 = 0$。这里采用谐波平衡法来解此方程。为了便于计算，首先将式(4-7)在 $z = 0$ 处展开至两阶，并忽略系统中较小的阻尼项，有

$$\ddot{z} + \frac{A_1}{m}z + \frac{A_1\alpha}{m}z^2 = \ddot{z} + \omega_0^2 z + \mu z^2 = g \tag{4-19}$$

其中，设 $\omega_0^2 = A_1/m, \mu = A_1\alpha/m$。假设 $z(t)$ 为式(4-18)的解，并将其写成傅里叶级数的形式：

$$z(t) = a_1\cos(\omega t) + \sum_{n=2}^{p}\left[a_n\cos(n\omega t) + b_n\sin(n\omega t)\right] \tag{4-20}$$

这里取 $p = 2$ 已足够满足精度要求。将解即式(4-20)代入式(4-19)并配平等号两端相同谐波项的系数可得

$$\begin{aligned} &\omega_0^2 - \omega^2 + \mu a_2 = 0 \\ &a_2(\omega_0^2 - 4\omega^2) + \mu a_1^2/2 = 0 \\ &-4b_2\omega^2 + b_2\omega_0^2 = 0 \end{aligned} \tag{4-21}$$

运动开始瞬间悬浮体初速度为零，因此有方程(4-19)的初始条件为

$$z(0) = a_1 + a_2 = a, \quad \dot{z}(0) = 0 \tag{4-22}$$

其中，a 为细线剪断位置与坐标零点之间的距离(图4-8)。通过求解式(4-21)和式(4-22)，可知方程(4-19)的解可由式(4-23)给出：

$$\begin{aligned} &a_1 = a - a_2 \\ &a_2 = -\frac{1}{7\mu}\left(\mu a + 3\omega_0^2 - \sqrt{8\mu^2a^2 + 6\mu a\omega_0^2 + 9\omega_0^4}\right) \\ &b_2 = 0 \\ &\omega^2 = \omega_0^2 - \frac{1}{7}\left(\mu a + 3\omega_0^2 - \sqrt{8\mu^2a^2 + 6\mu a\omega_0^2 + 9\omega_0^4}\right) \end{aligned} \tag{4-23}$$

所以，式(4-20)、式(4-23)为式(4-7)所示非线性动力学模型自由振动的近似解析解。由式(4-22)可以看出，悬浮体自由振动频率不但与悬浮系统的自身参数 ω_0^2 和 μ 有关，还与外界参数有关，即悬浮体初始位移。对于线性系统，这种现象是不可能发生的，因为单自由度弹簧阻尼系统的自由振动频率与系统固有频率数值上相等，与外界因素无关。而对于非线性系统，具体到本节为垂向单自由度非线性振动，外界因素对系统会产生影响，这也是非线性系统区别于线性系统的一大特征。图4-7为系统自由振动的仿真和实验测量的频域响应图，与解析解相似，仿真与实验结果反映出在初始偏移较大时系统表现出明显的非线性，在悬浮模型响应中除主振动外还包含着次谐波，其中以二次谐波较为明显。自由振动下，二次谐波的幅值要小于主振动的幅值，频率为主振动频率的2倍。除此之外，当初始偏移较小时，悬浮模型振动幅值也较小，且二次谐波不是很明显；当初始偏移较大时，主振动和二次谐波都更为明显。这也表明只有当振幅很小时，系统可以近似认为是线性的，

当振幅较大时这种假设便不再成立了。

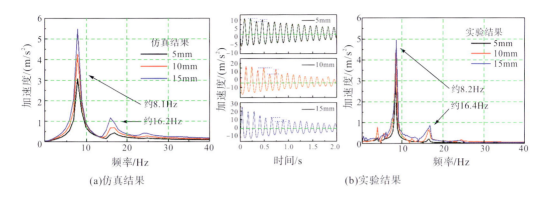

(a)仿真结果　　　　　　　　　　　　　　　　　(b)实验结果

图 4-7　不同初始偏移下模型的频域响应仿真结果和实验结果

　　图 4-8 为实验流程及振动过程中块材内部超导电流分布(基于 Bean 模型)。细线剪断后，模型向下运动，新产生的反向超导电流依然是先从外部开始不断向内扩散，随后的振动过程也是如此。这表明系统开始时会有较大的不规则的振动响应，等随后电流变化逐渐规律，系统振动响应也逐渐规律。

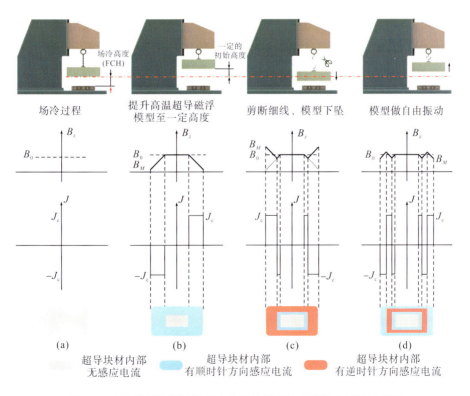

图 4-8　实验流程及振动过程中块材内部超导电流分布情况示意图

4.1.3 受迫振动

运动稳定性决定了系统运动的安全范围,而系统的受迫振动响应特性为系统在外界激励下的行为提供了依据。由于在大运动中钉扎力是高度非线性的,系统的动态响应表现出许多非线性现象。

将前述式(4-3)代入式(4-6),考虑重力和外激励,将平衡位置设置在悬浮力为零处,则动力学系统强迫运动方程则为

$$m\ddot{z} + A_3\dot{z} + A_1 z e^{\alpha z} + ma(2\pi f)^2 \cos(2\pi ft) = 0 \tag{4-24}$$

强迫振动方程(4-24)可化为下述自治的一阶微分范式:

$$\begin{cases} \dot{z}_1 = z_2 \\ \dot{z}_2 = -\dfrac{1}{m}[A_3 z + A_1 z_1 e^{\alpha z} + ma(2\pi f)^2 z_3] \\ \dot{z}_3 = z_4 \\ \dot{z}_4 = C z_3 \end{cases} \tag{4-25}$$

图 4-9 为当激振频率取 7Hz,激励幅值分别取 2mm、7.2mm、8.44mm 时的数值计算结果的运动相图与庞加莱截面。结果表明不同激励幅值下,系统强迫振动行为具有完全不同的特点。当激励幅值取较小的 2mm 时,由图 4-9(a)可以看出系统做周期运动,但当激励幅值增大至 7.2mm 时,由图 4-9(b)可以看出此时的振动不再是一次往复运动为一个周期。相邻的两次往复运动构成了一个新的周期运动,而新周期运动的周期为之前的 2 倍,这种现象称为倍周期分岔。

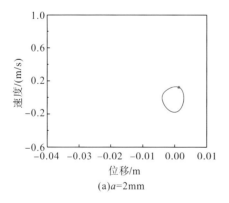 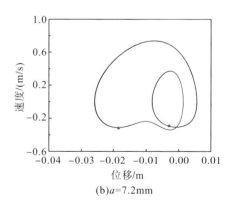

图 4-9　不同激励幅值下系统强迫振动响应[6]

将不同激励幅值下的庞加莱截面汇总,可以更为直观地观察系统随着外界激励幅值增加出现的分岔现象(图 4-10)。可以发现,当激励幅值较小时,系统庞加莱截面重合,即呈准周期运动;随着激励幅值的增加,系统响应发生了分岔,由一个点分岔为了两个点,并逐渐扩大差距;继续增加激励,可以发现系统响应会再次分岔并最终进入混沌。

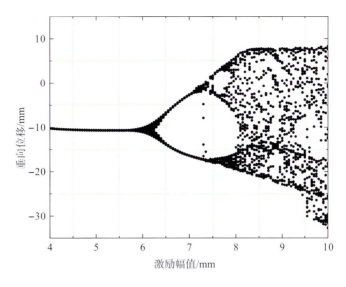

图 4-10　倍周期分岔现象(庞加莱截面随激励幅值的变化)

在不同频率激励下，超导钉扎磁浮存在两个共振区域：第一个共振区域的频率与系统自身固有频率相等；第二个共振区域的频率是第一个共振区域频率的 2 倍，系统在这一区域内发生倍周期分岔，并有 1/2 亚谐共振现象出现。观察图 4-11 中曲线并不能给出哪个共振区域系统动态响应更剧烈的判断，可以知道的是系统阻尼对抑制悬浮体振动，尤其是第二个共振区域的振动效果十分显著。

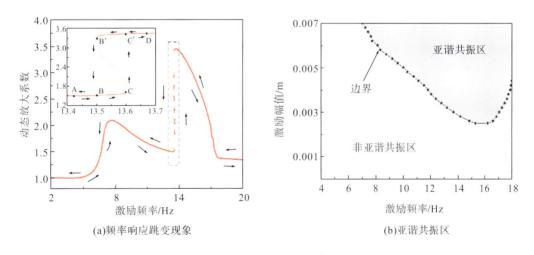

(a)频率响应跳变现象　　　　　　(b)亚谐共振区

图 4-11　亚谐共振现象

同样，不同频率下悬浮系统响应不同，且发生共振的频率不止一个。通过对不同激励频率下响应幅值的大量计算和分析，可以得到如图 4-11(a)所示曲线。从图中可以发现，当垂向激励强度较低时，悬浮系统最大响应频率接近固有频率，但稍微偏低；随着激励强度的增加，最大响应频率逐渐降低，在 2 倍固有频率附近出现响应峰值，但比固有频率附近的峰值低；且在固有频率和 2 倍固有频率附近的峰值出现了跳跃现象，即峰值随着激励频率的增加突然出现，这意味着在临界固有频率附近十分危险。为了总结激励频率与幅值同这些现象发生之间的关系，这里进行了大量的仿真计算，绘制了如图 4-11(b) 所示的激励频率-激励幅值平面下的超亚谐共振区域，平面被边界曲线划分为两个区域，其中满足阴影部分条件的外界激励会导致亚谐共振的发生。

4.2 车辆-轨道耦合动力学理论基础

4.2.1 多刚体系统动力学基础知识

1. 多自由度系统的振动

工程中部分振动问题可以简化成一个单自由度系统进行分析，但大部分的振动问题都是多自由度的振动且无法简化。不同于单自由度系统，多自由度系统具有多个固有频率，其相关振动问题也更为复杂。

对于一个 n 自由度的线性系统，一般可以用 n 个二阶常微分方程组进行描述，而常微分方程具有完全独立的微分项，所以其运动微分方程组可以写成矩阵的形式：

$$M\ddot{x} + C\dot{x} + Kx = F \tag{4-26}$$

其中，x 为运动矢量；M 为质量矩阵；F 为激励矢量。它们分别为

$$x = \begin{bmatrix} x_1 \\ \vdots \\ x_n \end{bmatrix}, \quad M = \begin{bmatrix} m_1 & & \\ & \ddots & \\ & & m_n \end{bmatrix}, \quad F = \begin{bmatrix} F_1(t) \\ \vdots \\ F_n(t) \end{bmatrix} \tag{4-27}$$

此外，C 为阻尼系数矩阵；K 为刚度矩阵。式 (4-26) 的解可以表示为

$$\begin{bmatrix} x_1 \\ \vdots \\ x_n \end{bmatrix} = \begin{bmatrix} A_1 \\ \vdots \\ A_n \end{bmatrix} \cos(\omega t + \varphi) \tag{4-28}$$

对于式 (4-26)，其无阻自由振动拥有多个解，这些解拥有不同的频率，均称为固有频率。最低频率称为第一阶固有频率 (也称为基频)，第二低频率称为第二阶固有频率、第 n 个频率称为第 n 阶固有频率。因此，式 (4-28) 中的频率 ω 也有多个不同的值，同理幅值矢量 A 也有多个不同的值，称为主振型。由于线性系统服从叠加原理，其振动振型可能是多个主振型的组合。

对于多自由度非线性系统，其往往难以得到精确解。但其分析方法与一维非线性系统类似，即将 n 个二阶微分方程组表示为 $2n$ 个一阶微分方程组。多自由度非线性会存在一些独特的现象：

(1) 内共振。当系统的两固有频率存在公约数时，两个模态会发生强烈的耦合振动，振动频率在两个固有频率之间不停切换。

(2) 饱和现象。在系统处于受迫振动并存在内共振时，开始其中一个模态强烈振动而

另一个模态几乎没有，但随着外激励的增加，前一模态的振动发生饱和并将增加的能量注入后一个模态。

2. 广义坐标与第二类拉格朗日方程

广义坐标是描述系统构型所需的独立参数或最少参数。在分析一些问题时(特别是当有很多约束时)，尽量选择独立的广义坐标，因为它减少了表示约束的变量的数量。然而，当遇到非完整约束时，或者当计算约束时，必须使用关于约束的相应的广义坐标。

例如，一个质点 M 存在于二维空间中，它的自由度也为 2 个，此时描述其位置至少需要 2 个坐标量 (x, y)。但若质点被限定只能在曲线

$$f(x, y) = 0 \tag{4-29}$$

上运动，可由此得到

$$y = y(x) \tag{4-30}$$

此时质点就完全由 x 这个独立的参数确定，它具有一个自由度。这样描述质点在空间中位置的独立参数称为广义坐标。

对于 n 个刚体组成的系统，在未受到任何约束下存在 $6n$ 个自由度。在受到 s 个完整的约束下，则其在空间中 $6n$ 个坐标便不再是独立的，其独立的坐标函数变为 $6n-s$ 个，这样的系统的广义坐标就有 $6n-s$ 个。

假设一个质点系有 n 个广义坐标，表示为

$$M = M(x_1, x_2, \cdots, x_n, t) \tag{4-31}$$

其中，$x = (x_1, x_2, \cdots, x_n)$ 为广义坐标；t 为时间。

这里引入拉格朗日函数(又称动势)：

$$L = T - V \tag{4-32}$$

其中，T 为系统动能；V 为系统势能。通过对广义坐标两边平方并交换求导次序可以得到

$$\frac{\mathrm{d}}{\mathrm{d}t}\left(\frac{\partial L}{\partial \dot{x}_i}\right) - \frac{\partial L}{\partial x_i} = 0 \tag{4-33}$$

其中，$i = 1, 2, \cdots, n$

式(4-33)即称为第二类拉格朗日方程。第二类拉格朗日方程在功能上等同于牛顿第二定律，但在广义坐标中难以直接采用牛顿第二定律，而广义坐标下第二类拉格朗日方程则大大简化了多自由度系统的运动方程的建立。

4.2.2　车辆系统动力学模型

车辆系统动力学模型往往会简化为多个弹簧阻尼和铰接约束链接的多刚体系统，其模型建立过程也基本与多刚体系统的运动微分方程一致。这里以一个由两个悬浮架，每个悬浮架 12 个杜瓦的超导钉扎磁浮车辆垂向动力学模型(图 4-12)为例进行介绍。

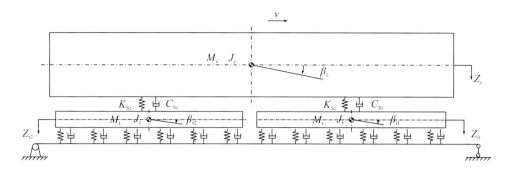

图 4-12　车辆垂向动力学模型拓扑图

由此可以推导出各弹性部分的受力情况。

二系悬挂垂向力 $(i=1, 2)$：

$$F_{zti} = K_{sz}\left[Z_c + (-1)^{i-1}\beta_c l_c - Z_{ti} \right] + C_{sz}\left[\dot{Z}_c + (-1)^{i-1}\dot{\beta}_c l_c - \dot{Z}_{ti} \right] \tag{4-34}$$

垂向悬浮力 $(i=1, 2; \ j=1, 2,\cdots, 6)$

$$F_{zfij} = \left[A(Z_{ti} + \beta_{ti} l_{tj} - Z_{gij}) + M_{tg} \right] \cdot e^{\beta(Z_{ti} + \beta_{ti} l_{tj} - Z_{gij})} \tag{4-35}$$

其中，F_{zti} 为二系悬挂左、右垂向力 $(i=1, 2)$；F_{zfij} 为第 i 个悬浮架的第 j 个杜瓦所受悬浮力 $(i=1, 2; \ j=1, 2,\cdots, 6)$；$Z_{gij}$ 为第 i 个悬浮架的第 j 个杜瓦所在位置对应的轨道梁垂向位移 $(i=1, 2; \ j=1, 2,\cdots, 6)$；$l_c$ 为车辆定距之半；l_{tj} 为第 j 个杜瓦距其所在悬浮架中心的纵向距离 $(j=1, 2,\cdots, 6)$，其数值带有正负号；这里超导块材提供的悬浮力采用第 2 章建立的非线性模型，因此显然悬浮力刚度不是常量。

至此，根据上述各方程和牛顿定律，可以得到车辆各部件的运动微分方程。

(1) 车体浮沉运动微分方程：

$$M_c\ddot{Z}_c + \sum_{i=1}^{2}\{K_{sz}[Z_c + (-1)^{i-1}\beta_c l_c - Z_{ti}] + C_{sz}[\dot{Z}_c + (-1)^{i-1}\dot{\beta}_c l_c - \dot{Z}_{ti}]\} = 0 \tag{4-36}$$

(2) 车体点头运动微分方程：

$$J_c\ddot{\beta}_c + \sum_{i=1}^{2}l_c \cdot \{K_{sz}[Z_c + (-1)^{i-1}\beta_c l_c - Z_{ti}] + C_{sz}[\dot{Z}_c + (-1)^{i-1}\dot{\beta}_c l_c - \dot{Z}_{ti}]\} = 0 \tag{4-37}$$

(3) 前悬浮架浮沉运动微分方程：

$$M_{t1}\ddot{Z}_{t1} + \sum_{j=1}^{6}F_{zf1j} - K_{sz}(Z_c - \beta_c l_c - Z_{t1}) - C_{sz}(\dot{Z}_c + \dot{\beta}_c l_c - \dot{Z}_{t1}) = M_t g \tag{4-38}$$

(4) 前悬浮架点头运动微分方程：

$$J_{t1}\ddot{\beta}_{t1} + \sum_{j=1}^{6}l_{tj} \cdot F_{zf1j} = 0 \tag{4-39}$$

(5) 后悬浮架浮沉运动微分方程：

$$M_{t2}\ddot{Z}_{t2} + \sum_{j=1}^{6}F_{zf2j} - K_{sz}(Z_c - \beta_c l_c - Z_{t2}) - C_{sz}(\dot{Z}_c + \dot{\beta}_c l_c - \dot{Z}_{t2}) = M_t g \tag{4-40}$$

（6）后悬浮架点头运动微分方程：

$$J_{t2}\ddot{\beta}_{t2} + \sum_{j=1}^{6} l_{tj} \cdot F_{ztij} = 0 \tag{4-41}$$

其中，g 为重力加速度常数，恒等于 $9.81\mathrm{m/s}^2$。

　　对于列车动力学，用三辆车来进行列车动力学研究就已足够。图 4-13 为列车动力学拓扑图，列车包含头车、中间车、尾车共计三辆，每辆车与 4.2.1 节相似，由空气弹簧、悬浮架等部件组成，车辆间依靠车钩连接。相关动力学方程与单辆车类似，这里不再列出。

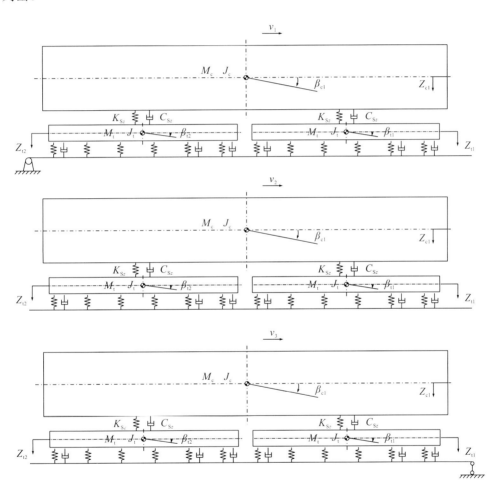

图 4-13　列车垂向动力学模型拓扑图

4.2.3　柔性梁系统动力学模型

　　磁浮线路上的轨道梁一般为均质等截面单跨简支梁或均质等截面等跨距两跨连续梁。对于桥梁这种细长的柔性体，Euler-Bernoulli 梁理论能简单并较为准确地描述轨道梁的振动响应。

1. 单跨简支梁动力学模型

由弹性梁的振动理论，可以得到简支梁垂向受迫振动微分方程为

$$EI\frac{\partial^4 z_b(x,t)}{\partial x^4} + m_b\frac{\partial^2 z_b(x,t)}{\partial t^2} + c_b\frac{\partial z_b(x,t)}{\partial t} = \sum_{i=1}^{2}\sum_{j=1}^{6}\sum_{k=1}^{3}P_{zijk}\delta(x-x_{wijk}) \tag{4-42}$$

其中，EI 为梁的垂向抗弯刚度；$z_b(x,t)$ 为桥梁的垂向位移；m_b 为梁的线密度；c_b 为梁的阻尼；P_{zijk} 为第 k 辆车的第 i 个悬浮架的第 j 个杜瓦对梁的垂向力；x_{wijk} 为第 k 辆车的第 i 个悬浮架的第 j 个杜瓦的纵向坐标。$\delta(\cdot)$ 为 Dirac 函数，其表达式为

$$\delta(x-x_{wijk}) = \begin{cases} 1, & x-x_{wijk}=0 \\ 0, & x-x_{wijk}\neq 0 \end{cases} \tag{4-43}$$

应用分离变量法，采用正则振型函数及其正则坐标表示轨道梁垂向位移为

$$z_b(x,t) = \sum_{n=1}^{NM}Z_{bn}(x)q_{bzn}(t) \tag{4-44}$$

其中，$q_{bzn}(t)$ 为轨道梁垂向的正则坐标；$Z_{bn}(x)$ 为轨道梁垂向的正则振型函数；NM 为轨道梁垂向振动在数值计算中考虑的最高模态阶数。

运用 Dirac 函数的性质和正则振型的正交性，可以将轨道梁垂向振动四阶偏微分方程化为关于正则振型坐标的二阶常微分方程：

$$\ddot{q}_{bzn}(t) + 2\xi_n\sqrt{\frac{EI}{m_b}}\left(\frac{n\pi}{l_b}\right)^2\dot{q}_{bzn}(t) + \frac{EI}{m_b}\left(\frac{n\pi}{l_b}\right)^4 q_{bzn}(t) = \sum_{i=1}^{2}\sum_{j=1}^{6}\sum_{k=1}^{3}P_{zijk}Z_{bn}(x) \tag{4-45}$$

其中，ξ_n 为第 n 阶模态阻尼比；l_b 为轨道梁的跨度。根据简支梁的边界条件，可以取简支梁的正则振型函数为

$$Z_{bn}(x) = \sqrt{\frac{2}{m_b l_b}}\sin\left(\frac{n\pi}{l_b}x\right) \tag{4-46}$$

式(4-44)~式(4-46)组成了简支梁垂向受迫振动的数学模型。

2. 两跨连续梁动力学模型

由梁的振动理论，对均质等截面等跨距两跨连续梁，一般有

$$z_b(x,t) = \sum_{n=1}^{NM}Z_{bn}(x)q_{bzn}(t) \tag{4-47}$$

其中，轨道梁的正则阵型函数 $Z_{bn}(x)$ 为

$$Z_{bn}(x) = \begin{cases} \sin\dfrac{(n+1)\pi x}{2l_b}, & n\text{为奇数} \\[3mm] \sin\dfrac{k_n x}{l_b} - \dfrac{\sin k_n}{\sinh k_n}\sinh\dfrac{k_n x}{l_b}, & n\text{为偶数且}0\leqslant x\leqslant l_b \\[3mm] \sin\dfrac{k_n(2l_b-x)}{l_b} - \dfrac{\sin k_n}{\sinh k_n}\sinh\dfrac{k_n(2l_b-x)}{l_b}, & n\text{为偶数且}l_b<x\leqslant 2l_b \end{cases} \tag{4-48}$$

k_n 为两跨连续梁特征方程 tanh k_n = tan k_n 的解，因此有 k_n = 3.93, 7.07, 10.21, 13.35, 16.49, 19.64,…。

由梁的模态正交性可以得到两跨连续梁受迫振动微分方程为

$$\ddot{q}_{bzn}(t) + 2\xi_n\omega_n\dot{q}_{bzn}(t) + \omega_n^2 q_{bzn}(t) = \frac{1}{M_n^2 m_b l_b}\sum_{i=1}^{2}\sum_{j=1}^{6}\sum_{k=1}^{3}P_{zijk}Z_{bn}(x) \tag{4-49}$$

其中，两跨连续梁的固有频率可由式(4-50)表示：

$$\omega_n = \begin{cases} \left[\dfrac{(n+1)\pi}{2l_b}\right]^2\sqrt{\dfrac{EI}{m_b}}, & n\text{为奇数} \\[4mm] \left(\dfrac{k_n}{l_b}\right)^2\sqrt{\dfrac{EI}{m_b}}, & n\text{为偶数} \end{cases} \tag{4-50}$$

式(4-49)中 M_n^2 可由式(4-51)计算得到：

$$M_n^2 = \int_0^{2l_b} Z_{bn}^2(x)\mathrm{d}x \tag{4-51}$$

至此，便得到了由式(4-37)～式(4-39)组成的两跨连续梁垂向受迫振动的动力学模型。联立求解磁浮车动力学模型与轨道梁动力学模型(简支梁模型)，即可得到车辆与轨道梁的动力响应。

对于跨度较小的梁，考虑剪切变形的影响，Euler-Bernoulli 梁理论便不再适用，可以采用 Timoshenko 梁理论(在 Euler-Bernoulli 梁理论增加了剪切的影响)。

3. 有限元模态计算

对于柔性桥梁，有多种理论模型。引入 Euler-Bernoulli 梁和 Timoshenko 梁理论，结合模态叠加法建立柔性桥梁仿真模型。Euler-Bernoulli 梁和 Timoshenko 梁的计算速度都很快，可以用来计算长时间的运行工况。为了得到更精确的计算结果，可以采用有限元法进行精确建模仿真计算。有限元法计算虽然精确，但系统的自由度增加了几个数量级。轨道越长，计算量就越大。因此，Euler-Bernoulli 梁和 Timoshenko 梁适用于长期运行模拟，而有限元梁适用于短期运行模拟。而随着计算机的发展，有限元法也更多地运用在车-轨耦合动力学仿真中。

4.3　车-轨耦合动力学仿真

超导钉扎磁浮列车从实验室走向工程化应用的过程必然少不了对其动力学性能的研究，根据现有磁浮车辆的发展经验，车辆很可能会在高架桥梁上封闭运行，由高架桥的弹性形变和轨道不平顺引起的激振会导致车辆和桥梁发生耦合振动，车辆运行平稳性和安全性遇到挑战。另外，磁浮运营线路必然会涉及曲线通过问题，车辆高速运行下通过曲线线路时受到离心力的作用易发生侧翻、平稳性下降等问题，曲线通过性能是评价车辆动力学性能的一个关键指标。随着计算机的发展，轨道交通车辆动力学仿真已经可以和实测结果较好吻合，可以说动力学仿真已经是一个评判车辆动力学性能的得力工具。

4.3.1　车-轨耦合动力学模型

目前超导钉扎磁浮车辆仍处于实验室研究阶段，尚无成熟的商业运营车辆方案，但为了从动力学角度探究可行性，车辆结构参数参考试验样车[7]，利用商业软件进行仿真研究（图 4-14）。在建立车辆动力学模型时做出如下基本假定：①车体、悬浮架、杜瓦装置均视为刚体；②不考虑车辆和桥梁的纵向运动。列车由头车、中间车和尾车三节车编组，每节车厢由两个悬浮架支撑，悬浮架分为上下两层，上层通过两个空气弹簧和车体连接，下层悬浮架与杜瓦之间由缓冲装置进行连接，上下层悬浮架之间可以沿着 z 轴转动，利于车辆在曲线线路上运行。每个转向架上连接有 24 个车载杜瓦，杜瓦底部布置有高温超导块材。高温超导块材安装在杜瓦底部，车辆运行的电磁力以分布力形式均布于杜瓦底部，在实际的计算研究中，为了提高计算效率通常将其简化为作用于杜瓦底面中心的集中力处理。将每个悬浮架上安装的车载杜瓦所受的电磁力简化为一个垂直杜瓦底面方向上的悬浮力和一个与杜瓦底面平行的导向力，每节车辆上共受到 48 个悬浮力和 48 个导向力，悬浮力和导向力的大小方向采用 4.1 节提到的悬浮力和导向力数学模型计算得到（图 4-15）。对于车-桥耦合动力学模型，不考虑车辆系统的纵向自由度，每节车辆的车体、悬浮架和杜瓦考虑包括沉浮、横移、点头、摇头及侧滚运动，共计 135 个自由度，列车共 405 个自由度，杜瓦与转向架之间有缓冲装置连接，如表 4-1 所示。

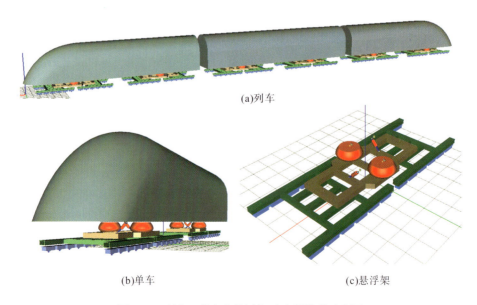

(a)列车

(b)单车　　　　　　　　　　　(c)悬浮架

图 4-14　列车、单车和悬浮架动力学模型示意图

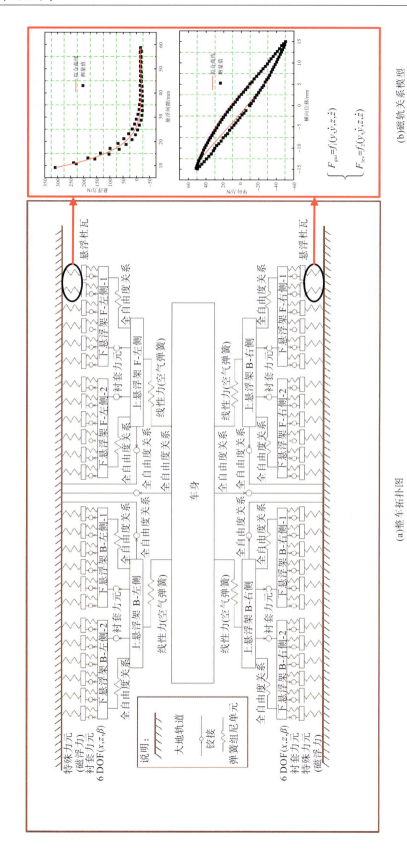

图 4-15　动力学结构拓扑图

表 4-1 列车系统自由度

自由度	沉浮	横移	点头	摇头	侧滚	备注
车体	z_c	y_c	ϕ_c	ψ_c	θ_c	
悬浮架	z_{bi}	y_{bi}	ϕ_{bi}	ψ_{bi}	θ_{bi}	$i=1,2$
杜瓦	z_{dj}	y_{dj}	ϕ_{bj}	ψ_{bj}	θ_{bj}	$j=1,2,\cdots,6$

4.3.2 车辆运行平稳性

在实际运行过程中,车辆除了受到来自轨道梁的弹性振动之外,另一个主要的激扰来自轨道不平顺。与轮轨车辆不同,磁浮车辆运行在永磁轨道上,永磁轨道由多块永磁体拼接安装组成,在加工和安装过程中会不可避免地出现永磁体加工误差、安装误差造成永磁轨道几何不平顺,同时,永磁体的磁场大小、磁化方向等差异也会产生磁场不均匀,永磁轨道的不平顺激励主要由二者共同构成。通过测量超导钉扎磁浮环形试验线"Super-Maglev"的永磁轨道不平顺,得到其不平顺幅值在±2mm 范围波动(在 4.4 节进行详细描述)。由于目前尚无建成的超导钉扎磁浮线,缺乏长距离永磁轨道不平顺样本数据,目前的用于动力学计算的轨道谱暂时参考上海高速常导磁浮。本计算结合对既有永磁轨道的测量,建立了轨道不平顺谱[8](图 4-16)。

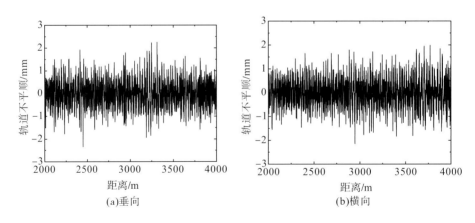

(a)垂向   (b)横向

图 4-16 超导钉扎磁浮垂向和横向轨道不平顺谱

首先计算不同运行速度下杜瓦的振动响应和车体在图 4-16 轨道随机不平顺下的振动响应。杜瓦的结果数据可以评价轨道撞击的风险,而车体数据可以评价其平稳性。由于工况多、仿真时间长,这两部分仿真均未采用柔性桥梁模型。仿真模拟的场冷高度设定为30mm,悬浮间隙设定为 10mm(超导体高出永磁导轨 13mm,杜瓦壁厚约 3mm)。在本次模拟中测试了四种运行速度,分别为 100km/h、300km/h、600km/h 和 1000km/h。将不平顺引入仿真模型,并进行计算。杜瓦的悬浮间隙和横向位移的详细数据如图 4-17 和图 4-18

所示。从图 4-17 和图 4-18 可以看出，杜瓦的垂向响应(中间车厢后转向架上的端部杜瓦)略大于横向响应。横向和垂向响应的幅值随车速的增加而增大，但即使在 1000km/h 的速度下，也都限制在 3mm 以内。考虑到当前悬浮间隙为 10mm，列车在轨道不平顺激励下是安全的，发生杜瓦与轨道碰撞的风险较小。

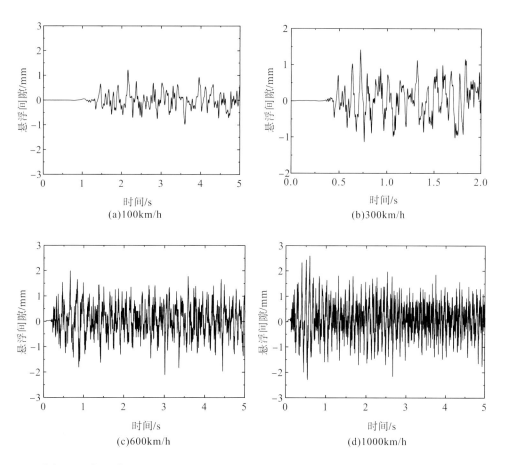

图 4-17　杜瓦在 100km/h、300km/h、600km/h 和 1000km/h 速度下的悬浮间隙响应

(数据为中车前转向架右侧第四个杜瓦，轨道为刚性)

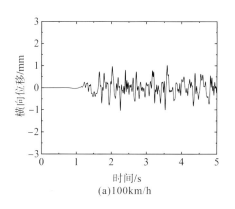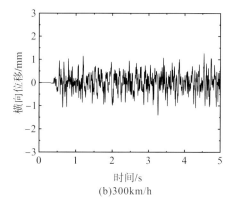

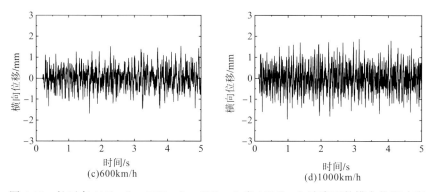

图 4-18   杜瓦在 100km/h、300km/h、600km/h 和 1000km/h 速度下的横向位移响应

车身振动加速度是评价系统平稳性的重要因素。本仿真采集了车辆在轨道不平顺激励下的垂向和横向振动加速度，并利用快速傅里叶变换得到谱图（图 4-19 和图 4-20）。从图中可以看出，在不同速度下，车体的横向振动加速度略大于垂向振动加速度。一般来说，速度越快，横向加速度就越大。但这种现象存在异常，即 600km/h 的垂直加速度大于 1000km/h 的垂向振动加速度。造成这种现象的原因是 600km/h 速度下轨道不平顺的激励频率接近车辆固有频率。总体而言，车体最大垂向振动加速度小于 0.15m/s²，最大横向振动加速度小于 0.2m/s²，远小于《高速铁路设计规范》（TB 10621—2014）中的 0.13g 和《京沪高速铁路设计暂行规定》中的 0.1g。

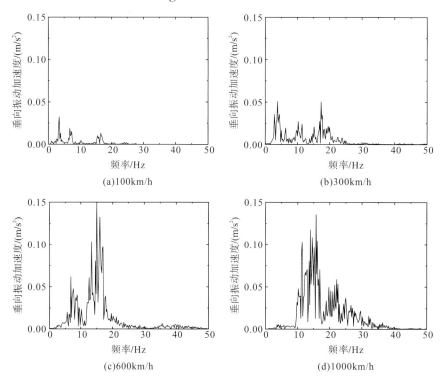

图 4-19   速度为 100km/h、300km/h、600km/h 和 1000km/h 时中间车辆的垂向振动加速度响应

（数据来自质心，导轨为刚性）

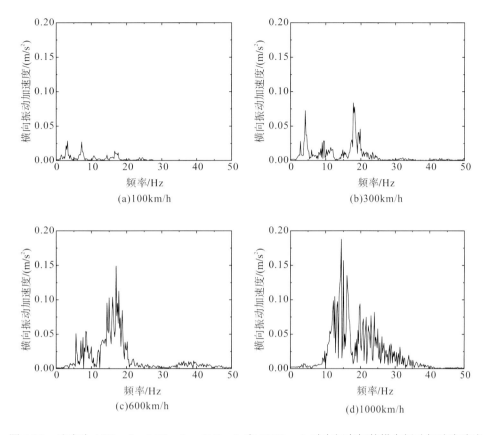

图 4-20 速度为 100km/h、300km/h、600km/h 和 1000km/h 时中间车辆的横向振动加速度响应

评判列车运行平稳性的另外一个重要指标是 Sperling 平稳性指标。车体振动加速度一般包含多个频率分量，单频 Sperling 平稳性指数计算公式如下：

$$W_i = 7.08 \left[\frac{A_i}{f_i} F(f_i) \right]^{\frac{1}{10}} \tag{4-52}$$

其中，W_i 为 Sperling 平稳性指标；A_i 为振动加速度 (g)；f_i 为频率 (Hz)；$F(f_i)$ 为频率校正系数，如表 4-2 所示。

表 4-2 Sperling 平稳性频率校正系数

垂向振动		横向振动	
0.5～5.9Hz	$F(f) = 0.325 f^2$	0.5～5.4Hz	$F(f) = 0.8 f^2$
5.9～20.0Hz	$F(f) = 400 / f^2$	5.4～26.0Hz	$F(f) = 650 / f^2$
>20.0Hz	$F(f) = 1$	>26.0Hz	$F(f) = 1$

对于车体振动加速度中的多频分量，采用以下公式综合了不同频率加速度的 Sperling 平稳性指标：

$$W = \left(\sum_{i=1}^{n} W_i^{10} \right)^{\frac{1}{10}}$$ (4-53)

根据《机车车辆动力学性能评定及试验鉴定规范》(GB/T 5599—2019)，Sperling 平稳性指数 W 分为三个等级，即优、良好、合格(表 4-3)。

表 4-3   Sperling 平稳性指数评价

平稳性等级	评定	平稳性指标
1 级	优	$W<2.5$
2 级	良好	$2.5 \leqslant W<2.75$
3 级	合格	$2.75 \leqslant W<3.0$

根据快速傅里叶变换计算的数据，表 4-4 列出了不同速度下中间车体的 Sperling 平稳性指标。表 4-4 的结果表明，在轨道不平顺激励下，超导钉扎磁浮列车的垂向和横向 Sperling 平稳性指标均小于 2.5，即在轨道不平顺的激励下，仿真车辆能够平稳运行。

表 4-4   仿真计算得到的 Sperling 平稳性指标

速度/(km/h)	垂向 Sperling 指标	横向 Sperling 指标
100	1.37	1.49
300	1.66	1.94
600	1.94	2.02
1000	1.94	2.17

4.3.3   车辆曲线通过能力

对于任何轨道列车动力学，曲线通过能力一直是评定列车动力学性能的重要依据之一。此外，在未来的工程化、商业化运营中，超导钉扎磁浮列车将不可避免地涉及包含曲线线路在内的多种工况线路。还是以 4.3.1 节的列车动力学模型为例，列车车辆分为前、中、尾车编组，每节车辆由前后两个悬浮架组成，在车辆运行过程中，由于前后车辆以及车辆各部件之间的耦合关系，编组车辆及其前后悬浮架的振动响应也会有所差别。为了方便后面的车辆动力学研究确定研究对象，首先仿真列车在半径 8000m、超高角 5° 的曲线线路上运行时前车、中间车、尾车以及前车前后悬浮架的振动加速度响应。从图 4-21 中可以看出，经过相同线路时，尾车的横垂向车体振动加速度幅值略大于前车，但是二者明显大于中间车，这是因为前车首先经过一段轨道梁时会使轨道梁产生一定的振动响应和弹性变形，轨道梁的振动激励再反过来作用于之后经过的车辆，因此后面的车辆受到的振动激励大于前车，但是中间车的前后两端通过车钩与前车、尾车相连，其振动响应会受到抑制。由图 4-22 可以发现，同一节车辆上悬浮架的振动响应明显大于车体的振动响应，并且后悬浮架的垂向和横向振动加速度幅值大于前悬浮架。综合上述情况来看，在下面的仿真研究中，选择尾车、后悬浮架作为研究对象。

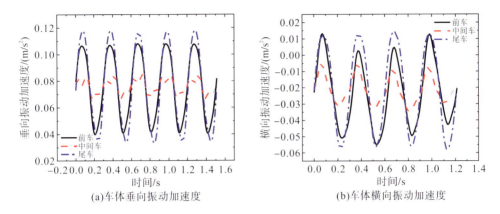

(a)车体垂向振动加速度　　　　　　(b)车体横向振动加速度

图 4-21　通过曲线时前车、中间车、尾车车体垂向振动加速度和横向振动加速度

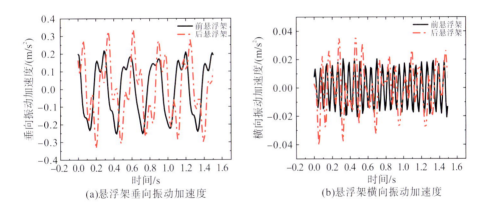

(a)悬浮架垂向振动加速度　　　　　　(b)悬浮架横向振动加速度

图 4-22　通过曲线时同一车辆的前后悬浮架的垂向振动加速度和横向振动加速度

　　车辆在曲线线路上运行时由于其离心力的作用，会使车辆受到横向力的作用，从而增加车辆发生侧滚的可能性，威胁车辆的运行安全。在实际的轨道车辆运营中，曲线线路会设置线路超高，使车辆重力在水平方向上的分量平衡离心力，但是车辆运行过程中受到各种环境因素等限制可能会出现以不同运行速度通过曲线的情况，即在过超高或者欠超高工况，这是评价车辆曲线通过能力的一个重要因素。本节研究了以 265km/h、280km/h、300km/h、320km/h 和 335km/h 速度通过曲线半径为 8000m、线路超高为 174mm 曲线线路时的车-桥耦合系统的振动响应，车辆以该线路设计速度 300km/h 运行时为平衡超高工况，265km/h 和 280km/h 时过超高工况，320km/h 和 335km/h 时欠超高工况。由图 4-23 可以看出，车体的垂向振动加速度幅值会随着运行速度的增大而增大，而车体横向振动加速度幅值在 300km/h 速度运行时最小，运行速度偏离该速度越多，车体横向振动加速度越大，并且在欠超高工况下运行时其横向振动加速度为正值，过超高工况下运行时则为负值。但是

车体的垂向和横向振动加速度最大幅值分别为 0.16m/s² 和 0.20m/s²，在《高速铁路设计规范》规定标准内，说明车辆可以在适当的过超高或欠超高工况下运行。

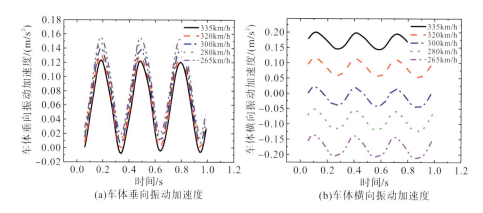

(a)车体垂向振动加速度   (b)车体横向振动加速度

图4-23 不同超高下车体振动响应车体垂向振动加速度和车体横向振动加速度

随着运行速度的增加，车载杜瓦的悬浮间隙和横向偏移量都会随之增大，如图 4-24 所示。在以 300km/h 速度运行时杜瓦在平衡位置上下波动，超过该速度的欠超高工况下运行时杜瓦高于平衡位置，而低于该速度的过超高情况下运行时则低于平衡位置，运行速度偏离设计速度越多，杜瓦偏移平衡位置越多。综合上述，车辆具有一定的过超高或欠超高工况下运行的能力，平衡超高工况下车辆系统的动力学响应最好，过超高或者欠超高工况下车辆的动力学响应会恶化。

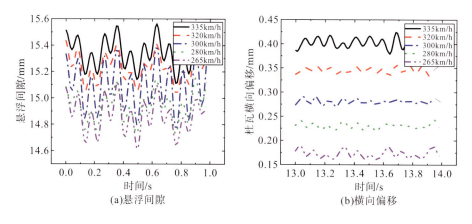

(a)悬浮间隙   (b)横向偏移

图4-24 不同线路超高下杜瓦位置的变化

为了探索车辆高速通过曲线线路时车-桥耦合系统的动力学响应，仿真计算车辆在运行速度 100～600km/h 等六个速度工况下通过曲线时的车-桥耦合系统的动态响应。六种不同运行速度下车辆运行的线路参数如表 4-5 所示，为保证结果的可比性，暂定每种线路工况曲线超高角相同，每种速度下车辆重力在水平方向的分力恰好和离心力平衡。

表 4-5　不同速度下曲线线路参数

运行速度/(km/h)	曲线半径/m	超高角/(°)
100	750	6
200	3000	6
300	6750	6
400	12000	6
500	18500	6
600	27000	6

　　由图 4-25 可以看出，随着运行速度的增大，车体的最大垂向和横向振动加速度不断增大，在 600km/h 速度运行时，其最大垂向和横向振动加速度幅值分别为 0.17m/s² 和 0.09m/s²，远小于规定限值。同时，车体的最大垂向和横向位移也会随着运行速度的增加而增加，车体的最大横向位移大于其垂向位移。

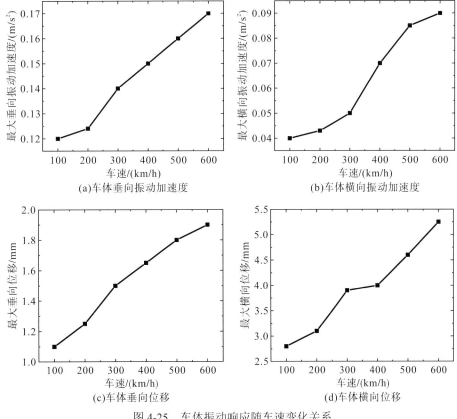

图 4-25　车体振动响应随车速变化关系

　　杜瓦的悬浮间隙波动幅值会随着车速的增加而发生明显的增大，如图 4-26 所示，100km/h 运行时其悬浮间隙最大波动幅值为 0.4mm，而以 600km/h 速度通过曲线线路时悬浮间隙最大波动幅值达到了 1.25mm，相比于其悬浮间隙 15mm 具有足够的安全余量。同样，杜瓦的横向偏移最大波动幅值也会随着速度增加而增大，但最大偏移量在 0.5mm 范围内。

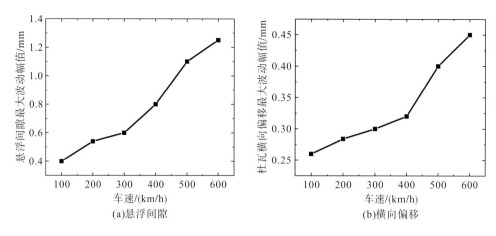

(a)悬浮间隙   (b)横向偏移

图 4-26 杜瓦悬浮位置随车速变化关系

综合上述，车辆运行速度提升会增大车辆系统的垂向和横向振动响应，但是对桥梁的跨中位移不会产生明显影响，并且列车以 600km/h 速度通过曲线线路时车-桥耦合系统的振动响应在规范限值内，说明超导钉扎磁浮列车具有高速运行的能力[9]。

4.3.4 车-轨耦合振动效应

出于综合方面的考虑，现有的高速轨道交通线路大多建设在高架之上，这样可以有效降低地基沉降对高速运行车辆的影响。超导钉扎磁浮作为一种面向未来超高速的轨道交通制式，也应采用高架的形式。但由此带来的车-桥耦合振动问题难以避免。车辆运行过程中受到桥梁变形和永磁轨道不平顺激扰发生振动，车辆和桥梁的设计不合理就会导致车辆的乘坐舒适性变差，尤其是在共振的极端情况下，会导致车辆和桥梁发生剧烈振动，严重影响列车运行的安全性。建立柔性导轨模型，采用柔性混凝土轨道，其横截面为上海 TR-08（图 4-27）。此处首先采用 Timoshenko 梁方法对柔性梁的响应进行求解，这既保证了一定的精度，又大大减少了相应的计算量。

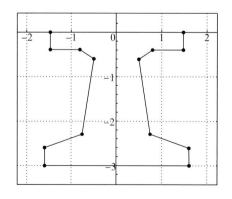

图 4-27 轨道梁截面(本截面参考上海 TR-08 磁浮线路的导轨梁，
杨氏模量为 35500MPa，泊松比为 0.2，密度为 2500kg/m^3，长度的单位为 m)

本节仿真模拟的轨道梁跨度分别为 20m、25m 和 30m，其横截面如图 4-27 所示。考虑轨道不平顺和非轨道不平顺的影响，采集了 300km/h 速度下跨中的竖向位移(图 4-27)。从图 4-28 可以看出，桥梁的跨中位移随着跨径的增大而急剧增大，有轨道不平顺和无轨道不平顺桥梁的竖向响应非常相似。

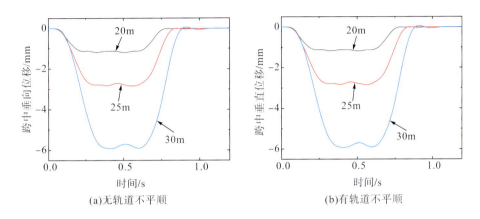

图 4-28 跨中垂向位移响应

为了进一步探索它们之间的差异，将 25m 跨度的响应数据取出，放大并比较。由图 4-29(a)可知，在不同条件下，两曲线的差异很小，两跨垂向位移增大，说明轨道不平顺的垂向影响可以忽略。其次，分析轨道不平顺对桥梁的横向影响。由于横向激励只是由轨道不平顺引起的，只需要测量桥梁跨中横向挠度位移，考虑轨道不平顺的影响。而由图 4-29(b)可知，各桥跨中横向位移均小于 0.06mm，可忽略不计。结果表明，桥梁的变形随跨距的增大而增大，但轨道不平顺对变形影响不大。

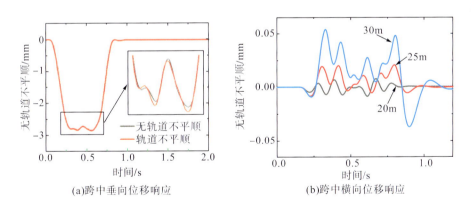

图 4-29 跨中垂向位移响应和跨中横向位移响应

为了进一步探讨轨道车-桥耦合效应对车辆安全的影响，在桥梁跨度 25m、车速 300km/h 的情况下，提取了杜瓦的部分数据并进行了比较。将考虑耦合效应的垂直间隙和横向位移与非耦合效应的结果进行了比较，如图 4-30 所示。可以看出，车-轨耦合效应引起的杜瓦振动幅度是有限的,说明轨道不平顺是杜瓦的主要激振因素。车体的 Sperling 平稳性指数经快速傅里叶变换后计算,并与不考虑耦合效应的数据进行比较(表 4-6)。表 4-6 结果表明,考虑车-轨耦合效应后,车体垂向 Sperling 平稳性指数略有提高,但仍处于良好的可接受范围;车身的横向 Sperling 平稳性指数降低了 11%,对系统是有利的。横向数据变好的原因可能是柔性桥梁的振动分担了不规则激励的部分能量。总体而言,柔性桥梁对竖向平稳性有轻微的负面影响,但对横向平稳性有正面影响。

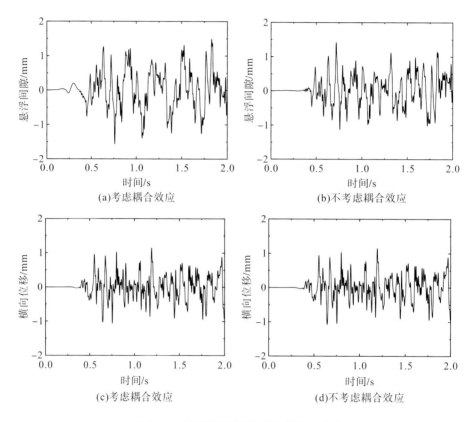

图 4-30　杜瓦悬浮间隙和横向位移的响应

表 4-6　速度为 300km/h、经过 25m 跨距线路时 Sperling 平稳性指标

指标	刚性梁	柔性梁
垂向 Sperling 平稳性指标	1.66	1.74
横向 Sperling 平稳性指标	1.94	1.72

总而言之,在理想、轨道线是平滑的条件下,不应有横向激励。但在现实中,由于永磁材料在生产建设中的缺陷,轨道随机不平顺是不可避免的。轨道随机不平顺对桥梁变形的影响不大,主要变形还是来自列车的动载荷。然而,轨道随机不平顺会对车辆的振动产生显著影响,特别是在高频区。这会影响磁浮列车的安全性和舒适性,需要采取一定的减振措施。

除此之外，还可以用三维有限元法计算轨道梁的响应，从而得到超导钉扎磁浮车-轨耦合动力学响应。以日本 HSST 磁浮系统的桥梁为例进行动力学建模(图 4-31(a))，其简支前四阶模态如图 4-31(b)～(e)所示。

基于 25m 混凝土简支梁桥，当超导钉扎磁浮样车以 300km/h 通过轨道梁时，考察整个车-桥耦合系统中各动力学参数的响应。图 4-32 反映了当超导钉扎磁浮车以 300km/h 通过 25m 混凝土简支梁时，轨道梁跨中位移响应。由于三跨桥之间没有使用剪力铰进行连接，三跨桥具有相似的位移响应过程。整个响应过程可以分为四个阶段，总体趋势满足"压、弹、振、收"过程。最大跨中挠度为 2.49mm，小于《中低速磁浮交通设计规范》(CJJ/T 262—2017)对桥梁挠度的限值要求。由于桥梁跨中垂向振动加速度曲线较为复杂，且三跨桥有相似的加速度响应过程，取第一跨梁跨中垂向速度观察和加以说明。当车辆在轨道梁上运行时，桥的振动频率是复杂的，其中有桥梁的自振频率、车辆自身振动附加在桥上的激励，同时还有过车频率的影响。当超导钉扎磁浮车驶离桥梁时，梁的跨中振动加速度展现和跨中挠度相似的波形。最大振动加速度为 0.516m/s^2，等效于 0.05g，远小于我国《机车车辆动力学性能评定及试验鉴定规范》(GB/T 5599—2019)中所规定 0.35g 的限值要求。

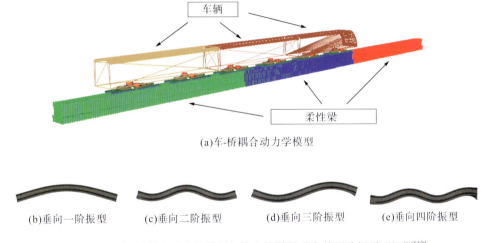

(a)车-桥耦合动力学模型

(b)垂向一阶振型　　　(c)垂向二阶振型　　　(d)垂向三阶振型　　　(e)垂向四阶振型

图 4-31　车-桥耦合动力学模型与简支轨道梁垂向前四阶振型正视图[10]

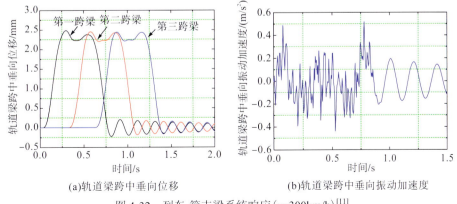

(a)轨道梁跨中垂向位移　　　　　　　　(b)轨道梁跨中垂向振动加速度

图 4-32　列车-简支梁系统响应(v=300km/h)[11]

三维有限元柔性轨道梁模型相对于 Euler 梁模型和 Timoshenko 梁模型计算量大了数个数量级。而对车辆动力学性能计算，特别是高速列车动力学性能计算，往往需要计算很长距离才能得到有效的结果，此时有限元法的计算量就过于庞大。因此，Euler 梁和 Timoshenko 梁适用于长期、长距离运行模拟仿真，而有限元梁适用于短期运行仿真（几个跨度）。考察点也会不一样，前两者主要考察车辆的平稳性、曲线通过能力等，后者主要观察车辆动载荷对轨道梁的影响。

4.3.5　悬挂参数对车-桥耦合振动的影响

超导钉扎磁浮车辆的动力学性能主要取决于其车辆结构、悬挂参数、车载超导块材悬浮性能等车辆设计参数以及车辆运行速度、磁轨不平顺激励、桥梁参数、线路条件等运行工况因素。本节车辆动力学研究中仅采用简化车辆结构，主要研究车辆的悬挂参数对车辆曲线通过性能的影响，分析车-桥耦合系统的振动响应，提出车辆二系悬挂参数设计建议。

本节首先计算二系悬挂垂向刚度分别为 500kN/m、200kN/m 和 100kN/m 时车-桥耦合系统的动力学响应。从图 4-33 中可以看出，随着二系悬挂垂向刚度的减小，车体的垂向振动加速度也随之减小。当二系悬挂垂向刚度为 100kN/m 和 200kN/m 时，车体的最大垂向振动加速度分别为 0.105m/s² 和 0.108m/s²，二者相差不大，但是当垂向刚度为 500kN/m 时，车体的最大垂向振动加速度增大为 0.128m/s²，振动加速度幅值有了相对明显的增加。车体的横向振动加速度幅值明显小于垂向振动加速度，并且在悬挂垂向刚度较小时车体的横向振动响应也较小。而随着二系悬挂垂向刚度的减小，车体的垂向和横向位移逐渐增大，尤其是当二系悬挂垂向刚度为 100kN/m 时，车体的最大垂向位移达到 2.5mm，而其最大横向位移达到 13mm，影响车辆的运行安全。因此，当二系悬挂垂向刚度增大时，车体的振动加速度会随之增大，恶化车辆的平稳性，但若垂向刚度过小，车体横向位移会增大，影响车辆运行安全性。

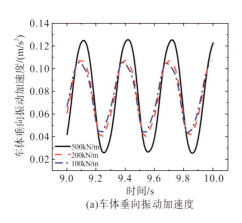
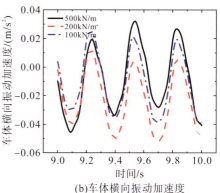

(a)车体垂向振动加速度　　　　　(b)车体横向振动加速度

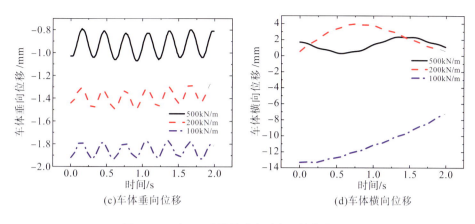

图 4-33　不同二系悬挂垂向刚度下的车体振动

图 4-34 显示了前悬浮架上右侧杜瓦在通过圆曲线段线路时悬浮间隙和横向位移的变化情况，可以看出二系悬挂垂向刚度为 100kN/m 时杜瓦的悬浮间隙波动最大，其波动范围在 14.88～15.20mm，但是当二系悬挂垂向刚度为 500kN/m 时杜瓦的横向位移达到最大值 0.3mm。因此，二系悬挂垂向刚度过小会导致杜瓦悬浮间隙波动变大，过大则会导致杜瓦横向偏移变大。综合上述在三种二系悬挂垂向刚度下的车-桥系统振动响应变化情况，二系悬挂垂向刚度选取为 200kN/m 最为合适。

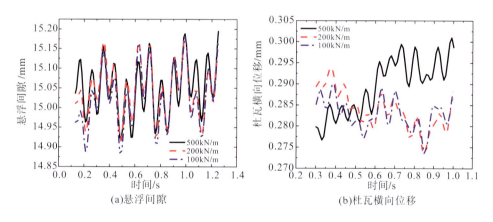

图 4-34　不同二系悬挂垂向刚度下杜瓦位置的变化

接下来计算二系悬挂横向刚度分别为 500kN/m、200kN/m 和 100kN/m 时车-桥耦合系统的动力学响应。图 4-35 显示了随着二系悬挂横向刚度不断增大，车体的垂向振动加速度基本不受横向刚度变化的影响，而车体的横向振动加速度也随之略有增大。当横向刚度为 500kN/m 时，车体的最大横向振动加速度为 0.015m/s^2，由于不考虑轨道不平顺激励并且车辆运行工况为理想线路，线路超高与曲线半径使得离心力与重力的水平分量平衡，车辆所受外界激扰主要来自轨道梁的挠度变形，横向激励较小，因此车辆的横向振动响应较小。车体的垂向位移会随着二系悬挂横向刚度的减小而减小，横向位移则随之略有增加，但是总体而言对车体的振动响应影响程度不大。

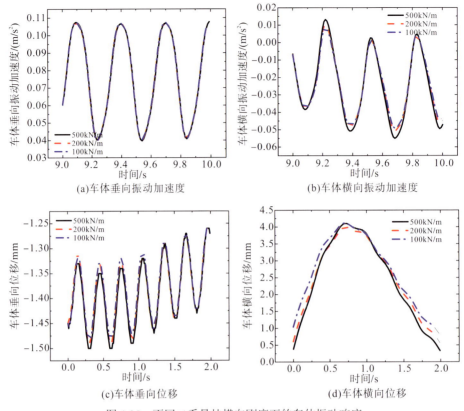

图 4-35   不同二系悬挂横向刚度下的车体振动响应

杜瓦的悬浮间隙随着二系悬挂横向刚度的增大并不会发生明显的变化，但是杜瓦的横向位移会随着横向刚度的减小而逐渐增大，如图 4-36 所示。在车辆通过圆曲线过程中杜瓦的悬浮间隙在 15～15.2mm 范围内波动，而杜瓦的最大横向位移在横向刚度为 500kN/m 时为 0.282mm，横向刚度为 100kN/m 时为 0.287mm，杜瓦横向位移并未有明显的增大。综上，随着二系悬挂横向刚度的减小，车体的横向振动加速度幅值随之减小，杜瓦的横向位移会略有增加，但是二系悬挂横向刚度对车辆系统的垂向振动以及桥梁振动响应没有明显影响。本节从车辆运行平稳性出发，选择 100kN/m 的横向刚度比较合适。

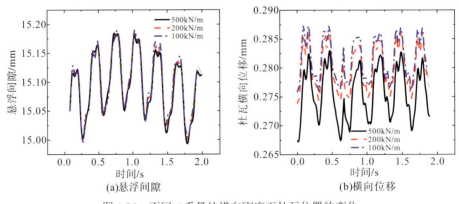

图 4-36   不同二系悬挂横向刚度下杜瓦位置的变化

　　下面计算二系悬挂垂向阻尼分别为 55kN·s/m、35kN·s/m、15kN·s/m 和 5 kN·s/m 时车-桥耦合系统的动力学响应。图 4-37 显示，随着垂向阻尼的减小，车体的垂向振动加速度也随之减小，当二系悬挂垂向阻尼分别为 55kN·s/m、35kN·s/m、15kN·s/m 和 5kN·s/m 时，其最大垂向振动加速度分别达 0.16m/s²、0.14m/s²、0.125m/s² 和 0.116m/s²。其横向振动加速度也会随着二系悬挂垂向阻尼的减小而增大，车体横向振动加速度最大分别为 0.024m/s²、0.028m/s²、0.034m/s² 和 0.034m/s²。车体的位移随二系悬挂垂向阻尼的变化规律与其振动加速度一致，随着二系悬挂垂向阻尼的减小，车体垂向位移最大幅值减小，但是其横向位移最大幅值会增大。综合车体垂向和横向振动响应来看，二系悬挂垂向阻尼过大会导致垂向振动响应变差,过小则会影响车体横向振动响应,因此要权衡二者综合考虑。

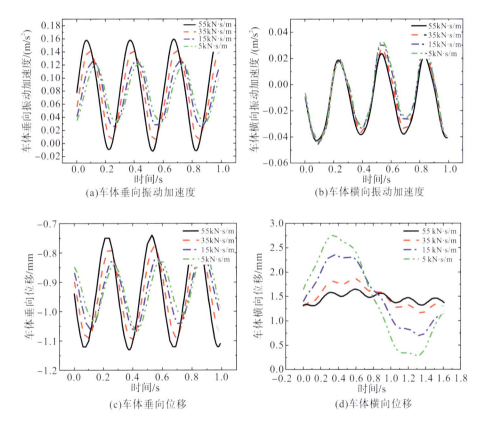

图 4-37　不同二系悬挂垂向阻尼下的车体振动响应

　　由图 4-38 可以看出，随着二系悬挂垂向阻尼的减小，杜瓦的悬浮间隙波动范围会先减小后增大，其横向偏移则会不断变大。当二系悬挂垂向阻尼分别为 55kN·s/m、35kN·s/m、15kN·s/m 和 5kN·s/m 时，杜瓦的悬浮间隙最大值分别达到15.3mm、15.25mm、15.22mm 和 15.24mm，横向位移最大幅值分别为 0.292mm、0.295mm、0.302mm 和 0.304mm，可见杜瓦的横向位移变化并不大。上述结果说明当垂向阻尼过大或过小时悬浮间隙均会变大，只有选择合适的垂向阻尼才能保证杜瓦的悬浮间隙保持在一个最安全的振动范围。因此，当垂向阻尼取为较大值时，车体和杜瓦的垂向振动响应均会比较大，但是若垂向阻尼过小，杜瓦的悬浮间隙波动变大，恶化车辆运行安全性。因此，基于安全性和舒适性考虑，适当的垂向阻尼会提高车辆系统的运行性能，本节选取 15kN·s/m 作为二系悬挂垂向阻尼值。

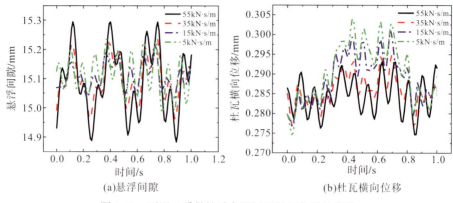

(a)悬浮间隙   (b)杜瓦横向位移

图 4-38 不同二系悬挂垂向阻尼下杜瓦位置的变化

下面计算二系悬挂横向阻尼分别为 55kN·s/m、35kN·s/m 和 15kN·s/m 时车-桥耦合系统的动力学响应，如图 4-39 所示。车体的垂向振动加速度随着横向阻尼的减小并没有发生明显变化。在三种横向阻尼条件下，车体的最大垂向振动加速度为 $0.108m/s^2$。车体的横向振动加速度也会随着横向阻尼的减小而略有增大，二系悬挂横向阻尼分别为 55kN·s/m、35kN·s/m 和 15kN·s/m 时车体的最大横向振动加速度分别为 $0.05m/s^2$、$0.053m/s^2$ 和 $0.054m/s^2$，变化程度很小。车体的位移的变化规律与车体振动加速度相似，随着二系悬挂横向阻尼的减小，车体垂向和横向位移增大，三种横向阻尼下车体的最大垂向位移为 1.5mm，最大横向位移为 5.6mm。

如图 4-40 所示，杜瓦的悬浮间隙会随着二系悬挂横向阻尼的减小而增大，三种横向阻尼条件下杜瓦的最大悬浮间隙波动分别为 0.17mm、0.25mm 和 0.3mm，但是杜瓦的横向位移随着横向阻尼的减小会先减小后增大，三种横向阻尼下杜瓦最大横向位移均在 0.285～0.287mm，对杜瓦横向位移的影响可以忽略不计。因此，二系悬挂横向阻尼对杜瓦的影响主要体现在悬浮间隙上，横向阻尼越大杜瓦的悬浮间隙波动越小。综合上述结论，二系悬挂横向阻尼对车体以及轨道梁的影响很小，其主要影响杜瓦的悬浮间隙变化。本节选取二系悬挂横向阻尼值为 55kN·s/m。

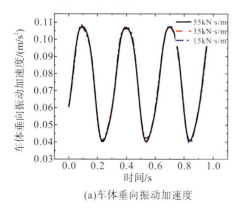

(a)车体垂向振动加速度   (b)车体横向振动加速度

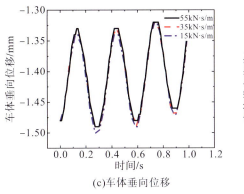
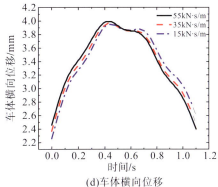

(c)车体垂向位移　　　　　　　　　　　(d)车体横向位移

图 4-39　不同二系悬挂横向阻尼下的车体振动响应

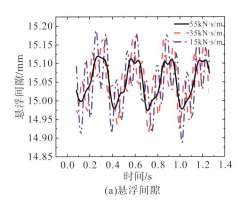
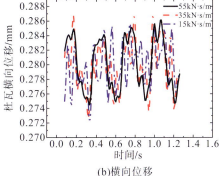

(a)悬浮间隙　　　　　　　　　　　　(b)横向位移

图 4-40　不同二系悬挂横向阻尼下杜瓦位置的变化

由此可以得到 4.3.1 节模型中列车的推荐二系悬挂参数，如表 4-7 所示。

表 4-7　列车推荐二系悬挂参数

指标	垂向刚度	横向刚度	垂向阻尼	横向阻尼
推荐值	200kN/m	100kN/m	15kN·s/m	55kN·s/m

4.4　永磁轨道不平顺

　　超导钉扎磁浮系统主要由车载高温超导块材及其低温系统和地面永磁轨道组成。在运行过程中会受到磁轨不平顺的激扰，受到永磁轨道几何不平顺和磁场不均匀共同作用。

　　传统意义上的轨道不平顺是两根钢轨在高低和左右方向与钢轨理想位置几何尺寸的偏差。轨道不平顺对轨道车辆系统是一种外部激扰，是产生列车车辆系统振动的主要根源。对轨道不平顺随机变化进行规律的函数描述，是轨道车辆与轨道系统动力分析的重要基础资料，是现代轨道车辆和轨道设计、养护和质量评估的重要手段。

4.4.1 特征

磁浮列车振动主要来源于两个方面：一是内部自激振动(对常导磁浮而言)，二是外部激扰振动。其中，外部激扰振动的根源主要是轨道的不平顺。超导钉扎磁浮所用的永磁轨道与钢轨不同，属于均布载荷形式，其应力集中程度较轮轨铁路更低。另外，其特有的磁场不均匀使评估其不平顺这一过程变得复杂。因此，需要对永磁轨道不平顺进行分析、测量以及数学表征。

超导钉扎磁浮系统主要由车载高温超导块材及其低温系统和地面永磁轨道组成。永磁轨道由 NdFeB 永磁体和聚磁铁轭按一定的结构组合而成。这种组合将使轨道表面存在高低不平顺，材料磁化不均匀(充磁的理论误差±1%)及表面剥离、接头缝隙、错牙、低接头等装配误差都会使得轨道表面磁通密度不均匀(以下简称磁场不均匀，检测磁场实际为检测磁通密度)，在磁浮系统中表现为轨道不平顺，作为激励输入给列车系统。所以，超导钉扎磁浮车运行过程中除了受轨道几何不平顺影响，还受永磁轨道磁场沿运行方向不均匀的影响。这种几何不平顺与磁场不均匀具有一定的相关性，但变化规律并不完全对应，西南交通大学"Super-Maglev"轨道上方 15mm 处的磁场变化以及对应处轨道的几何变化如图 4-41 所示。

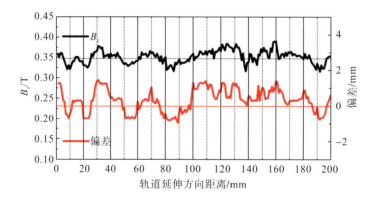

图 4-41   轨道上方 15mm 处垂向磁场与轨道几何表面几何偏差之间的关系

分析二者无法严格对应的原因，最为重要的一点是永磁轨道是由多块独立的永磁体拼接(图 4-42)而成的。单块磁体的长度为 120mm，每隔 120mm 会存在一个接缝，称为小接缝。每 10 段磁体通过聚磁铁板固定，所以每隔 1200mm 就会有另一类接缝，称为大接缝。由于边端效应，纵向接缝处的磁场会明显小于其他地方。即使在几何高度上没有差异，这一边端效应也是客观存在的。

除了上述接缝的影响，由于各种原因，永磁轨道可能会存在如图 4-42(b)所示的破损，也会导致磁场不均匀。在观察 45m 的环形轨道时，发现这类破损点较少。而在工程应用中，若轨道出现了破损，将会被及时替换。因此，本章研究的不平顺重点来源于如图 4-42(a)所示的接缝。

(a)接缝　　　　　　　　　　(b)破损

图 4-42　永磁轨道表面照片

　　观察图 4-42，可以看到多处接缝。这种多块拼接的方式是与钢轨的拼接方式不同的。实践表明，由于不可避免的安装误差以及永磁体制备与充磁过程中存在的性能差异，永磁轨道表现出来的不平顺包含几何不平顺和磁场不均匀。因此，仅测量几何不平顺将无法反映磁浮车辆运行时所受到的激扰。

4.4.2　测量

1. 几何不平顺

　　当前的轨道检测技术，包括弦测法、全站仪检测法、惯性基准法等，主要用于测量钢轨的平顺性和病害情况，多用于检测轨道的几何平顺性，其本质是几何状态检测仪。而超导钉扎磁浮车采用的是永磁轨道，不仅需要检测几何不平顺，还需检测磁场不均匀。图 4-43 为 "Super-Maglev" 环形轨道平面示意图，对 45m 环形试验线进行了测量，作为科学研究，重在验证该方法的有效性。该 45m 轨道由两段半径为 6m 的半圆弧和两段长度为 3.6m 的直线段组成。

　　环形轨道由双轨构成，单轨又由 5 列磁体拼接而成。本节测得双轨 10 列轨道，原始数据在 xy 平面内的投影如图 4-44 所示。

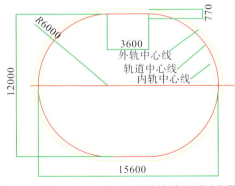

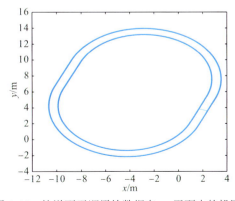

图 4-43　"Super-Maglev" 环形轨道平面示意图　　图 4-44　轨道不平顺原始数据在 xy 平面内的投影

（单位：mm）

图 4-44 中的坐标原点为激光跟踪仪主机位置，x 为经线方向，y 为纬线方向。为了便于对数据进行处理，选取环形轨道平面的几何形心为 xy 平面的坐标原点，以直线段轨道的方向为 x 轴方向，以其水平面内的垂线为 y 方向，以水平面的垂线为 z 轴方向，并以所测点的平均高度作为 z 轴原点。

首先将所测坐标值减去坐标原点坐标值(相对于激光跟踪仪主机)，其次将 xy 坐标变换为极坐标。

$$\begin{cases} x_1^{\,2} + y_1^{\,2} = r_1^{\,2} \\ \alpha_1 = \arctan\dfrac{y_1}{x_1} \end{cases} \tag{4-54}$$

其中，(x_1, y_1) 是所测点相对于轨道平面的几何形心的直角坐标，(α_1, r_1) 为其极坐标。

令

$$\alpha_2 = \alpha_1 - 1.175 \tag{4-55}$$

其中 1.175 是需要旋转的弧度。变换后的坐标为

$$\begin{cases} x_2 = r_1 \cos\alpha_2 \\ y_2 = r_1 \sin\alpha_2 \end{cases} \tag{4-56}$$

经过变换，轨道数据如图 4-45 所示。

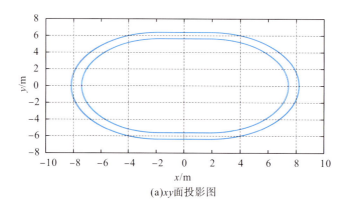

(a)xy面投影图

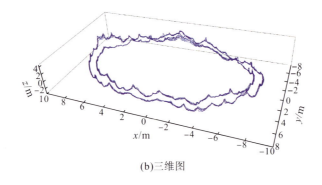

(b)三维图

图 4-45　轨道检测结果(坐标变换后)

　　如图 4-45 所示，经过坐标变换后，所测数据的平面投影图与所示的设计图吻合得很好，首尾连接良好，验证了测试的精度。将只选取轨道中心线的测量数据作为该轨道的不平顺。计算横向不平顺时则用所测的数据减去理想的环形轨道数据，结果如图 4-46 所示。

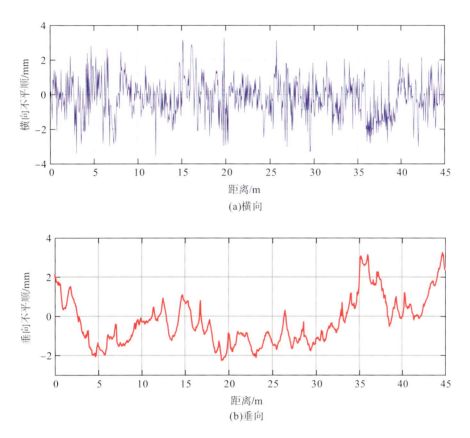

(a)横向

(b)垂向

图 4-46　轨道不平顺实测数据

　　观察图 4-46 可知，永磁轨道横/垂向不平顺的幅值都在 3.5mm 左右。相比较而言，垂向不平顺的波长较长，而横向不平顺波长较短。这可能由于永磁轨道在垂向上受力较大，磁浮车辆长期运行后导致基础发生了位移或者形变。而在横向上，由于环形轨道的半径较小，且在每个分段上都采用一小段圆弧拼接而成，由于安装误差难以与理想的弧线匹配，波长较短。而在实际的工程应用中，垂向的不平顺依旧是最值得注意的，而在长直线上的横向不平顺应该会较图 4-46 中所示的小。

　　2. 磁场不均匀

　　在上述几何不平顺的测量过程中，同时用高斯计上的霍尔传感器测得了磁场不均匀。该霍尔传感器与前文的激光跟踪仪的采样间距相同，均为半块磁铁的长度。以外轨的第二列(磁场竖直向上)为例，所测得的垂向磁通密度如图 4-47 所示。

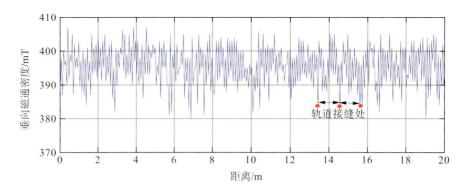

图 4-47　轨道上方 10mm 处磁通密度

由于 Halbach 特殊的磁体排布方式,在垂向磁化的磁体上方中心位置只存在垂向磁场,故在忽略误差的情况下,该磁场就是轨道上方的总磁场。图 4-48 展示了一个 25m 圆弧段的磁场。可以看到,在 10mm 高度处垂向磁场强度大都在 385～405mT 波动。相邻两个测量点之间的差值大部分呈现"正负正负…"的趋势。而所选择的观测点分布在两类位置,其一为单块磁体的纵向中心,其二为两块相邻磁体的纵向接缝处。文献[1]的研究表明,由于边端效应,接缝处的磁场会低于磁体纵向中心位置处的磁场。因此,将这两类测量点的数据分列,结果如图 4-48 所示。

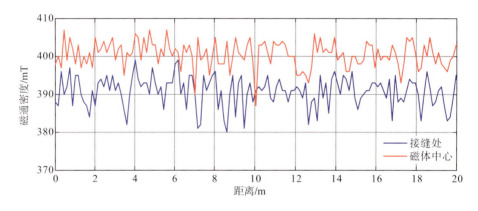

图 4-48　不同位置处的磁通密度

磁体中心处的磁场明显大于磁体接缝处的磁场,且两条曲线表现出较好的相关性。这一现象验证了上面的推测,即轨道磁场不均匀的一个重要来源是磁体的接缝。进一步,可求得两条曲线的均值分别为 400.6mT 和 390.6mT。

3. 磁场不均匀转换为几何不平顺

动力学计算中,一般会将不平顺通过几何变化的形式加入动力学模型中。因此,需要构建一个模型,将上述磁场不均匀转换为几何不平顺。假设图 4-49 所示的中心处与接缝处的差异由几何上的正弦坑所致。

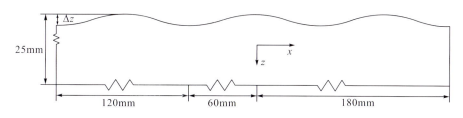

图 4-49 模拟轨道正弦坑示意图

图 4-49 所模拟的是三块轨道，总长度为 360mm，其宽度保持与环形试验线一致，即 120mm。其中 Δz 为所模拟的正弦坑的深度。对该结构进行三维磁场仿真计算。令 $\Delta z=0.36$mm，剩磁 $B_r=1.067$T，算得轨道表面上方 10mm 高度处的磁通密度模如图 4-50 所示。可以看到，该高度处的磁通密度模有两个峰值，这与 Halbach 型轨道结构是一致的。在纵向 120mm 和 240mm 的坑洼处的磁通密度模明显小于 180mm 处(此处的磁体高度标准为 25mm)。另外，在轨道的边缘处，磁通密度模急剧减小，这也警告我们，在轨道安装处不可使相邻磁体间的缝隙过大，否则将会导致大幅值的磁场不均匀。

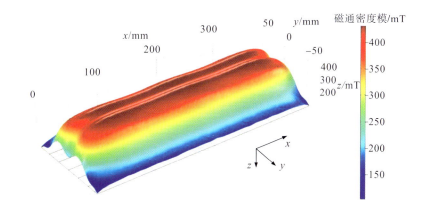

图 4-50 轨道表面上方 10mm 高度处磁通密度模

进一步，将第二列垂向磁体上方的垂向磁通密度展示在图 4-50 中，可以看到，当轨道无接缝但是上表面是正弦波形式时，轨道上方磁通密度也随之波动，在波峰处磁通密度高，在波谷处磁通密度低，这与图 4-49 展示出来的信息是一致的。在纵向 120mm 和 240mm 的坑洼上方 10mm 处的垂向磁通密度为 390.3mT，在纵向 180mm 波峰上方 10mm 处的垂向磁通密度为 400.8mT，与所测的均值接近。

图 4-51 中，在 0mm 处的轨道磁场是 195.5mT。可以预测，若在该轨道段的左侧再紧密地拼接一段轨道，根据矢量叠加原理，该处的垂向磁通密度将会达到 391mT 左右。这与 120mm 波谷处的磁通密度保持一致，也就是说，若轨道的拼接是理想的，中间不留下任何缝隙，则该接缝处的轨道磁场会与连续的轨道保持一致。

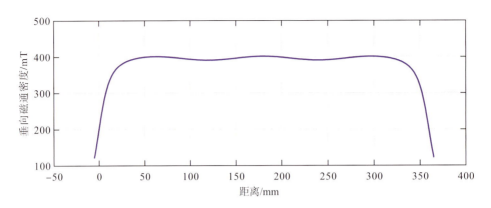

图 4-51　第二列磁体(垂直磁化)上方 10mm 处垂向磁通密度

另外，距离轨道端头外 0.25mm 处的磁场为 191.8mT，距离轨道端头外 0.5mm 处的磁场为 187.8mT。若两段轨道中间的空隙为 0.5mm，则该缝隙处的磁场将为 383.6mT 左右，为正常值的 98.3%。若缝隙为 1mm，则缝隙处的磁场将为 375.6mT，为正常值的 96.2%，可能给车辆带来较大的激扰。

按现阶段的工程轨道设计，磁轨装配单元长 100mm，磁轨拼装段的长度为 1000mm。根据本章的计算，就磁场均匀性而言，建议两磁轨拼装段之间的预留缝不超过 1mm，最好为 0.5mm。另外，针对永磁轨道的温度应变进行了有限元计算，结果表明当温度从 0℃变为 50℃时，1000mm 长永磁轨道的自由伸长量为 0.75mm(温度应变不是本章研究的重点，所以其仿真过程及详细的仿真结果不在此展示)。在工程中，假设轨道安装时的温度为 20℃，0.5mm 可以满足−13～53℃的温度应变(注意：以上论断是基于轨道可以随着温度变化自由伸缩而做出的，工程中轨道将通过扣件等机械装置固定在基础上，可以容忍的温度变化范围将更大)。

本章假设大接缝的缝隙为 0.5mm，这也与图 4-46 圆点处的磁场所反映的信息较为接近。利用上述对小接缝的处理方式，假设大接缝处也存在一个正弦坑，可得 $\Delta z = 0.54$mm，即 0.27mm 幅值的正弦坑，如图 4-52 所示。

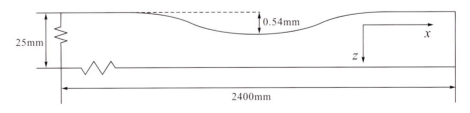

图 4-52　模拟轨道正弦坑示意图(大接缝)

经过以上分析，轨道接缝所带来的磁场不均匀是可以用轨道表面的正弦波来模拟的。磁轨装配单元之间的接缝是连续出现的，正弦坑的深度为 0.36mm；磁体拼装段处的正弦坑是离散出现的，其正弦坑深度为 0.54mm。

4.4.3 功率谱估计

轨道不平顺通常被认为是一个随机过程,轨道不平顺功率谱则成为研究车辆动力学的关键。20 世纪 60 年代以来,多个国家都开始测量其轨道不平顺,并进而形成了他们各自的不平顺功率谱,典型的有美国轨道谱、英国轨道谱、德国轨道谱和中国铁道科学研究院建议的轨道谱。现采用中国铁道科学研究院建议的轨道谱形式,对上述几种轨道不平顺做详细对比。其不平顺功率谱密度表达式如下:

$$S(f) = \frac{A(f^2 + Bf + C)}{f^4 + Df^3 + Ef^2 + Ff + G} \tag{4-57}$$

其中, $S(f)$ 为不平顺功率谱密度($\text{mm}^2 \cdot \text{m}$)。

在得到不平顺样本后可以通过功率谱估计的方法获得其功率密度。对于非周期信号,一般采用周期图法及基于周期图法的改进方法。1899 年,Schuster 对傅里叶级数的幅值进行平方处理,用以表达该频率下能量值的计算方式,并将其命名为周期图法,是最早的功率谱估计法。后来 Bartlett 对其进行改进,先将信号进行分段处理,再使用周期图谱法进行处理,将每段信号得到的周期图谱进行平均,得到一个新型功率谱——Bartlett 功率谱。Welch 对 Bartlett 法进行了进一步改进,允许分段数据有重叠部分,从而降低谱估计方差。在这一过程中的基本依据是 Wiener-Khinchin 公式:

$$S_x(\omega) = \frac{1}{2\pi} \int_{-\infty}^{\infty} R_x(\tau) e^{-i\omega\tau} d\tau$$
$$R_x(\tau) = \int_{-\infty}^{\infty} S_x(\omega) e^{i\omega\tau} d\omega \tag{4-58}$$

其中, $R_x(\tau)$ 为样本函数的自相关函数; $S_x(\omega)$ 为功率谱密度估计值。对于非周期样本,需要对其进行加窗处理,使得其傅里叶变换存在。将基于 Welch 法对图 4-46 所示几何不平顺作为随机过程进行演示,而磁场不均匀所换算的几何不平顺作为确定性激励加到 4.4.4 节生成的空间样本中。对图 4-46 所示的样本函数进行功率谱估计,并基于中国铁道科学研究院建议的功率谱函数(4-57)对其进行拟合,结果如图 4-53 所示。

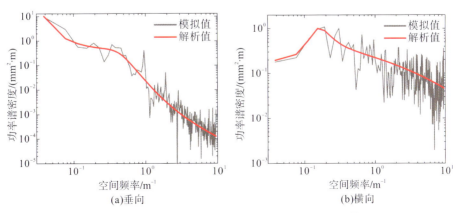

图 4-53 永磁轨道不平顺功率谱估计及其拟合函数

图 4-53 所反映的空间频率为 0.038~9.5m^{-1}，对应的波长为 26.3~0.1m。在垂向上，长波的幅值较大，短波的幅值较小。这与前面所反映的信息一致。而在横向上，短波的幅值较垂向更大。由于所测轨道为环形轨道，在垂向上的精度控制较为容易。而在横向上，势必在一定程度上采用直线取代曲线，导致小波长的幅值较大。表 4-8 给出了图 4-53 中不平顺功率谱的特征系数。

表 4-8 永磁轨道不平顺功率谱特征参数

参数	A	B	C	D	E	F	G
垂向不平顺	0.18609	3.8809	9.2933	235.38	−172.07	48.859	−1.4526
横向不平顺	218.38	−0.1762	0.01395	406.94	575.94	−186.41	15.805

4.4.4 随机过程模拟与时域样本

在获得轨道不平顺功率谱后，便可在每一次仿真过程中生成不同的样本，不同的样本在同一频率范围内的能量是一致的。在这一过程中，对轨道不平顺随机过程的模拟至关重要。较为常用的方法有二次滤波法、三角级数法及白噪声滤波法等。这里采用西南交通大学所提出的方法进行模拟，具体过程如下：

(1)将永磁轨道不平顺单边功率谱转化为双边谱；

(2)计算得到时域序列的频谱模值为

$$\left|X(k)\right| = \left|\text{DFT}[x(n)]\right| = N_r \sqrt{S_x(f = k\Delta f)\Delta f} \tag{4-59}$$

(3)式(4-59)给定了序列 $x(n)$ 的频谱 $X(k)$ 的模值，构造如下独立相位序列 ξ_n 满足：

$$\xi_n = \cos\Phi_n + i\sin\Phi_n = \exp(i\Phi_n), \quad \left|\xi_n\right| = 1 \tag{4-60}$$

其中，Φ_n 服从 0~2π 的均匀分布。

(4)由式(4-60)可得复序列 $X(k)$ 的表达式为

$$X(k) = \xi_n \left|X(k)\right| = N_r \xi(k) \sqrt{S_x(f = k\Delta f)\Delta f} \tag{4-61}$$

(5)最终将得到的复序列 $X(k)$ 进行傅里叶逆变换可得时域序列 $x(n)$：

$$x(n) = \frac{1}{N_r} \sum_{k=0}^{N_r-1} X(k) \exp\left(\frac{i2\pi kn}{N_r}\right), \quad n = 0,1,2,\cdots,N_r-1 \tag{4-62}$$

经过上述步骤后即可得到永磁轨道不平顺信号样本。利用上述方法对功率谱解析值进行数值模拟，结果如图 4-54 所示。图 4-54 展示了 10s 的数据，最短波长为 0.14m，最长波长为 33m。值得注意的是，可以根据仿真需要设置任意长度或者任意长时间的不平顺信号。垂向不平顺依旧以低频(长波)为主，而横向不平顺以高频为主(短波)。

磁轨的几何不平顺是一个随机激励，而主要由磁体接缝所带来的磁场不均匀则可被看作是确定性激励。每 0.1m 设置一个小接缝(鉴于目前的充磁技术，暂无法对过大的磁体进置为 0.5mm。已完成将上述两类磁场不均匀变换为几何不平顺，故可将图 4-49 和图 4-50

所示的正弦坑作为确定性激励加入图 4-51 所示的样本中，得到如图 4-55 所示的磁轨不平顺时域样本。当超导磁浮车沿着轨道轴线运行时，横向受力为零。所以磁场在接缝处的衰减并不会引起车辆的横向振动。因此，本章未考虑磁场在横向上的不均匀。图 4-55 展示了 10m 长的永磁轨道垂向不平顺样本。该不平顺由三部分构成，分别是几何不平顺、大接缝和小接缝导致的磁场不均匀转化得到的不平顺。可以看到，相对而言，几何不平顺波长较长但幅值较大，磁场不均匀带来的磁场不平顺波长较小且幅值较小。

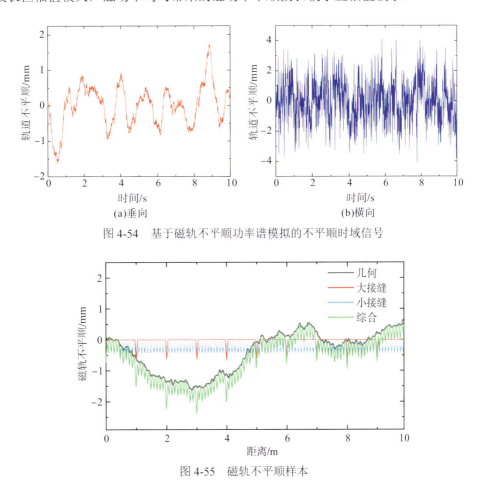

图 4-54　基于磁轨不平顺功率谱模拟的不平顺时域信号

图 4-55　磁轨不平顺样本

4.4.5　不平顺对车辆动力学响应的影响

将通过傅里叶逆变换生成的高温超导永磁轨道不平顺时域激励加入 4.4.3 节的列车动力学模型中，可以研究永磁轨道不平顺对列车动力学响应的影响。选取前悬浮架的左边靠前的第一个杜瓦(杜瓦 1)和后悬浮架右后杜瓦(杜瓦 2)的悬浮间隙作为参考，其三辆车在常导磁浮轨道不平顺激励下和超导钉扎磁浮永磁轨道不平顺激励下悬浮间隙的动态响应如图 4-56 所示。从图中可以发现，超导钉扎磁浮系统的永磁轨道不平顺激励对列车悬浮间隙的影响明显小于常导磁浮轨道不平顺激励对列车的影响。永磁轨道激励下的悬浮间隙响应幅值更为规律和集中，振幅均在 2mm 以内，这说明了永磁轨道不平顺的影响较小，车辆也不会发生撞轨的风险。

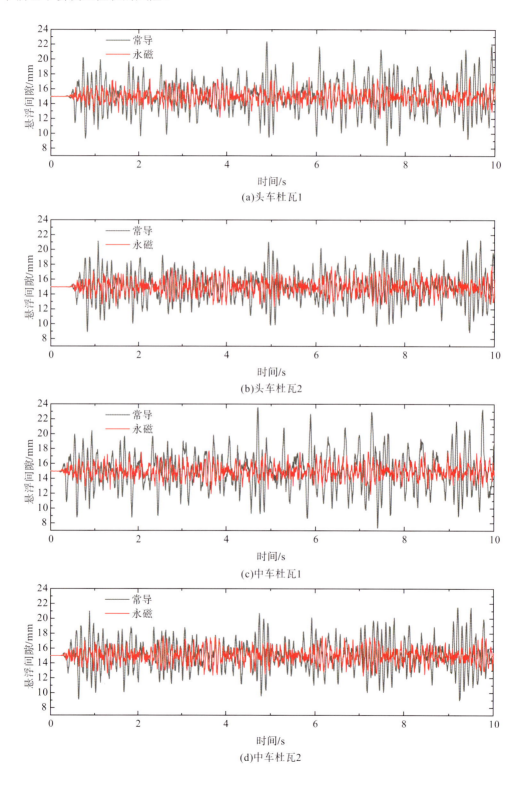

(a)头车杜瓦1

(b)头车杜瓦2

(c)中车杜瓦1

(d)中车杜瓦2

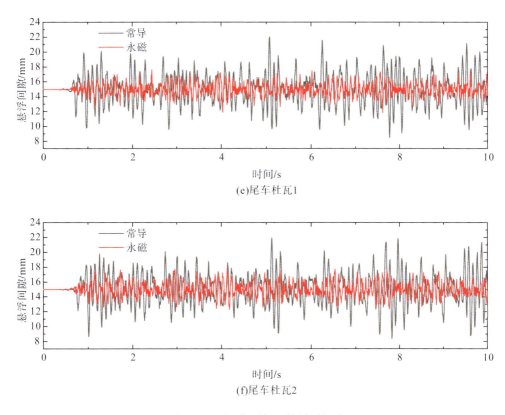

(e)尾车杜瓦1

(f)尾车杜瓦2

图 4-56　不同位置杜瓦的悬浮间隙

　　超导钉扎磁浮列车三辆车在常导磁浮轨道不平顺激励下和超导钉扎磁浮永磁轨道不平顺激励下杜瓦横向偏移的动态响应如图 4-57 所示。从图中可以发现，超导钉扎磁浮系统的永磁轨道不平顺激励对列车杜瓦横向偏移的影响远远小于常导磁浮轨道不平顺激励对列车的影响，且响应曲线也更加平滑，振幅均在 0.5mm 以内，这说明了永磁轨道不平顺对车辆横向影响十分小，车辆不会发生脱轨。

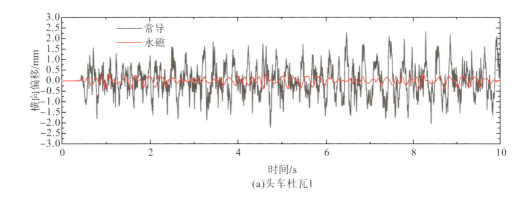

(a)头车杜瓦1

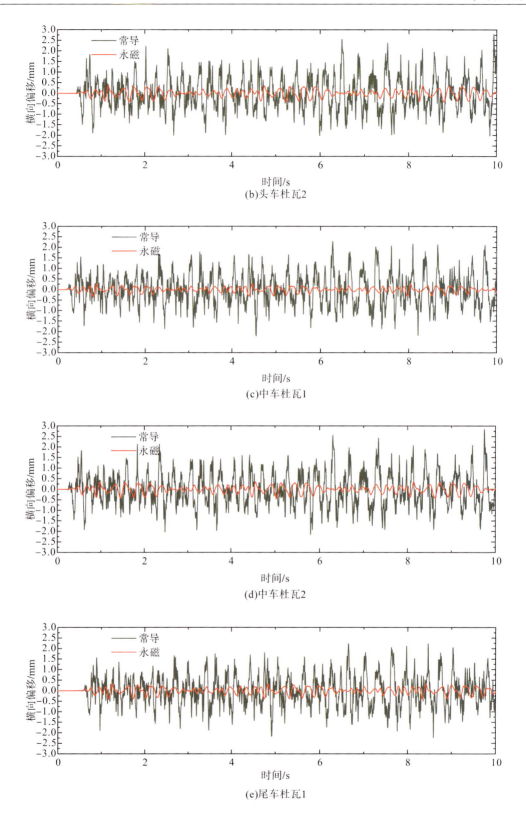

(b)头车杜瓦2

(c)中车杜瓦1

(d)中车杜瓦2

(e)尾车杜瓦1

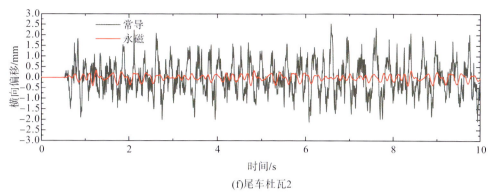

(f)尾车杜瓦2

图 4-57　不同位置的杜瓦的横向位移

　　三辆车在常导磁浮轨道不平顺激励下和超导钉扎磁浮永磁轨道不平顺激励下车体的垂向和横向的加速度响应如图 4-58 所示。从图中可以发现，超导钉扎磁浮系统的永磁轨道不平顺激励对列车悬浮间隙的影响明显小于常导磁浮轨道不平顺激励对列车的影响。其常导磁浮轨道不平顺激扰下头车和尾车最大垂向振动加速度超过了 1m/s²，而中间车也超过了 0.5m/s²；而超导钉扎磁浮永磁轨道不平顺激扰下头车和尾车最大垂向振动加速度则在 0.5m/s² 左右，而中间车同样在 0.5m/s² 左右，中间车也并未与头尾车产生明显差距。超导钉扎磁浮系统的永磁轨道不平顺激励对列车杜瓦横向偏移的影响和常导磁浮轨道不平顺激励对列车的影响差距不大，永磁轨道和常导磁浮轨道的头中尾车体的最大横向振动加速度均在 0.2m/s² 左右。

　　总而言之，超导钉扎磁浮永磁轨道不平顺激励对列车动力学性能的影响要小于常导磁浮轨道不平顺的影响，其中永磁轨道不平顺对列车的横向安全性影响非常小。

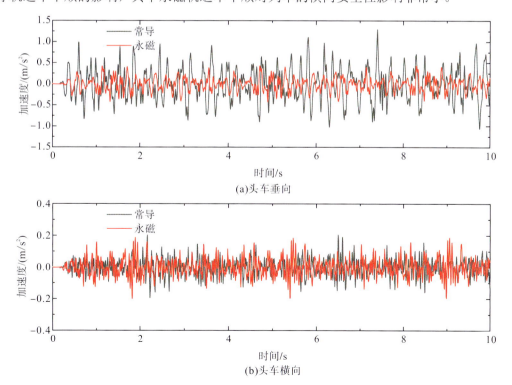

(a)头车垂向

(b)头车横向

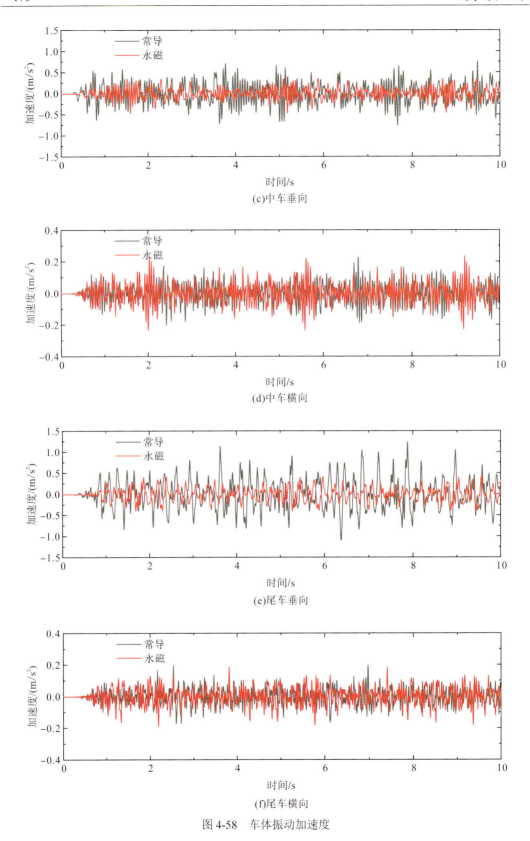

(c)中车垂向

(d)中车横向

(e)尾车垂向

(f)尾车横向

图 4-58　车体振动加速度

4.5 车辆动力学试验与减振设计

4.5.1 悬浮漂移

超导钉扎磁浮车辆在线路上运行时会不可避免地受到轨道不平顺、桥梁变形等横向和垂向激扰，此外由于离心力的作用，车载杜瓦的悬浮位置也会相对于永磁轨道发生一定程度的偏移，这些激扰都会导致杜瓦中超导块材所处的磁场环境发生变化。之前的试验研究发现超导钉扎磁浮系统在磁场环境中振动时其悬浮特性会发生改变，表现为悬浮力和悬浮位置会变化，即发生悬浮漂移现象。这说明在超导钉扎磁浮车辆运行过程中，车载高温超导块材有可能逐渐偏离初始平衡位置，这无疑会恶化车辆的运行稳定性，甚至会威胁车辆的运行安全。

为了验证磁通流动和磁通蠕动对超导块材悬浮漂移特性的作用机理，探究外部激励振动条件下的悬浮漂移特性，设计了悬浮特性振动试验，研究不同场冷高度、激振幅值、激振频率等条件对悬浮漂移的影响规律。图 4-59 为悬浮系统悬浮漂移的测试试验平台，图 4-60～图 4-65 为试验结果。

通过试验结果可以得到以下结论：

(1)在垂向激励下悬浮漂移程度要大于横向激励，并在车辆运行过程中，块材向下漂移会增大车辆砸轨的风险，但是在各种悬浮漂移情况下块材的最大向下悬浮漂移幅值高度仅为 0.5mm，并且块材在经历长时间振动后会逐渐趋于稳定，说明在长期的振动激励下块材发生悬浮漂移具有稳定性，可以安全应用于车辆中。

(2)悬浮于磁场中的块材受到外部激振后其悬浮特性会发生改变，在块材内部磁通流

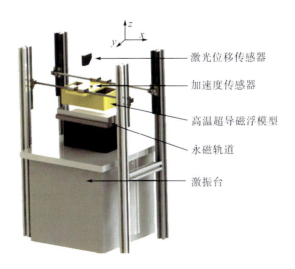

图 4-59 振动试验测试装置

动效应和磁通蠕动效应共同作用导致悬浮漂移现象的产生。磁通流动效应主要发生在振动激励初期，使得块材发生剧烈的悬浮漂移现象，磁通蠕动效应会贯穿整个振动过程，二者对块材的悬浮漂移影响情况并不相同。

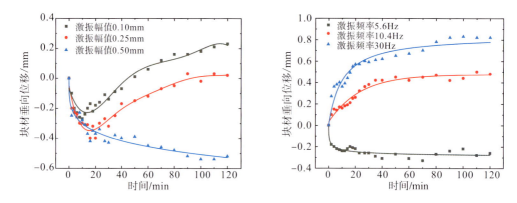

图 4-60　不同垂向激振幅值下悬浮间隙的变化情况　图 4-61　不同垂向激振频率下悬浮间隙的变化情况

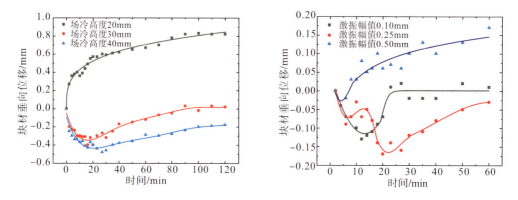

图 4-62　不同场冷高度时垂向激振下悬浮间隙的　图 4-63　不同横向激振幅值下悬浮间隙的变化情况
　　　　　变化情况

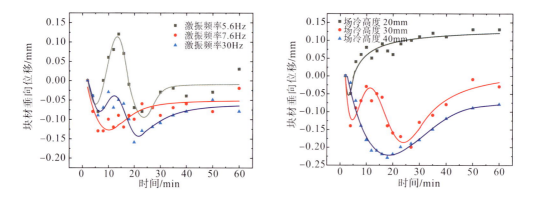

图 4-64　不同横向激振频率下悬浮间隙的变化情况　图 4-65　不同场冷高度横向激振下悬浮间隙的
　　　　　　　　　　　　　　　　　　　　　　　　　　变化情况

（3）在不同的振动条件下悬浮漂移的方向有向上漂移、向下漂移以及先向下漂移再向上漂移三种可能，悬浮漂移的方向同时受到激振幅值、激振频率以及场冷高度等因素的共同作用。

（4）从车辆运行安全性出发，车辆悬浮间隙减小有可能导致砸轨等安全事故的发生，因此运行过程中应尽量避免块材向下发生漂移。在垂向激振作用下，更小的激振幅值、更高的激振频率以及更低的场冷高度都会减小高温超导块材向下悬浮漂移的可能。而在横向激振作用下，更低的激振频率以及更低的场冷高度都会在一定程度上减小高温超导块材向下悬浮漂移的程度，横向激振幅值维持在一个较小的程度会有利于车辆运行安全。

4.5.2 车辆曲线通过性能

曲线通过是车辆动力学的一个重要研究领域，研究轨道与车辆在曲线上的几何和动力学关系，关系到车辆的运行安全性和舒适性。基于现有的"Super-Maglev"（图 4-66）超导钉扎磁浮环形试验平台[12-14]测量车辆在运行时的横向振动加速度，并将测量结果与用多刚体动力学理论建立的仿真模型计算结果进行对比。

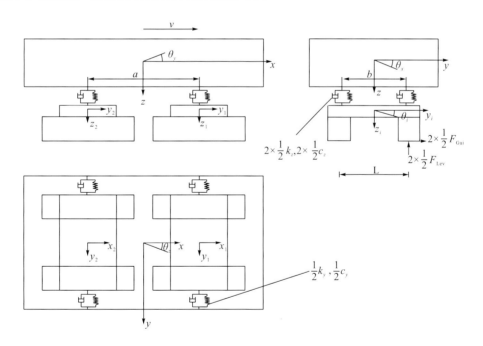

图 4-66 "Super-Maglev"横向动力学模型

由图 4-67 可以看出，加速度曲线主要由五个阶段组成，即三条 3.6m 长的曲线和两条半径为 6m 的半圆曲线。由于曲线运行过程中存在离心力，在试验过程中，采用 4507B-004 单轴压电加速度计测量加速度。由于压电传感器的特性，采集到的加速度信号也包含离心加速度。当车体通过弯道时，加速度从零偏到 1.8m/s^2 左右。对车体的受力分析表明，离心力将被导向力等产生的向心力所平衡，使其沿导轨做曲线运动，而不是向远离导轨的方向加速。因此，在模拟过程中没有离心加速度。若从试验数据中减去弯管内的离心加速度，则试验数据与仿真数据比较接近，证明了仿真模型的有效性。

图 4-68 为通过仿真模型计算的车体横向位移和侧倾角。车体通过弯道时，需要一定的导向力来平衡离心力，这种导向力需要由偏离导轨中心线的车载高温超导块材产生。横向位移峰值为 5mm。通过对上述实测的安全横向位移距离的分析，可以看出横向位移距离是安全的。车辆在通过曲线过程中的侧倾角也很小，因为试车线没有考虑超高外轨，而侧倾只是由车辆重心的横向位移引起的，会很小。比较横向位移和横摇角的时域曲线，可以看出两者几乎处于同一相位，这进一步说明横向位移导致横摇，进而促进横向运动。

通过试验与仿真数据，可以发现"Super-Maglev"具有良好的曲线通过能力。

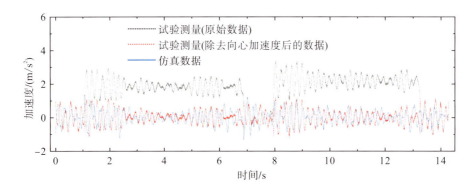

图 4-67　运行测量加速度数据与仿真数据[15]

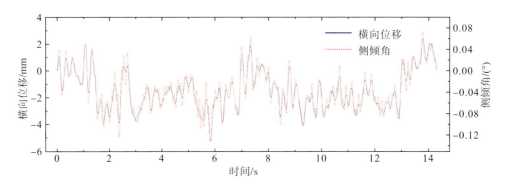

图 4-68　仿真结果中的车身横向位移和侧倾角

4.5.3　利用永磁轨道的电磁阻尼器

超导钉扎磁浮列车由于阻尼特性较弱，会产生较大幅度的振动。最好找到一种无机械接触的方式减小振动。系统主要由高温超导块材和永磁导轨组成。导轨的磁场为电磁分流阻尼器在高温超导系统中的应用提供了重要条件。基于 Halbach 阵列的特性，双峰 PMG 被广泛应用于系统，其性能比单峰 PMG 有了很大的提高。Halbach 阵列可以将阵列一侧的磁场放大，另一侧的磁场消除到接近零的位置，从而获得最大的磁场利用率。图 4-69 显示了带有电磁分流阻尼器(electromagnetic shunt damper, EMSD)的系统示意图。当容器振动时，在铜线圈中产生一个感应电流，EMSD 将机械能转化为电能，然后以焦耳热的形式在电阻中耗散。

图 4-69 显示了 PMG 的尺寸和磁通密度分布。此外，利用振动作动器对高温超导 EMSD 系统施加不同频率的垂直扰动。PMG 与执行器刚性连接，保证了 HTS-PMG 系统所受的扰动与振动执行器的扰动同步。在 Halbach 型 PMG 的上方有两个磁极，两个磁极方向相反。因此，在高温超导块材旁设置两组串联线圈，并将其反方向设置，以获得较大的感应电动势。

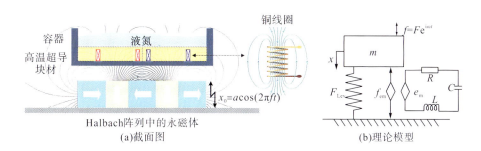

图 4-69 具有 EMSD 的超导钉扎磁浮系统原理图

单自由度悬浮系统加 EMSD 的运动微分方程如下：

$$\begin{cases} m\ddot{x} + kx + k_i i = Fe^{i\omega t} \\ L\dfrac{\mathrm{d}i}{\mathrm{d}t} + Ri + \dfrac{1}{C}\int i\mathrm{d}t = k_v \dot{x} \end{cases} \tag{4-63}$$

其中，m 为质量；k 为近似悬浮刚度；F 为激励幅值；L 为电感；R 为电阻；C 为电容。

如图 4-70 所示，当电阻 R 等于零时，相应曲线在其两个峰值处的振幅为无穷大。当电阻变为无穷大时，曲线有一个单峰，其振幅也是无穷大的。这是因为如果 R 等于零，那么阻尼等于零，系统中就没有能量耗散。当电阻 R 为无穷大时，阻尼比也为无穷大，在这种情况下，没有电流可以通过电阻，因此没有能量耗散。它们之间应该有一个阻尼值，这样就可以获得良好的振动衰减。此外，在图 4-70 中观察到一个显著的特性，即所有曲线都通过两点 P_1 和 P_2，与电阻 R 无关，称为不动点，类似于两个自由度的振动系统。

为了优化 EMSD，在任何频率的激励力下，振动振幅都需要很低。然而，可以从图 4-70 中了解到，最大振幅肯定大于或等于点 P_1 和 P_2 的较大纵坐标，而点 P_1 和 P_2 不能通过阻尼来调整。另外，通过改变电容 C，两个固定点可以上下移动，这意味着一个点上升，另一个点下降。图 4-71 示出了振动振幅随阻尼系统的电容 C 而变化。适当的电容可以使两个固定点具有相同的纵坐标。这两点取决于电容阻尼比，也可以设置阻尼无限大。

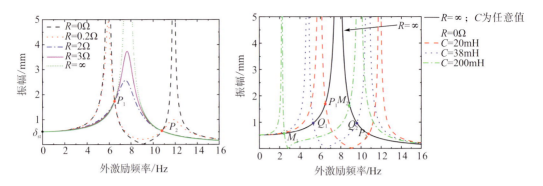

图 4-70　完整 EMSD 中不同电阻的理论　　　　图 4-71　振动振幅随阻尼系统的电容 C 而变化
　　　　　响应曲线(电容为 20μF)

采用 EMSD 的超导钉扎磁浮系统的响应曲线与采用二系悬挂系统的响应曲线相似。电容的倒数 $1/C$ 作为刚度，调节动态系统的频率。电阻 R 作为阻尼项，耗散振动能量。如图 4-72 所示，通过添加 EMSD，单自由度系统变为双自由度系统。事实上，主要对 EMSD 的阻尼项感兴趣。图 4-73 显示了在没有电容器的 EMSD 的超导钉扎磁浮系统中增加电阻 R 的情况。通过比较图 4-72 和图 4-73，通过优化参数，EMSD 包含电容，无电容 EMSD 都能达到良好的减振效果。

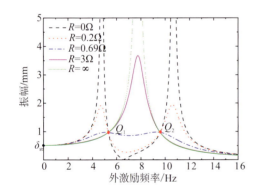
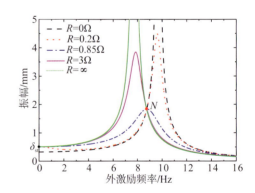

图 4-72　完整 EMSD 中不同电阻的理论响应曲线　　图 4-73　无电容器的 EMSD 中不同电阻的
　　　　　　(电容为 38mF)　　　　　　　　　　　　　　理论响应曲线

接下来进行实际试验测试。图 4-74 显示了不同典型激励下的时域加速度响应曲线。选择了三个激励频率：7.8Hz(固有频率)、8.8Hz(不动点频率)和 12Hz(大于不动点频率)。通过理论推导，得出 EMSD 的最佳电阻为 0.86Ω。但是，6 个串联线圈(液氮中)的内阻为 3.5Ω，这意味着无法达到最佳效果。选择了电阻为 2.2、10.1Ω、20Ω 和 39.1Ω 的外接电阻，与线路短接(电路电阻为 3.5Ω)和断路情况(电路电阻为无穷大)相当于没有阻尼器的情况，六条不同电阻的曲线如图 4-75 所示。

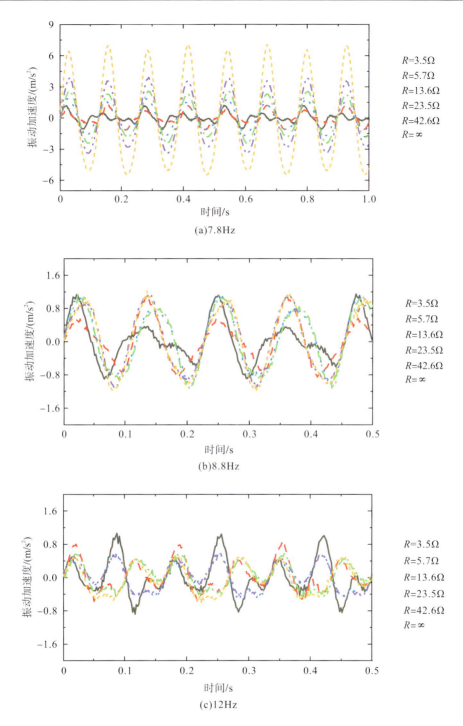

图 4-74 不同电阻和不同激振力频率下的时域试验响应曲线

与理论分析不同,振动作动器的输出不是理想的正弦信号,而是带有一定的高频噪声。在这种情况下,电阻比理论优化电阻稍大一些的 EMSD 可能具有良好的减振特性,如图 4-75 所示,在超导钉扎磁浮技术中,材料磁化不均匀和装配误差会导致 EMSD 表面磁通密度不均匀。磁通密度的不均匀性在磁浮系统中起着导轨不规则性的作用。这种不规则性会导致超导钉扎磁浮列车产生剧烈的振动,特别是在高频段。因此,在实际应用中,可以根据试验分析,选择电阻比优化电阻稍大一些的 EMSD。

通过以上试验数据分析可以得到:①通过在 EMSD 上方设置电阻、电容和线圈的阻尼器,可以大大减小列车的振动;②采用单自由度机械系统和单自由度电路系统组成的 EMSD,利用振动力学中的二自由度频域分析方法对系统进行了分析和优化,并给出了详细的推导过程;③通过增加一个设计的 EMSD,使模型车辆在共振区的振动衰减 80%以上;④无电容 EMSD 具有结构简单、全频域工作良好的优点,在超导钉扎磁浮系统中具有很高的应用价值。

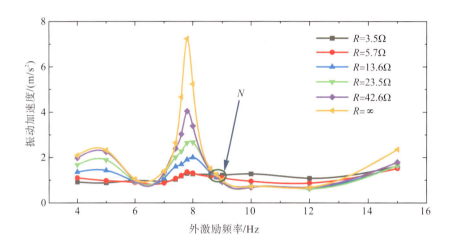

图 4-75   不同电阻的频域动态响应试验曲线

4.6   本 章 小 结

本章从动力学基本理论出发,介绍了超导钉扎磁浮系统运动控制方程的建立方法,以及系统基本的悬浮力和导向力的测量过程。随后通过解析法与数值模拟的方法分析了超导钉扎磁浮各自由度上的运动稳定性与独特的非线性振动现象;介绍了车-轨耦合动力学的理论基础,并仿真分析了超导钉扎车-轨耦合动力学性能;介绍了永磁轨道不平顺的特征与测量、不平顺功率谱估计与不平顺激励对车辆动力学的影响。最后,拓展了超导钉扎磁浮动力学的相关试验与减振构想。不同于超导体材料、原理和电磁计算等论证超导钉扎磁浮原理可行性的研究工作,系统动力学的研究主要注重于推动工程化方面。因此,其悬浮导向力等基本数据主要依靠试验数据而不是理论与仿真数据,其非线性振动特征、车辆动力学性能分析、永磁轨道不平顺分析与减振设计研究等均为工程化车辆与线路设计提供了参考依据。动力学性能是超导钉扎磁浮列车实现工程化应用的重要指标,而实际工程中还存在众多的技术难点,这些会在第 5 章介绍。

参 考 文 献

[1] Sun R, Zheng J, Li J, et al. Dynamic characteristics of the manned hybrid maglev vehicle employing permanent magnetic levitation（PML）and superconducting magnetic levitation（SML）[J]. IEEE Transactions on Applied Superconductivity, 2018, 29（3）: 3600705.

[2] Li H, Liu D, Hong Y, et al. Modeling and identification of the hysteresis nonlinear levitation force in HTS maglev systems[J]. Superconductor Science and Technology, 2020, 33（5）: 054001.

[3] Li J, Zheng J, Huang H, et al. Motion stability of the magnetic levitation and suspension with $YBa_2Cu_3O_{7-x}$ high-T_c superconducting bulks and NdFeB magnets[J]. Journal of Applied Physics, 2017, 122（15）: 153902.

[4] Wang L, Deng Z, Li Y, et al. Vertical-lateral coupling force relation of the high-temperature superconducting magnetic levitation system[J]. IEEE Transactions on Applied Superconductivity, 2021, 31（1）: 3600106.

[5] Li H, Deng Z, Li J, et al. Lateral motion stability of high-temperature superconducting maglev systems derived from a nonlinear guidance force hysteretic model[J]. Superconductor Science and Technology, 2018, 31（7）: 075010.

[6] Li J, Deng Z, Xia C, et al. Subharmonic resonance in magnetic levitation of the high-temperature superconducting bulks $YBa_2Cu_3O_{7-x}$ under harmonic excitation[J]. IEEE Transactions on Applied Superconductivity, 2019, 29（4）: 3600908.

[7] Deng Z, Li J. Dynamic simulation of the vehicle/bridge coupled system in high-temperature superconducting maglev[J]. Computing in Science & Engineering, 2019, 21（3）: 60-71.

[8] Wang L, Deng Z, Wang H, et al. Dynamic responses of HTS maglev system under track random irregularity[J]. IEEE Transactions on Applied Superconductivity, 2020, 30（4）: 3602007.

[9] 马顺顺. 超导钉扎磁浮车辆曲线通过特性仿真研究[D]. 成都：西南交通大学, 2020.

[10] Wang H, Deng Z, Ma S, et al. Dynamic simulation of the HTS maglev vehicle-bridge coupled system based on levitation force experiment[J]. IEEE Transactions on Applied Superconductivity, 2019, 29（5）: 3601606.

[11] 王洪帝. 基于悬浮力特性的超导钉扎磁浮车-桥系统垂向振动响应研究[D]. 成都：西南交通大学, 2019.

[12] Deng Z, Zhang W, Zheng J, et al. A high-temperature superconducting maglev ring test line developed in Chengdu, China[J]. IEEE Transactions on Applied Superconductivity, 2016, 26（6）: 3602408.

[13] Deng Z, Li J, Zhang W, et al. High-temperature superconducting magnetic levitation vehicles: Dynamic characteristics while running on a ring test line[J]. IEEE Vehicular Technology Magazine, 2017, 12（3）: 95-102.

[14] Li J, Qian N, Si S, et al. Vibration characteristics of the HTS maglev vehicle running on a 45-m-long ring test line[J]. IEEE Transactions on Applied Superconductivity, 2016, 26（6）: 3602507.

[15] Li H, Deng Z, Ke Z, et al. Curve negotiation performance of high-temperature superconducting maglev based on guidance force experiments and dynamic simulations[J]. IEEE Transactions on Applied Superconductivity, 2020, 30（1）: 3600311.

第 5 章　钉扎磁浮技术发展与应用

　　更高速度是人类一直追求的目标。在轨道交通领域，轮轨列车由于受到空气阻力、轮轨黏着、气动噪声以及弓网极限速度等因素的制约，最高经济与技术速度在 400km/h 左右，要想突破现有铁路速度的发展瓶颈，需要降低空气阻力和减小摩擦损耗[1]。磁浮列车是一种通过非接触的方式实现悬浮、导向和驱动的新型轨道交通系统，它依靠电磁力作用，在列车与轨道之间形成一定高度的悬浮间隙，从原理上消除了轮轨黏着和弓网接触，运行阻力相对较小；同时磁浮车辆的轴承、旋转电机、齿轮等旋转接触摩擦结构少，高速运行带来的磨损小。分析来看，磁浮制式对于高速运行具有更高的适应性。自 20 世纪 60 年代开始，日本、德国等国家率先开展了对磁浮列车的研究。经过数十年的发展，磁浮列车已经从设想走向了商业化运行。但是相对轮轨列车，磁浮列车的发展成熟度仍旧不高，处于发展早期阶段，发展道路依旧漫长。

5.1　磁浮发展历程

5.1.1　磁浮分类及其原理

　　各种磁浮制式如果按照悬浮原理分类，可以划分为电磁悬浮 (electromagnetic suspension，EMS)、电动悬浮 (electrodynamic suspension，EDS)、钉扎悬浮 (high-temperature superconducting suspension，HTS)、谐振悬浮、永磁悬浮等；如果按照行驶速度分类，可以划分为中低速磁浮、高速磁浮及超高速磁浮；如果按照悬浮体的材料分类，可以划分为常 (规) 导 (体) 磁浮、低温超导磁浮、高温超导磁浮等。按上述分类，日本 Linimo 线、韩国仁川机场线、中国长沙磁浮示范线及北京磁浮 S1 线为中低速常导电磁悬浮，中国上海浦东机场高速磁浮线为高速常导电磁悬浮，日本在建的磁浮中央新干线为高速低温超导电动悬浮。当前发展阶段，主要的磁浮列车有常导电磁悬浮列车 (中低速和高速)、永磁电动悬浮列车、低温超导电动悬浮列车、超导钉扎磁浮列车等。以下是几种常见磁浮制式的原理介绍。

1. 常导电磁悬浮

　　高速常导电磁悬浮列车以上海浦东磁浮列车、德国 TR 系列为代表。如图 5-1 所示，轨道为 T 型结构，列车两侧底部包住 T 型轨道，安装在列车底部的车载电磁铁与导轨底面的铁芯产生吸引力，从而使列车悬浮，并通过控制悬浮励磁电流，保证稳定的悬浮间隙，其悬浮间隙 8mm。左右导向磁体位于列车两侧，与轨道铁芯产生导向力，使列车与轨道之间保持一定的侧向间隙。

常导电磁悬浮技术起步最早,目前技术最为成熟。高速磁浮列车通过长定子直线同步电机(linear synchronous motor,LSM)驱动,最高速度可达 500km/h,目前已经投入商业使用。中低速常导电磁悬浮列车则有所区别,主要表现在中低速列车采用一套电磁铁即可实现悬浮和导向,高速磁浮列车需要单独的悬浮电磁铁和导向电磁铁,中低速列车采用短定子直线电机驱动,转向架结构也和高速转向架区别明显,目前中低速磁浮列车主要在中国、日本和韩国实现运营。

2. 永磁电动悬浮

永磁电动悬浮系统结构如图 5-2 所示,其由车载永磁体、反应板、支撑轮、直线牵引电机、地面牵引供电系统、分段供电和运行控制等部分构成。永磁电动悬浮的基本原理是当列车运行时,依靠安装于车体底部的永磁阵列在反应轨道(非磁性金属板或者独立线圈)中产生感应电流,两者相互作用,产生一个向上的磁斥力,从而将列车悬浮于导轨表面一定高度上。实际工程应用中,永磁阵列通常采用 Halbach 阵列。

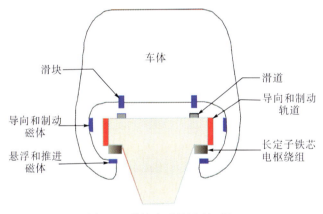

图 5-1　常导电磁悬浮(高速)

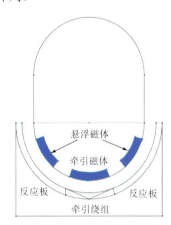

图 5-2　永磁电动悬浮系统结构

3. 低温超导电动悬浮

采用低温超导线材的电动悬浮列车结构如图 5-3 所示。其原理是将 NbTi 低温超导线圈浸泡在液氦(4.2K)中,冷却达到超导态,然后在超导线圈中通以电流,形成有强磁场的超导磁体。两侧 U 型轨道梁侧壁上连续排布着 8 字形线圈。当车载低温超导磁体沿着轨道水平移动时,轨道侧壁上线圈内会产生感应电流,8 字形线圈下部磁场与车载超导磁体之间相互排斥,上部磁场与车载超导磁体之间相互吸引,使得车体悬浮起来。因此,低温超导电动悬浮列车需要达到一定初始速度(约 100km/h)才能实现悬浮。2015 年 4 月 21 日,在山梨试验线上,日本低温超导电动磁浮 L0 系车型跑出了载人速度 603km/h 的世界纪录。

4. 超导钉扎磁浮

如第 2 章所述,超导钉扎磁浮利用非理想第 II 类超导体的磁通钉扎特性在具有梯度磁场中产生的自稳定悬浮现象，来实现一种新型的、悬浮导向一体化的轨道交通应用工具，其整车系统主要由车载超导块材及其低温系统、地面永磁轨道系统和直线驱动系统三大关键部分组成，其原理示意图如图 5-4 所示。

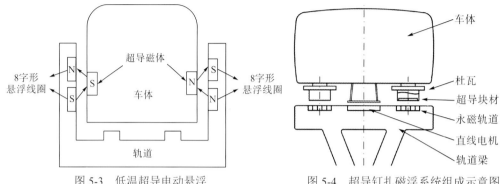

图 5-3　低温超导电动悬浮　　　　图 5-4　超导钉扎磁浮系统组成示意图

　　超导钉扎磁浮列车利用了其独特的磁通钉扎特性，在无须主动控制系统的情况下能实现自稳定悬浮和导向，具有结构简单、平稳性好等优势。超导钉扎磁浮列车的悬浮原理是将超导体置于永磁轨道形成的外磁场中，通过液氮对杜瓦内的超导体进行降温使其进入超导态，由于超导体特有的钉扎特性，部分磁通线会被钉扎在超导体的内部，当超导体与永磁轨道形成相对位置变化时，超导体内会产生较大的感应电流，进而形成与运动方向相反的洛伦兹力，表现为垂向和横向的悬浮力与导向力。

　　表 5-1 为不同磁浮制式的技术特点对比。

表 5-1　不同磁浮制式的技术特点

悬浮类型	常导电磁悬浮	永磁电动悬浮	低温超导电动悬浮	超导钉扎磁浮
开始时间	1934 年专利	20 世纪 40 年代	1966 年专利	2001 年中国专利
导轨类型	T 型导轨	弧形导轨	U 型导轨	平板式导轨
车载磁体	线圈	永磁体	超导线圈	超导块材
路轨铺设	硅钢片	铝感应板	8 字形线圈	永磁体
悬浮间隙/mm	8～12	20～30	80～150	10～20
推进方式	直线电机	直线电机	直线电机	直线电机
悬浮导向控制系统	主动控制	导向需主动控制	无	无
试验速度/(km/h)	550	463	603	300
研究技术的主要国家	德国、日本、中国、韩国	美国	日本	中国
技术成熟度	商业运营	试验研究	商业运营线建设中	试验研究
应用情况	中国上海浦东磁浮示范线、日本 HSST 线形低速磁浮列车、韩国仁川机场线、中国长沙磁浮示范线、中国北京磁浮 S1 线等	美国 Hyperloop、美国 Inductrack 磁浮系统、美国 Magplane 等	中央磁浮新干线	中国西南交通大学试验线、巴西 Maglev Cobra 试验线、德国 SupraTrans 系列试验车等

5.1.2 超导钉扎磁浮车的发展历程

第 2 章介绍了超导钉扎磁浮现象的发现历程，自 1988 年 Hellman 与 Peter 首先发现圆盘形高温超导体 YBCO 块材上 NdFeB 永磁体的悬浮现象以来，超导钉扎磁浮的研究已经有 30 多年的历史，随着新型超导材料的不断涌现，以及临界温度及内部磁通钉扎性能的不断提升，实用型超导磁浮技术正逐步迈向车辆工程化应用。目前超导钉扎磁浮车系统仍处于研究阶段，尚未投入商业化应用，参与研究的主要有中国、德国、巴西，此外还有日本、俄罗斯、意大利等国家。

早在 1997 年 3 月，中国西北有色金属研究院和德国联合研制了世界上第一辆超导钉扎磁浮模型车，并对其悬浮力与导向力进行了初步研究[2]。该模型车悬浮间隙 7mm，运行速度较低、不具备载人条件，但它证明了实际应用的可能性，为后续车辆的研制奠定了基础。

2000 年 12 月 31 日，西南交通大学超导技术研究所研制出世界首辆载人超导钉扎磁浮车[3]，名为"世纪号"，我国具有其全部知识产权，江泽民、胡锦涛、温家宝等中央领导人都先后乘坐过"世纪号"，获评 2001 年度"中国高等学校十大科技进展"并荣获四川省科技进步奖特等奖。该磁浮车系统结构简单，由直线感应电机驱动，受地面控制系统的控制，无车载控制装置，也不需要附加悬浮和导向控制系统。永磁轨道长 15m，呈双轨直线排列，最大悬浮间隙超过 20mm，悬浮力可达 6350N，设计荷载 4 人，可持续工作 6h。

2004 年，"Supra Trans Ⅰ"诞生于德国莱布尼茨固体和材料研究所。该磁浮列车直线轨道长 7m，最大载重能力 350kg（图 5-5）。2011 年，建成总长为 80m 的第二代环形试验线"Supra Trans Ⅱ"。该试验车荷载 2 人，通过直线感应电机驱动，最高运行速度为 20km/h，且设有曲线和道岔。

图 5-5 德国莱布尼茨固体和材料研究所"Supra Trans Ⅰ"[4]

巴西里约热内卢联邦大学从 1988 年开始研究超导钉扎磁浮，并在 2014 年修建了一条长度为 200m 的"Maglev Cobra"超导磁浮试验线（图 5-6）。试验线由一条长 200m 的高架桥组成，其两端各设有一个车站，从空中连接两栋教学楼，车体采用轻质纤维材料，总载客量为 30 人，最高速度达 70km/h。与中、德试验线不同的是，"Maglev Cobra"的电机初级绕组安装于车体上，次级感应板铺设在轨道中央，这样可以减少铺设线圈的费用，在车体上安装接触受电装置，可应用于短距离中低速线路。同期，巴西团队详细比较了超导钉扎磁浮与城市轻轨，认为同等载重情况下超导钉扎磁浮列车比轻轨更轻，每公里造价仅约后者的55.26%。

图 5-6 巴西"Maglev Cobra"车及试验线

此外，意大利拉奎拉大学于 2008 年构造了一种 V 型轨道[5]，磁轨和单个杜瓦小车均做成 V 字形用于增加导向力(图 5-7)。车长 0.72m、宽 0.81m，轨道长 3.72m，宽同样为 0.81m，最大模拟线速度可达 37km/h。日本产业技术综合研究所、俄罗斯莫斯科航空学院等也相继研制出各自的系统。这些工作都推动着超导钉扎磁浮不断向前发展。

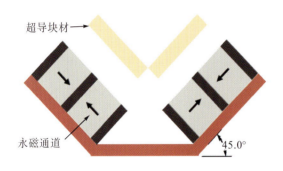
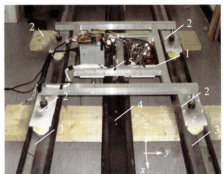

图 5-7 意大利拉奎拉大学 V 型轨道及小车照片

表 5-2 为不同研究团队研发的超导磁浮车系统参数对比情况。

表 5-2 不同超导磁浮车系统参数对比

名称	轨道材料及参数	车体参数	最高运行速度	悬浮间隙	驱动方式
模型车	钕铁硼轨道，长 11.2m	总质量 20kg	1.8m/s	7mm	直线电机
世纪号	钕铁硼轨道，长 15.5m	长 3.5m、宽 1.2m、高 0.8m，4 个车载座位	5m/s	大于 20mm	异步直线电机
SupraTrans-Ⅰ	钕铁硼轨道，长 7m	长 1.3m、宽 0.8m，最大载质量 350kg	1m/s	13～18mm	同步直线电机
SupraTrans-Ⅱ	钕铁硼轨道，长 6.5m	长 2.5m、宽 1.2m，总质量 600kg	5.6m/s	10mm	同步直线电机
Maglev-Cobra	钕铁硼轨道，长 200m	每节车厢 1.5m，共 4 节，每节车厢载客 6 人	7.8m/s	平均 15mm	同步直线电机

在中国，西南交通大学在"世纪号"的基础上，继续开展深入研究，并于 2013 年成功研制出载人超导钉扎磁浮环形试验线"Super-Maglev"(图 5-8)。该试验线全长 45m，分为 2 个直线段(各长 3.6m)和 2 个曲线段(半径 6m)，在其中一段直线段安装有 3m 长的直线驱动电机，直线感应电机配合机械混合制动；悬浮间隙为 10~20mm，最大载重 1t，受轨道曲率半径较小的限制，试验车速最高为 50km/h。该系统采用了 Halbach 永磁轨道，是国际上同等载重能力情况下轨道截面积最小、成本最低的超导磁浮系统。它还建立起了面向实际应用的含转向架、制动、无线通信、车载实时监测等功能于一体的整车系统。2014 年 6 月，该团队将试验线与真空管道结合，研制成功了新一代的真空管道高温超导磁浮试验平台，管道直径 2m，管内真空度最低可达 0.029 个大气压。2014 年 7 月，美国 *IEEE Spectrum* 针对真空管道高温超导磁浮试验平台"Super-Maglev"，以"A Super Chute"为题进行了报道，引起了人们对高温超导磁浮列车技术和真空管道交通发展趋势及其对社会和商业影响的关注及探讨。

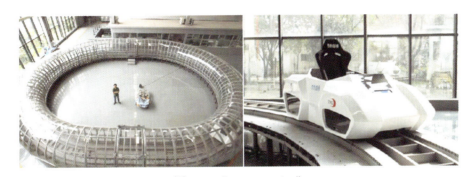

图 5-8 "Super-Maglev"

表 5-3 为"Super-Maglev"具体参数。

表 5-3 "Super-Maglev"具体参数

参数	取值
管道直径	2m
长度	45m，环形：弯道半径 6m，直线段长度 3.6m
牵引制动	牵引：3m 长直线感应电机 制动：直线感应电机配合机械混合制动
悬浮间隙	10~20mm
最大加速度	0.5m/s^2
载质量	1000kg
试验速度	0~50km/h

2016 年 1 月，西南交通大学超导与新能源研究开发中心研制了高速真空管道超导侧挂悬浮试验系统(图 5-9)，环线总长 20.4m，永磁轨道半径 3.25m，管内最低气压 160Pa

（0.0016atm），最高试验速度达 150km/h。该系统是多种技术的交叉融合，突破了小半径圆环形轨道离心力的限制，大幅度提高了自由悬浮系统的运行速度。

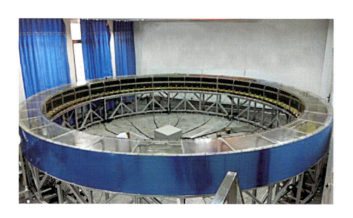

图 5-9　真空管道超导侧挂悬浮试验系统

2019 年，西南交通大学牵引动力国家重点实验室建成了世界首个真空管道超导钉扎磁浮高速试验台，开展高速模型弹射试验(图 5-10)。试验台采用了比例 1∶10 的超导磁浮车缩小模型，管道直径 4.2m，悬浮间隙 10～20mm，利用直线电机驱动，速度已达 300km/h，预计试验最高速度 430km/h，主要用于研究低气压、高速运行环境下超导磁浮的悬浮和导向稳定性，验证大推力直线电机运行性能，以及针对高速磁浮、真空管道、电磁推进、列车空气动力学综合研究。

图 5-10　真空管道超导钉扎磁浮高速试验平台

2020 年 5 月，西南交通大学牵头建设的"多态耦合轨道交通动模试验平台"启动，计划于 2024 年建成，项目将建设一个长度 1620m 的超高速高架结构真空管道磁浮交通试验线及相关配套设施，最高设计速度 1500km/h(图 5-11)，用于研究多模式、全速度、变环境、多态耦合条件下的磁浮交通系统动力学、管道-轨道-列车-气流-热耦合作用等多学科综合交叉的基础科学问题。这将成为超高速轨道交通领域最先进的综合性研究试验平台，为真空管道超高速轨道交通基础科学问题与共性关键技术的研究奠定了坚实的基础。

图 5-11　多态耦合轨道交通动模试验平台效果图

2021 年 1 月 13 日，世界首台高温超导高速磁浮工程化样车及试验线正式在西南交通大学启用，标志着超导钉扎高速磁浮工程化研究从无到有的突破。如图 5-12 所示，工程化样车采用全碳纤维轻量化车体、低阻力头型、大载重磁浮技术等新技术和新工艺。试验线最终建设目标是：建设一条 52.2km 试验线，线路、车辆、牵引、运控条件满足列车最高试验速度 620km/h、设计速度 520km/h 的运行要求；研制磁浮列车，列车在环境条件、气候条件、线路条件(高架线路、路基、隧道)、供电条件、限界条件以及运控等条件下安全运行。

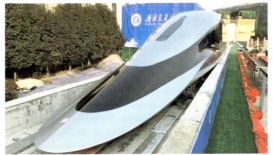

图 5-12　西南交通大学研制的超导钉扎高速磁浮工程化样车

综上所述，虽然起步较晚，但是从 2000 年至今的 20 多年里，超导钉扎磁浮发展迅速。研究重点已由早期的车载超导块材组合与永磁轨道间的准静态电磁特性及优化工作，发展到动态特性分析、动模型和实车运行试验、中试线建设等方面。超导钉扎磁浮走出实验室，面向工程化应用，正在得到更多的认可和关注。

5.2　超导钉扎磁浮车关键技术

超导钉扎磁浮整车系统主要由悬浮导向系统、永磁轨道系统和直线驱动系统三大关键部分组成。现有的超导钉扎磁浮工程化样车如图 5-13 所示。

图 5-13   超导钉扎磁浮工程化样车实图

超导钉扎磁浮技术具有可静止悬浮、悬浮导向一体化、自稳定、前进方向无固有磁阻力、易于实现高速等特点。从悬浮原理分析,超导钉扎磁浮和轮轨支撑、电磁悬浮以及电动悬浮皆不相同。一方面,其为面均布载荷,这与电磁悬浮、电动悬浮类似,与轮轨的集中载荷不同。另一方面,其为被动支撑,这与轮轨支撑和电动悬浮类似,与电磁悬浮的主动支撑又不相同。其悬浮间隙是变化的,这与电动悬浮类似,与轮轨支撑有一定区别。并且为了实现悬浮,超导钉扎磁浮所必备的制冷系统和永磁轨道也是独特的。上述介绍决定了超导钉扎磁浮列车的独特性。从车辆系统角度分析,超导钉扎磁浮作为磁浮车辆的一种,也具有一些共通特性:车辆与轨道无接触,车辆由直线电机驱动,车体也与常见车体区别不大。超导钉扎磁浮系统的结构原理如图 5-14 所示。

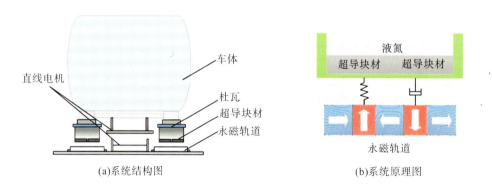

(a)系统结构图   (b)系统原理图

图 5-14   超导钉扎磁浮系统结构原理图

5.2.1   悬浮导向系统

1. 转向架

车辆系统的转向架采用模块化设计,从结构上实现列车的载荷均匀分布以及运行过程中的平衡。满足承载车体重量、实现列车的悬浮、牵引列车沿轨道运行、适应轨道的几何扭曲与不平顺以及保证列车运行过程中的平稳性的要求。图 5-15 为西南交通大学联合中车唐山机车车辆有限公司研制的转向架。车辆转向架由多个两模块转向架组成，其中单模块转向架主要由 1 个上构架和 1 个下构架装配而成，每个下构架的两侧杜瓦梁上各安装有 6 个杜瓦。二系悬挂装置主要由 2 个空气弹簧、2 个垂直液压减振器、2 个横向液压减振器、2 个抗蛇行液压减振器组成。

为了保证车辆的载重能力，与传统高速列车方案不同，超导钉扎磁浮列车的单节车体下设计有多个相同的转向架模块与车体相连接。这是因为若将全部杜瓦安装于两个转向架之上，则在过弯时，转向架端头杜瓦会因自身横向刚度不足与下方轨道产生巨大偏移而失去悬浮作用。综合考虑转向架之间应具备的最小间隙，选择单个转向架上 6 个杜瓦、单节车体下 6 个转向架的排布方案较为合理，此时单侧轨道上杜瓦数量为 36 个。这种排布方案既能保证各杜瓦与导轨之间的有效作用面积，也确保了方案的可行性与工艺性。

由于车辆上的超导体在进入超导态前，不能提供足够的悬浮力，故此时需依靠支撑轮支承整车。当灌入液氮并调整场冷高度，使超导体进入超导态后，支撑轮将逐渐收起，由转向架杜瓦与磁轨之间相互作用为整车提供悬浮力，并通过直线电机驱动车辆前进。

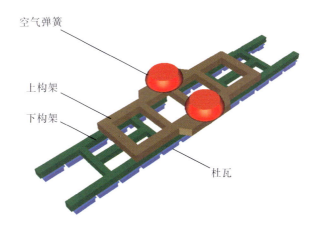

图 5-15　车辆单模块转向架示意图

2. 低温装置

低温装置即杜瓦，相当于轮轨列车的车轮，吊挂于转向架底部。杜瓦底部安装有超导块材，同时内部盛装液氮。液氮冷却超导块材使其处于超导态。杜瓦还需具备较长时间的保温能力和较大的承载能力，从而满足高温超导磁浮车长时间、高载荷的悬浮导向需求。为了保证磁浮列车有足够的静悬浮间隙，要求杜瓦壁不能过厚。但为了保证保温能力，杜瓦设有真空层，并且为了保证足够的强度，则要求杜瓦壁不能过薄。另外，由于永磁轨道磁场限制，杜瓦应采用无磁材料制造。上述条件使得杜瓦的技术要求较高。

如图 5-16 所示，杜瓦采用的是双层密封结构，主要包括内、外箱体，中间承载结构与隔热部件，以及底部的高温超导块材。其中，内箱体与外箱体之间为真空隔热层；内箱体为冷舱，盛装维持块材冷却需要的液氮；内外壁之间的中间支撑和隔热部件起着传力、隔热、减少液氮挥发的作用；超导块材则按照一定的排列方式布满杜瓦的底部，以最大限度地提供承载性能。悬浮导向力在杜瓦内部的传递过程为：超导块材与轨道作用产生悬浮导向力→内箱体→中间支撑和隔热部件→外箱体，由上盖板与车体的机械连接装置，将载荷传递至车体。

杜瓦的性能状态和日常维修等至关重要。因其采用高真空绝热方案，所以其真空度直接影响着杜瓦性能。在使用杜瓦前，必须保证其真空度维持在 $10^{-3} \sim 10^{-5}$ mbar（1bar=10^5Pa），若真空度不足，则需对其进行抽空；在使用过程中，若发现杜瓦外侧有结冰、结霜现象，则说明杜瓦性能下降，真空度不足，需要重新进行抽空，若抽空后仍然出现此类问题，则杜瓦真空层可能存在泄漏，需要进行检漏和维修工作。

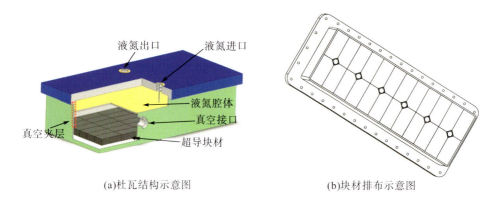

(a)杜瓦结构示意图 　　　　　　　(b)块材排布示意图

图 5-16 杜瓦结构及块材排布示意图

5.2.2 液氮加注系统

液氮加注系统采用自增压液氮灌注系统对杜瓦灌液，主要由自增压液氮罐、输液管、电磁阀等组成，如图 5-17 所示。其中，自增压液氮罐用于储存液氮，并具有增压功能，使液氮能顺利地从液氮罐灌注至杜瓦内。输液管是液氮的运输通道，将液氮罐中的液氮分配至多个杜瓦中，且具有一定的保温隔热功能。电磁阀用于控制输液通道的开闭，要求低温条件下，工作可靠性高。其特点在于：①自动灌液，操作简便、安全，减少劳动量；②灌注速度快，单套杜瓦灌注时间为人工灌液的 1/4～1/3；③可满足多套杜瓦同时灌液，极大地缩短了准备时间。缺点是灌液过程中的液氮损耗较人工灌液多。

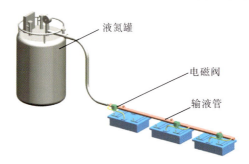

图 5-17 自增压液氮灌注系统示意图

5.2.3　永磁轨道系统

　　永磁轨道连同基座用扣件固定在道床基础梁上，其结构包括永磁体、固定装置及隔磁装置等，如图 5-18 所示。铺设永磁轨道时，可对扣件进行水平与垂直方向的调整，以达到车辆平稳运行的要求。其中，永磁体通过隔磁装置连接并固定在路基或道床上，并沿线路双轨铺设，具有磁性不易衰减、服役寿命周期长等优点。如第 2 章所述，轨道采用稀土永磁材料，成本较高。永磁轨道优化对降低高温超导磁浮线路成本十分重要。目前，实际应用的永磁轨道有平铺型、竖直型和 V 型。其中，平铺型是应用最为广泛的永磁轨道形式。平铺型永磁轨道如图 5-19 所示。根据现有平铺型轨道，可在工作高度 12mm 处达到 2.6T/m 的实际重载要求。进一步通过优化轨道磁化角，可以实现在工作高度 10mm 和 15mm 下 3T/m 的大载重车载悬浮方案。

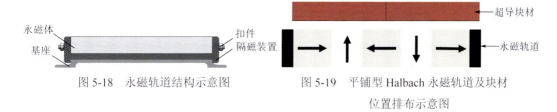

图 5-18　永磁轨道结构示意图　　　　图 5-19　平铺型 Halbach 永磁轨道及块材
　　　　　　　　　　　　　　　　　　　　　　　　　　位置排布示意图

　　永磁轨道的线路平顺性直接决定着系统的悬浮导向性能品质，其线路设计技术十分关键。除传统铁路选线技术，线路技术还包括永磁轨道装配技术、永磁轨道道岔技术等。在超导钉扎磁浮对坡度、曲线半径等线路参数的限制条件方面，可借鉴使用传统的铁路选线技术。但永磁轨道的装配技术需要满足系统对永磁轨道磁场均匀度的特殊要求，而目前采用的手工工装速度较慢。对此，需要设计一套专门的自动化工装系统，能够克服永磁体之间以及永磁体与聚磁铁之间的强大电磁力（数吨至数十吨），保证永磁导轨中永磁体之间的缝隙在允许的范围内，并且能自动检测永磁体的磁化方向，不损伤永磁体。

　　永磁轨道的道岔实现方法有机械式和电磁式两种[6]。电磁式道岔在道岔部分设有三个电磁铁，通过电磁铁的电流方向改变磁场的连续方向，以控制车体运行轨迹（图 5-20）。这种方式无须构件运动，具有反应速度快、控制简单的优点，但对电磁铁磁场与永磁轨道磁场的吻合度要求较高，适合低速通过。目前，西南交通大学已经完成了电磁道岔原理样机的研制和验证。

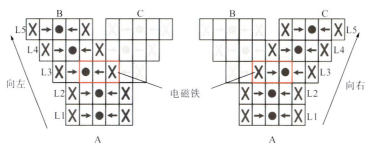

图 5-20　Y 字形 Halbach 永磁轨道电磁道岔原理图

5.2.4 直线牵引与制动系统

直线牵引与制动系统应具有牵引、电制动的功能，主要由直线牵引电机、牵引供电系统和制动系统组成。其中，直线牵引电机动子推动列车运动，是整个牵引系统的核心；牵引供电系统是大推力高速推进的能量来源；制动系统可实现列车在各种工况下的减速或停车。

1. 直线牵引电机

与传统轮轨车辆的旋转电机牵引方案不同，超导钉扎磁浮车辆使用直线电机进行牵引，使其纵向牵引力不受轮轨黏着力限制。这种方案具有牵引力大、爬坡能力强、启动快和速度高等一系列优点。目前，国内外直线电机轨道交通应用广泛，不同线路的驱动、支承、导向方式介绍详见表 5-4。

表 5-4　直线电机轨道交通线路特征

名称	驱动方式	支承方式	导向方式	应用
磁浮铁路	长定子直线同步电机	电磁悬浮	电磁导向	上海磁浮线（超高速磁浮线）
		电动悬浮	电磁导向	日本山梨试验线（超高速磁浮线）
	短定子直线感应电机	电磁悬浮	电磁导向	日本东部丘陵线、北京 S1 线等（中低速磁浮线）
直线电机轮轨交通		钢轮	钢轮	加拿大、日本、美国、马来西亚、中国等 16 条线路
直线电机单轨交通		橡胶轮胎	导向轮	莫斯科单轨
分段直线电机轨道交通	分段长定子直线感应电机	钢轮	钢轮	美国国会地铁、休斯敦机场摆渡线、迪士尼乐园游览线

现有的磁浮铁路主要采用两种不同形式的直线电机，即短定子直线感应电机(linear induction motor，LIM)和长定子直线同步电机。

长定子直线同步电机：德国和日本超高速磁浮都采用长定子直线同步电机驱动，即在地面导轨两侧全线铺设长定子绕组，在车体转向架安装永磁体/超导体作为动子牵引方式。其中，永磁体采用 Halbach 结构，提供稳定的励磁磁场，当初级推进线圈通入对称交流电时产生行波磁场，通过控制行波磁场和励磁磁场的空间角度产生电磁驱动力，驱动磁体直线运动(图 5-21)。长定子直线同步电机方案的优点是功率大、功率因数高，但由于沿线铺设电机定子绕组，造价较高，适用于高速、超高速磁浮铁路。另外，这种方案的变频变压(variable voltage and variable frequency，VVVF)系统动力电源也设在地面变电所内，列车运行控制在地面运行控制中心完成，该技术对直线同步电机的同步控制精度要求很高，需要对列车的速度和位置进行精确测控。

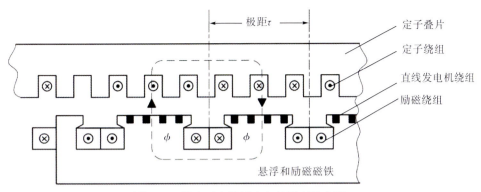

图 5-21　长定子直线同步电机原理示意图

短定子直线感应电机：日本 HSST 磁浮铁路采用短定子直线感应电机，即电机定子三相绕组布置在车辆两侧，VVVF 系统动力电源和电机绕组一起装在车内(图 5-22)。系统因 VVVF 系统通过地面供电轨(直流 1500V)取得电能，故该方案的磁浮列车与地面之间必须安装受流器(供电轨)。短定子直线感应电机方案的优点是电机转子结构简单，仅通过厚 4mm 左右的铝板铺设在与车上定子位置相应的导轨两侧，大大降低了线路铺设造价，且在车上完成控制，技术实现相对更容易。但短定子直线电机车严格意义上讲，并不是完全无机械接触的，其受流器受流性能在高速下会不断恶化，限制了使用这种方案的磁浮列车的运行速度。以目前的技术水平来说，速度超过 200km/h 的磁浮列车系统的受流性能还很难保证。

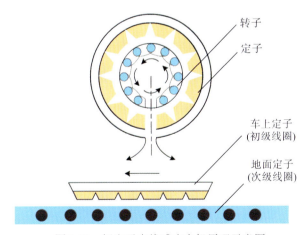

图 5-22　短定子直线感应电机原理示意图

两种直线电机的性能特征对比如表 5-5 所示。

结合超导钉扎磁浮系统的悬浮特点，同时为尽量减轻车载设备重量，增加有效载荷，长定子直线同步电机驱动方案更能满足车辆的要求。为尽可能地降低直线电机长定子成本，可在不同路段铺设不同规格的电机。

牵引电机除了类型选定，其结构和安装方式也是方案设计的关键，不仅要满足牵引和制动力的大小，还需要满足车体及轨道的空间尺寸及结构强度等要求。由于车辆以悬浮状态运行，考虑将牵引电机安装在转向架上，然后按照长定子直线同步电机单边和双边布置分别进行分析考量。

单边布置：将运行断面简化为车体、转向架及牵引电机，则根据直线同步电机相对于转向架及轨道的布置位置，单边型结构又可分为中间水平布置、两侧水平布置和两侧竖直布置(图 5-23)三种方式。单边型结构虽然简单，但其最大的缺点是具有较大的法向力。

表 5-5   两种直线电机的性能特征对比

性能	短定子直线感应电机	长定子直线同步电机
电机效率	低	高
电机功率因数	低	高
单位体积功率密度	低	高
次级结构	地面感应板(钢铝复合次级)	车载励磁绕组或永磁次级
法向磁吸力(对悬浮系统的影响)	小	大
供电方式	车载受流供电	地面分段供电
控制方式	恒转差频率控制	矢量控制
控制系统难易程度	易	难
控制系统可靠性	中	低
高速性能	差(动态纵向边端效应)	好
技术成熟度(国内)	高	低
建造成本	低	高
系统运行效率	低	高
维修维护成本	低	高

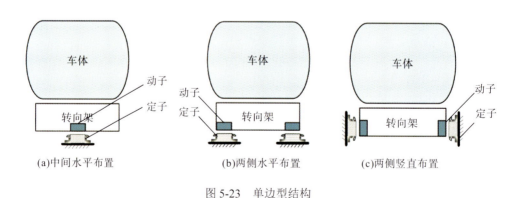

(a)中间水平布置   (b)两侧水平布置   (c)两侧竖直布置

图 5-23   单边型结构

双边布置：双边型结构能尽可能降低直线电机法向力的影响，该方案动子会受到两个方向相反的法向吸力，显著降低合成后的法向力，理论上动子处于气隙正中且两边定子电流相同时，法向力为零。根据直线同步电机相对于转向架及轨道的位置，双边型布置结构分为中间竖直布置、中间水平布置、两侧水平布置三种方式，如图 5-24 所示。

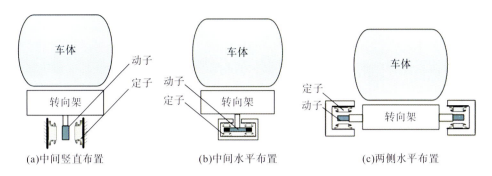

图 5-24　双边型结构

图 5-24(a)为中间竖直结构，将电机定子放置于转向架下部。但因转向架对水平导向力的控制难度较大，故容易受动子在气隙内偏移的影响。图 5-24(b)为中间水平结构，将直线电机改为水平布置，使法向力为竖直方向。因转向架的悬浮能力显著强于导向力，故直线电机的动子发生位置偏移产生的法向力对车体悬浮的影响不大。但这种结构主要有两个缺点：一是动子置于转向架中部会对转向架整体结构产生干涉；二是直线电机的加工、安装、维修难度大，可实施性差。图 5-24(c)为两侧水平布置结构，将直线电机类似于分为两部分放置在转向架的两侧，整体结构类似于"机翼"。这种结构对转向架结构及受力的影响最小，施工和维修也较为方便，同时转向架的防脱轨性能好，安全性好；另外，定子支撑架可作为乘客上下车的平台，能有效利用管道内的空间。但电机由原来的一台变为两台，其电机的控制难度会增大。

2. 牵引供电系统

牵引供电系统通过控制逆变器的输出电源的频率和电压，使车辆(电机动子)按运行要求进行起动、加速、制动减速、停止。主要包括主变电所和牵引供电系统，其中主变电所将电力系统 110kV 电源经主变压器降为 20kV 中压电源，对牵引供电系统进行供电；牵引供电系统将 20kV 中压降压后，整流为直流电 3000V，再经过逆变器变换为可调交流电，馈电至沿线牵引电机定子绕组。车载供电系统构成示意图如图 5-25 所示。

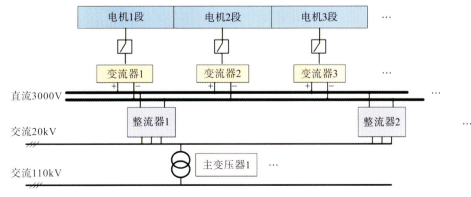

图 5-25　牵引供电系统构成示意图

为尽可能降低损耗，提高电机效率，长定子直线同步电机可采用分段供电的方式。对长初级进行分段后，只对次级附近的初级段通电，其他初级段不通电，分段初级随着次级的运动逐段切换供电。分段供电时主要采用两步法或三步法。两者基本原理都是只向与次级耦合的初级线段供电，两侧初级将随次级的运动由不同的电源轮流切换供电。相比于两步法，三步法的分段供电初级的长度和供电时间缩短，对供电系统的容量需求更小，电机供电切换更平稳，运行效率更高，但三步法的硬件投资成本较高。综合考虑超导钉扎磁浮系统与两种分段供电方式的特点，可在起动和减速阶段采用三步法分段供电方式，高速运行阶段采用两步法分段供电方式。

3. 制动系统

为保证系统安全可靠工作，可根据车辆运行速度的大小、坡道的坡度和长度、司机的操作等各种工况设计分级联合制动系统，根据不同场合灵活使用，主要包括电力制动、涡流制动及机械制动三种形式。不同磁浮铁路制动方式特点详见表5-6。

表5-6 不同磁浮铁路制动方式及特征

系统		特点	主要使用方法	适用速度范围/(km/h)
电机制动	再生制动	将直线电机所发电力送回电网	常用制动及紧急制动	0~600
	电阻制动	将直线电机所发电力在电阻器上转化为热能消耗	变电站故障时、再生制动发生故障时使用	0~600
涡流制动	电磁制动	利用电涡流耗能的原理转换为热能消耗	紧急制动	0~600
机械制动	滑橇制动	利用金属板(闸皮)和导轨混凝土面之间的摩擦力	电力制动发生故障、350km/h 以下时使用	0~350
	驻车制动	与汽车相似，利用盘式刹车片的摩擦	停车后使用	0~200
	轮盘制动	利用闸瓦与制动盘之间的摩擦力	电力制动发生故障时开始使用	0~600
空气翼制动		利用高速行驶时的空气阻力制动	速度为 500km/h 时或电力制动发生故障时使用	0~500

正常情况下，高速段使用电机制动，低速段使用机械制动；紧急情况下，高速段使用涡流制动与电机制动相结合，低速段使用机械制动。从原理上讲，制动力满足不同速度目标值下的磁浮列车减速度需求即可认为系统安全、技术可行。

正常制动优先采用电机制动，将动能转化为电能输送到电网中，即可认为正常制动是加速的逆过程。因此，正常工况下，只要推进系统的电机推力能力大于系统所需的制动力，就能进行安全制动；当列车速度较低时，则必须考虑机械辅助制动或制停，可考虑采用滑橇制动或轮盘制动等方式利用摩擦阻力进行制动。

同步电机采用回馈电制动方式一般采用动子磁场定向控制，此时电机线电流与电机反电势反相，电机电流从电动势高端流出，低端流进，发出电功率。在控制时通过不断调低给定转速，由变流器控制将动子及载荷的动能变成电能回送给变流器的直流侧，因变流器中的整流电路不可逆，故直流侧电压要升高，且升高的数值与动能及滤波电容的容值有关，动能越大，容值越小，则电压升高越大。为防止直流侧电压值过高，必须考虑过压保护，通过设置制动电阻将过多的电能进行释放。

超导钉扎磁浮列车紧急制动时，在常规制动的基础上增加涡流制动。涡流制动器利用电涡流耗能的原理将磁浮列车的机械能转换为热能。当制动对象以一定初速度进入制动段时，相当于导体在永磁体的磁场中做切割磁感线运动，此时导体内部感应出电动势和涡流，即次极板内存在涡流制动力。当制动对象以不同的初速度通过制动段，即导体以不同的速度在永磁体产生的磁场中做切割磁感线运动时，产生不同大小的磁阻力，即可得到不同的制动效果。

5.3　应 用 场 景

如前所述，发展至今磁浮列车主要可分为常导电磁悬浮、低温超导电动悬浮、永磁电动悬浮、超导钉扎磁浮等。其中，常导电磁悬浮的关键技术较为成熟，已经有多条成熟的商业运营线路，而超导钉扎磁浮起步较晚，因其自稳定悬浮、导向等潜在的优势，这些年得到蓬勃发展，正逐步迈向工程化、商业化应用，这将是未来轨道交通追求高速运营的重要发展方向之一。

就不同的市场定位和需求而言，超导钉扎磁浮具备中低速、高速，乃至超高速的多种发展方向[7-14]：

(1)中低速磁浮。速度 80～200km/h，包括城市轨道磁浮、磁浮观光车、机场展示线等，使得机场到市中心时间距离缩短到 0.5h 之内。超导钉扎磁浮可以充分发挥造价低、转弯半径小、爬坡能力强、无噪声、无污染等优点，为旅客带来便利的同时节能环保。

(2)高速磁浮。速度 400～600km/h，弥补高铁(速度 300km/h)与飞机(速度 800km/h)之间的速度空白。人类的生活习惯将一天分为 3 个工作时间段(上午、下午、晚上各 4h)。按照 600km/h 速度行驶，从北京到上海、武汉、成都、兰州等城市的旅行均可在一个工作时间段内完成。

(3)超高速磁浮(真空管道超导钉扎磁浮交通)。速度 1000km/h，在大城市之间(如北京到上海、成都到北京)修建专线，充分发挥运行成本低、运行周期短、无噪声、无污染、车站可修建于市中心的优势，以缓解民航运输的压力。

(4)其他应用。超导钉扎磁浮除了在轨道交通全速度域具有应用优势，在磁浮轴承、电磁弹射(磁浮助推)等方面也有其应用潜力。

5.3.1　中低速交通

中低速磁浮交通作为一种新型轨道交通，其最高运行速度一般不超过 200km/h。当前中低速磁浮线一般采用电磁悬浮制式，其悬浮、导向与驱动原理如图 5-26 所示。悬浮控制器根据传感器检测的悬浮间隙大小控制悬浮电磁铁电流，进而控制电磁力，再控制电磁铁的运动，最终使悬浮间隙稳定在一定范围内而实现稳定悬浮；当悬浮电磁铁与悬浮轨有横向错位时，悬浮轨对电磁铁将产生一个横向恢复电磁力，使悬浮电磁铁回到与悬浮轨的对中位置，从而实现磁浮车的导向；安装在悬浮模块上的直线异步电机定子绕组产生的移动磁场与安装在悬浮轨上的直线电机反应板相互作用对模块产生向前的推力，从而实现磁浮列车的牵引驱动。

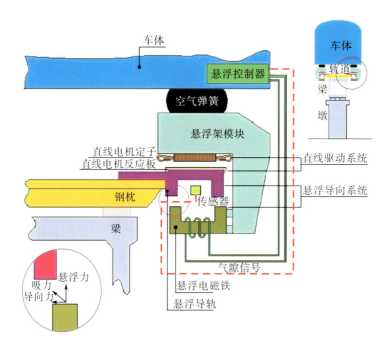

图 5-26　中低速磁浮交通列车悬浮、导向与驱动示意

中低速磁浮交通以其噪声低、振动小、低碳环保、安全可靠、弯道半径小、爬坡能力强、选线灵活、性价比高等优势成为城市轨道交通系统中很有前途的交通工具之一。日本、韩国、中国、美国是中低速磁浮交通技术研究的主要国家，图 5-27 分别为其代表性磁浮系统和商业运营线。

(a)美国M3悬浮系统　　　　　　　　　　　(b)日本HSST磁浮列车（Linimo线）

(c)韩国城市磁浮列车（仁川机场线）　　　　　　　(d)中国长沙中低速磁浮快线

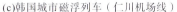

图 5-27　各国中低速磁浮线

　　中国中低速磁浮交通技术的研究起步较晚，但是发展迅速。2016 年 5 月 6 日试运行的长沙火车南站至黄花机场的 18.55km "长沙磁浮快线"采用了西南交通大学与中车株洲电力机车有限公司研制的中低速磁浮列车系统技术，列车最高设计速度为 100km/h，采用电磁吸力悬浮实现列车的悬浮、导向和驱动，悬浮间隙为 8～10mm。长沙磁浮快线是中国国内第一条自主设计、自主制造、自主施工、自主管理的中低速磁浮，其开通标志着长沙成为中国第二个开通磁浮线的城市。长沙磁浮快线是中国首条完全拥有自主知识产权的中低速磁浮商业运营铁路，标志着中国磁浮技术实现了从研发到应用的全覆盖，成为世界上少数几个掌握该项技术的国家之一，有利于推动中国磁浮技术走在前列、促进中低速磁浮产业发展。随后，北京磁浮 S1 线也成功开通运营。目前，多条中低速磁浮线路正在建设中。

　　中低速磁浮列车所具有的小弯道、大坡道、低噪声、低振动等特点是由其非接触运行及独特结构形式所确定的，与其他轨道交通的比较有如下几点优势：

　　(1)振动噪声低，环境友好。中低速磁浮列车和轨道不接触，运行噪声低、环境振动小，无轮轨磨耗；中低速磁浮列车产生的磁场对外辐射小，满足国际电磁辐射公众标准和静磁场暴露标准。另外，中低速磁浮交通供电系统采用专用回流线，不会产生杂散电流对地下设施的电腐蚀。

　　(2)线路适应性强，选线灵活。中低速磁浮列车能爬大坡、转小弯，中低速磁浮交通的正线最大坡度 70‰(轻轨 35‰)、正线最小转弯半径 75m(轻轨 250m)，选线灵活，可以避开城市建筑物。

　　(3)工程建设投入低，工期短。中低速磁浮交通选线灵活，可减少隧道、拆迁、地下管线改移、交通改道等工程，降低隧道建设、征地、拆迁代价，建设工期短，综合建设投入低。磁浮的爬坡能力是地铁的 2 倍，最小转弯半径只有 50m，线路建设更加灵活，造价略高于轻轨，而远低于地铁，已建成的长沙磁浮快线总造价仅为地铁的 1/3。

　　(4)运行安全，乘坐舒适。中低速磁浮列车采用"抱轨"结构，运行时无脱轨风险；紧急情况下可采用"落车"(滑橇)辅助制动，停车更可靠；列车运行平稳，乘坐舒适。

　　(5)综合运营成本低。中低速磁浮列车与轨道的无摩擦悬浮运行、振动小的特点，减少了传统轮轨交通因轮轨摩擦磨耗和结构疲劳带来的车辆与线路的检修维护工作量，可用性好，综合运行成本低。

综合来看，当前我国地铁的高造价主要来自于隧道挖掘和征地拆迁成本过高。而中低速磁浮的低噪声和选线灵活的优势可以有效减小隧道比例，降低征地和拆迁难度，是城市轨道交通发展的另一条途径。从线路特点、运量等分析，中低速磁浮和轻轨、单轨类似，是一种中运量交通运输系统。

超导钉扎磁浮可以应用在中低速领域，具体优势一是非接触带来的低振动、低噪声和低磨损；二是直线电机驱动带来的转弯半径小、爬坡能力强。另外，其还具有一些原理优势：一是悬浮能耗较低，无须持续供电以实现悬浮，系统主要能耗来源于直线电机耗能；二是被动支撑使得车轨系统在低速无耦合振动，动力学性能优良，乘坐舒适。不利之处在于轨道上要求铺设磁轨，轨道建设成本相对提高。具体的中低速应用场景有城市轨道交通、机场线、旅游观光线等。

5.3.2 高速交通

高速磁浮是交通运输领域的一项重大技术革新。高速磁浮交通技术克服了传统轮轨铁路提高速度的主要困难，主要是轮轨接触的限制，采用直线电机驱动，大大提升了其运营速度，可达速度 600km/h 级，具有阻力小、起动/制动快、爬坡能力强、安全、舒适、维护少等优点。投入或接近实际运行的高速磁浮交通技术目前主要有两种，分别是德国 TR 高速常导电磁悬浮技术和日本的低温超导电动悬浮。

德国 TR 属于常导磁吸式，安装在车辆上的常规电磁铁用于悬浮和导向，驱动采用长定子直线同步电机。通过测量悬浮间隙控制电磁铁电磁吸力实现车辆与轨道之间的无接触悬浮和导向，额定悬浮间隙控制在 10mm 左右，如图 5-28 所示。其代表是上海的浦东机场到龙阳的高速磁浮交通示范运营线，其最大运营速度为 430km/h，于 2003 年 1 月 4 日开始商业运营，是世界上第一条商业运营的高速磁浮专线。

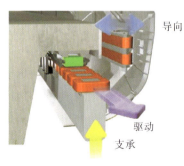

(a)常导电磁悬浮原理   (b)上海磁浮线

图 5-28　常导电磁悬浮原理及上海磁浮线

2018 年初，由中车青岛四方机车车辆股份有限公司(中车四方)牵头的速度 600km/h 高速磁浮交通系统也采用了高速常导电磁悬浮技术，目前已经研制出速度 600km/h 高速磁浮样车(图 5-29)；2020 年 6 月，在上海同济大学磁浮试验线上成功试跑。下一阶段将会完成 5km 试验线验证，进行集成示范，为实现高速磁浮工程应用和产业化奠定基础。

(a)中车四方600km/h高速磁浮样车

(b)同济大学试验线

图 5-29　中车四方速度 600km/h 高速磁浮样车及试验线

日本低温超导高速磁浮列车是电动斥力悬浮系统(图 5-30)，利用车载超导磁体与轨道侧墙闭合 8 字线圈的相对运动产生悬浮力和导向力，主要优势是悬浮和导向自稳定且间隙大。当列车悬浮间隙变化和偏离轨道中心时，轨道和超导磁体间产生的力会使列车恢复到其初始位置，不需要复杂的主动反馈控制，悬浮间隙可达 10cm 以上，适应于更高速运行。2015 年 4 月 21 日，L0 系车型在山梨线上的载人最高试验速度达到 603km/h。

图 5-30　日本山梨试验线

高速磁浮相较于传统轮轨交通具有如下明显优势：

(1)速度、弯道、爬坡能力优势。高速磁浮的非接触承载和导向、非车载动力推进和速度控制等功能，使得高速磁浮列车在速度能力、弯道和坡道能力、运用维护成本等方面相比传统的轨道交通具备独特的优势。这些优势使得高速磁浮的线路规划和建设相比高速铁路更具有灵活性，这方面带来的建设成本优势将可平衡该系统其他如长定子、地面配电站、道岔等引起的成本，其系统建设总成本有望控制在与高速铁路相当或略高的水平。以德国所做的成本比较为例，在平原地区高速磁浮的建设成本比高速铁路增加约 24.4%，而最大运用速度提高了约 43%。

(2)运行安全优势。常导高速磁浮交通系统具有很高的安全度，主要表现在列车环抱轨道行驶，从机理上不存在脱轨风险；完全消除了机械接触，使得部件损坏概率降低。

(3)运用维护优势。随着速度的提升，车辆与轨道以及车辆各部件之间的磨损加剧。

高速磁浮由于车轮和轨道无接触，同时车辆中消除了滚动摩擦机构，其维护成本相较高速动车组会显著降低，使用年限和维护周期也会明显增长。

(4)能源与环境优势。高速磁浮列车的基本阻力主要是气动阻力，消除了轴承、齿轮、轮轨、弓网等机械摩擦阻力。

(5)振动噪声与电磁环境影响。高速磁浮列车额定载客情况下单节车重量与高速铁路基本相当，但是相比于轮轨高速列车，高速磁浮列车消除了机械接触、车辆沿线路施加的载荷分布均匀，以及完全消除了大承载的滚动部件，因此其振动和噪声问题会小于轮轨高速铁路。

同样，超导钉扎磁浮也可以应用在高速磁浮领域。2021年1月13日，世界首台高温超导高速磁浮工程化样车及试验线正式在西南交通大学启用，标志着超导钉扎高速磁浮工程化的尝试。同德国电磁悬浮相比，超导钉扎磁浮的优势在于悬浮导向自稳定，无须主动控制。与日本低温超导电动磁浮相比，其优势是：可以实现静止悬浮；采用液氮而非液氢制冷机冷却，降低了系统复杂度；地面无须铺设8字形线圈，降低了系统造价；无磁阻力，运行阻力小。

第3章的高温超导体在永磁轨道上方磁-热-力特性研究表明，在永磁轨道上方动态条件下，其温度变化以及交流损耗变化很小，在所仿真的680km/h工况温度变化并未超过0.1K，说明超导钉扎磁浮在高速运行下自身电磁热损耗极小，热稳定性优良。第4章的前期动力学研究表明列车在高速运行下具备良好的安全性、稳定性和平稳性。为了进一步验证高速适应性，仍有诸多科学问题需要阐明，诸多技术需要攻克和验证：

(1)悬浮、导向稳定性研究。高速运行时超导磁浮列车与轨道的相互作用机制更加复杂而敏感，悬浮、导向稳定性的研究是至关重要和亟待研究的。建设动模或相对试验装置，进行超导钉扎磁浮在高速运行时悬浮力、导向力的演变规律研究，阐明其临界失稳条件并提出预防措施；进行磁轨不平顺与磁场波动对列车运行的影响研究，得出磁轨几何误差及磁场波动评价指标，指导磁轨的设计与建设。

(2)系统试验。根据实际运行情况建设超导磁浮系统试验线，设计、制造工程化或实用化样车，进行重载试验、速度冲高试验、运行平稳性试验、极限爬坡试验、极限过弯试验、长时间运行试验、悬浮故障模拟试验、排障模拟试验、电磁兼容试验、噪声测试等一系列试验项目，真实试验验证超导磁浮交通的各项技术指标，并为后续设计、制造、建设以及运营提供试验数据与技术指标。

5.3.3 超高速低真空管(隧)道交通

速度是世界轨道交通领域研究发展的核心。随着经济和技术的发展，现代社会对交通工具的运行速度要求也越来越高，人们需求一种能够超越飞机速度的地面超高速交通运输方式，因此真空管道运输模式开始受到关注[15-17]。磁浮铁路可以解决轮轨铁路存在的轮轨黏着、摩擦、振动和高速受流等问题，具有很高的提速潜力，近年来逐渐成为地面交通领域的研究热点，但是，无论是轮轨铁路还是磁浮铁路，当车辆处于开放大气环境下以超过160km/h 的速度运行时，均要面临巨大的空气阻力(与速度的平方成正比)和噪声(与速度的六至七次方成正比)问题,从而在运营上带来经济性和环保性挑战。因此,利用悬浮技术减少车轨摩擦和振动以获得更高的运行速度,再构建低真空运行环境以减小空气阻力和噪声是未来轨道交通技术的发展方向。

早在 1904 年,美国罗伯特·戈达德就提出在波士顿至纽约之间建一条真空管道运输线的设想,运行速度将达到 1600km/h。1934 年,德国赫尔曼·肯佩尔在其磁浮列车技术专利中阐述了采用管道抽真空法来实现目标速度为 1000km/h 的设想。1999 年,美国佛罗里达州机械工程师达里尔·奥斯特申请获得了真空管道运输(ETT)系统发明专利,并注册成立了 ET3 公司。2013 年,埃隆·马斯克提出 Hyperloop 概念。目前世界上已有许多平台致力于真空管道运输的研究,包括美国维珍超级高铁公司(Virgin Hyperloop One)、超级高铁交通技术公司(Hyperloop Transportation Technologies)、SpaceX 公司,瑞士超高速地铁 Swissmetro 项目,加拿大 Trans POD 公司,韩国铁道科学研究院 HyperTube 超级管道列车项目,西班牙 Zeleros hyperloop 管道磁浮,荷兰 HARDT Hyperloop 超级高铁科技公司,以及中国西南交通大学和中国航天科工集团有限公司。

2017 年 12 月,美国 Hyperloop One 研究团队采用永磁电动悬浮在其 500m 真空管道试验线上实现了 387km/h 的速度(目标速度 1200km/h);2019 年 7 月,由 SpaceX 公司举办的 Hyperloop Pod 超级高铁设计大赛上,德国慕尼黑工业大学团队创造了速度 463km/h 的"超级高铁"试验速度;2020 年 11 月 8 日,维珍超级高铁公司实现首次载人(2 人)运行测试,最高速度达到 172km/h,列车型号为"飞马座",如图 5-31 所示。

图 5-31　维珍超级高铁公司"飞马座"列车载人运行测试

我国也一直在真空管道磁浮技术领域进行积极探索。2003 年,西南交通大学便将真空管道运输列为研究课题之一,2004 年,沈志云院士在《真空管道高速交通》院士学术报告会上提出并组织论证了真空管道磁浮交通的可能性,标志着中国真空管道运输相关理论研究的开始。

2014 年 6 月,西南交通大学建成并调试成功"Super-Maglev",验证了真空管道磁浮交通的可行性。2016 年,西南交通大学超导与新能源研究开发中心研制成功第二代真空管道高温超导侧浮模型试验系统,环形轨道直径 3m,管道最低气压 2000Pa,线性电机驱动，速度可达 150km/h。系统采用了多种技术的交叉融合，突破了小半径圆环形轨道离心力的限制，大幅度提高了高温超导自由悬浮系统的运行速度。2019 年，西南交通大学建成速度 400km/h 级真空管道高温超导磁浮高速试验平台，可开展超导钉扎磁浮车动力学、气动、振动、噪声等方面的研究。

2017 年 8 月，在第三届中国(国际)商业航天高峰论坛上，中国航天科工集团有限公司宣布开展速度 1000km/h "高速飞行列车"研究，拟通过商业化、市场化模式，将超声速飞行技术与轨道交通技术相结合,研制新一代交通工具，利用超导磁浮技术和真空管道，致力于实现超声速的"近地飞行"，图 5-32 为其列车模型。

图 5-32 中国航天科工集团有限公司的"高速飞行列车"

真空管道系统的基本原理是建立密闭管道，利用抽气设备降低管道内的气压，创造出低介质密度的运行环境，并结合磁浮技术以减小列车运行的空气阻力与气动噪声，从而进一步提高列车的行驶速度。目前，各国研究小组正在对真空管道系统的方案进行不断设计和改良，该系统大致可分为四个核心部分，即车辆、管道、驱动装置和辅助设备，也可以分为测试与通信系统、环境控制系统、牵引与制动系统、列车模型系统、悬浮与导向系统、真空管道系统、真空产生与维持系统，如图 5-33 所示。

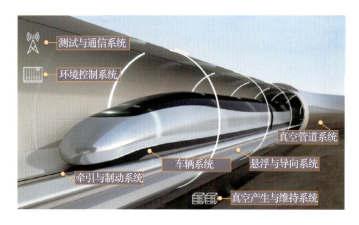

图 5-33 真空管道系统的组成

　　车辆是真空管道系统的核心部分，关系到整个系统的性能好坏。磁浮车无轮轨接触摩擦，较传统轮轨列车，运行阻力小，更加适用于未来真空管道系统。目前，国际上将低真空管道技术与磁浮技术相结合的方案主要有四类，区别在于采用的磁浮制式不同，涉及的磁浮制式为常导电磁悬浮、永磁电动悬浮、低温超导电动悬浮和超导钉扎磁浮技术，每种悬浮制式都具有各自的优势，具体特性如表 5-7 所示。

表 5-7　几种真空管道运输系统参数对比

系统	车辆					管道				其他		规划		
	悬浮类型	形状	尺寸/m	车重/t	承载人数	结构	位置	材料	气压/kPa	驱动装置	供电装置	经费	试验线路及线路长度/km	最高速度/(km/h)
ET3	磁浮	胶囊小车	直径 1.3，长 4.8	18.3	6	双向			10.13	直线电机	供电网和蓄电池	140 万美元/km，2.8 万美元/辆	4600（纽约—好莱坞）	6500
Swissmetro	电磁悬浮	列车	直径 3.5，长 200	100	800	双向并行	地下隧道	钢筋混凝土管片	10.13	直线电机	供电网和蓄电池	50 亿瑞士法郎	63（日内瓦—洛桑）	500
Hyperloop	电动悬浮	胶囊小车	宽 1.35，高 1.1	15	28	双向并行	高架桥	金属	0.10	电动空气压缩机	太阳能和蓄电池	60 亿美元	8（加利福尼亚州 5 号公路沿线）	1220
Super-Maglev	钉扎磁浮	环线小车	弯道半径 6.0，直线段长度 3.6，总长 45.0						101～10.1	直线感应电机				50

　　管道是整个系统的载体，对安全性、密封性、可靠性起着至关重要的作用。真空管道是封闭的系统，不受外界因素影响，同时也不会对周围环境产生污染，占地面积小，有着多种多样的类型。管道要求密封性好，抗压性强，且便于安装和维修，并且与当地的地理环境以及现有线路兼容。

　　驱动系统多采用直线电机，省去了中间运动变换传动机构，反应速度快，同时满足悬浮车非接触工作方式的要求。目前磁浮车试验线中主要采用长定子直线同步电机和短定子直线感应电机。长定子直线同步电机的初级绕组铺设在导轨上，次级设置在车底部，推动力大，效率高，但电机控制系统复杂，系统造价高，较适合于高速磁浮列车。

　　真空管道系统还需要一系列的辅助设备，大部分可以参照现有技术并加以改良，例如，车舱的密封设施和生命保障系统可以参考飞机的设计；车站的设计和运营模式可参照地铁的运作方式；供电和通信系统可以借鉴高铁的供电网并加以改良等。虽然真空管道运输系统是一种新型运输方式，但与其相关的共性技术已经十分成熟并且已经广泛投入商业使用中，可以直接改进，从而应用在真空管道运输系统中。

　　磁浮克服了传统轨道交通轮轨关系、弓网关系的限制，实现了"提速第一阶"，而真空管道营造的低气压环境，为实现"提速第二阶"提供了可能。在地面上创造一个万米高空的低气压环境，通过改变运行环境介质的密度，来进一步提高轨道交通的运行速度，从技术发展的角度来讲，发展真空管道是未来地面轨道交通向更高速度(超过 600km/h)迈进的必然选择。真空管道磁浮具有以下五点非常明显的优势：

(1)快速。低压环境使列车的气动阻力减小，车辆行驶速度将进一步提高，在真空管道系统中的车辆速度可以达到 1000km/h。

(2)便捷。列车运行在单独的密闭管道中，不会发生延迟与停止；当列车停靠在设计的过渡舱内时，气压恢复正常，旅客可随意搭乘；此外，管道交通运行过程可参考地铁"快速起停、快速乘降"的原则。

(3)安全。单向车道消除了列车相撞的可能性；借助管壁对外界的阻隔，行驶在其中的车辆将不受气候条件影响，更不会因天气因素而中断，保证列车安全准点可靠运行。同时，参考飞机设计理论，车内应配备一定的生命保障系统，在突发事件发生后，保证乘客生命安全。

(4)环保。不论是磁浮还是气浮，都是可再生的清洁能源，只需使用较少电力，便可持续较长时间。管道内抽成真空，形成自然的隔音屏障，极大降低了对外界环境的噪声污染。

(5)高效。由于管道中是低气压环境，理论上说，当管道内气压足够低时，列车在管道中运行的空气阻力可以忽略不计，列车在管道中甚至可以惯性运行，不需要连续推进供电，且维持真空的成本较低。

现有研究结论表明：超导钉扎磁浮方式更加适合于低真空管道运输系统。一方面，超导钉扎磁浮因其悬浮导向为一体的自稳定特性，相对于传统常导磁浮和电动悬浮更易控制(因为无源、无控制)，因此高速运行时也更加安全可靠。另一方面，低真空管道环境的存在为其永磁导轨提供了一个天然屏障，避免外界铁磁性材料被吸附在永磁轨道上，对系统造成安全威胁。两种技术结合相得益彰，为形成完备的超高速低真空管道交通技术提供了解决方法。

超导钉扎磁浮系统中，通常采用液氮浸泡式方法对超导体进行冷却，而在正常大气压条件下，液氮温度约为 77K(即液氮的沸点)。液氮的沸点与环境压强有关，会随外界气压的改变而发生变化，压强越大，沸点越高，相反则越低。为了实现超高速磁浮交通技术，需要将超导钉扎磁浮技术与真空管道技术相结合，这恰恰使超导钉扎磁浮系统工作在一个低气压环境中，导致液氮温度较常压情况下进一步降低，从而会对系统的磁浮性能产生增益，这在第 2 章中介绍过。

目前，真空管道交通尚处于理念验证和科研探索阶段。世界范围内美国、瑞士、韩国、加拿大等多个国家的相关企业和机构正在开展低真空管道高速磁浮铁路的研究，推进速度很快。我国也较早瞄准该领域，以西南交通大学为代表的高校和单位开展了大量基础研究工作。同时，越来越多的国内外企业和研究机构开始重视真空管道交通运输系统的研发，机遇与挑战并存，众多科学问题和关键技术需要研究，它的发展与完善，将对现有地面高速交通起延伸和补充作用，开创交通运输的新纪元。

(1)目前已有成熟技术：管道密封技术、车体密封技术和生命保障系统(参考飞机)、线路建设(参考隧道/高架桥)、车站运营管理(参考地铁)。

(2)可用技术工艺：驱动技术、供电技术、抽气设备、管道的设计与建造。

(3)关键创新技术：交通工具载体、逃生急救措施、过渡舱设计等。

目前真空管道运输系统处在探索阶段，离工程化应用还有一定距离，因此许多关键问题仍有待研究解决，例如：

(1) 超高速运行条件下的车轨作用。

(2) 高速直线电气牵引理论与方法。

(3) 空气动力学问题。

(4) 管道可靠密封与高效抽真空问题。

(5) 散热问题。

(6) 封闭管道内通信与救援问题。

超导钉扎磁浮经过研究者 20 多年的努力，已经完成走向工程化所需的大部分理论分析以及试验研究，为该技术走向成熟奠定了坚实的基础。在接下来的 15 年左右时间，针对该制式研究沿着两条路径进行：其一为高速化试验进程，以验证该制式在高速乃至超高速工况下的悬浮可靠性，逐步解决其与真空管道结合过程中可能遇到的各种问题；其二为车轨系统的工程化应用进程，以验证该制式在自然环境中的适应能力，逐步扩大车轨规模及运行速度。两条线路协调推进，互为补充，从不同角度出发，走向真空管道超导钉扎磁浮超高速工程化应用，具体技术路线及时间节点如图 5-34 所示。

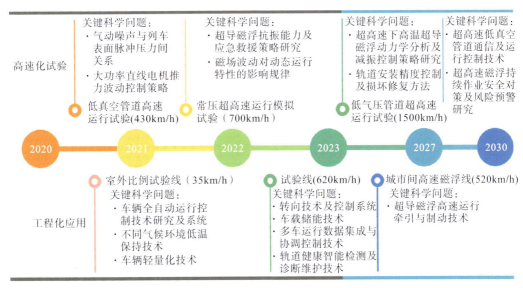

图 5-34　真空管道超导钉扎磁浮发展技术路线

5.3.4　电磁弹射和磁轴承

超导钉扎磁浮技术在电磁弹射和磁浮轴承领域的应用近些年逐渐成为研究热点[18,19]。在弹射方面，将电磁弹射系统应用于舰载飞机、空天飞行器及航天运载器的助推，不仅可提升发射效率，还能有效降低发射成本。轴承利用了高温超导体的无源自稳定悬浮特性，可以实现部件之间无机械摩擦的高速相对运动，在旋转机械、飞轮储能和交通运输等方面展现出了良好的应用前景。

1. 电磁弹射

电磁弹射是将磁浮轨道技术应用于航天发射,为运载器提供一个较大的推力和较高的起飞初速,以携带更多有效载荷入轨的一种新型航天发射技术。作为未来先进可重复使用运载器或亚轨道飞行器的一种重要地面发射技术,目前已受到包括中国在内的多个国家的关注,以美国、俄罗斯为代表的几个国家正在开展将磁浮轨道技术应用于航天发射方案及技术研究工作。磁浮技术具有无摩擦损耗、运行可靠和方便快捷等特点,便于实现很高的地面运行速度,将磁浮技术应用于电磁弹射,能避免机械摩擦生热,克服轨道发射温升烧蚀问题,在国防飞行武器的弹射方面具有应用优势,而超导钉扎磁浮系统在悬浮能力、控制系统、低温系统技术、运行能耗和成本等方面都具有明显优势,适合作为磁浮发射装置的悬浮系统技术方案[20-22]。

电磁发射主要包含了电磁弹射(主要对象是飞机、导弹)、电磁轨道炮(主要对象是弹丸)和电磁助推发射(主要对象是航天器)等几种应用模式;主要目标是通过磁浮助推发射系统为单级入轨运载器提供一个较大的助推力,实现在短时间内(10s 左右)将其加速到一个高的起飞速度(马赫数为 0.7 左右),然后运载器发动机点火,与磁浮助推发射系统分离后爬升入轨。使用磁浮助推发射系统进行助推加速的特点是载重量大、大悬浮间隙、无摩擦低能耗,可以有效降低推进剂的消耗量,大大降低发射成本。

近年来,国内在磁浮弹射系统方面的研究发展迅速,取得了不少成果。杨文将基于研究的高温超导体的电动悬浮系统,建立了缩比试验平台,通过测试分析获得不同载荷下的悬浮特性,并建立了高温超导磁浮测试系统,获得了悬浮力和导向力测试结果。刘宇等以面向航天器地面助推发射用的高温超导体电动悬浮系统为研究对象,分析了磁浮、直线电机与能源供给、空气动力学、运载器分离发射等方面的关键技术,并初步提出了解决方向。2006 年,西南交通大学王家素团队设计了一种高温超导磁浮发射系统,其悬浮结构同“世纪号”相似,均由悬浮滑车、永磁轨道和直线电机组成,车辆由车载 HTS 磁浮装置和车体组成,如图 5-35 所示。2012 年,天津大学金建勋等提出了高温超导磁浮子系统集成的高温超导直线同步电动机模式。

关于磁浮助推发射系统的组成,各国提出了不同的方案,但从系统功能方面划分,其基本组成主要包括动力供应系统、动力转换装置、驱动直线电机、悬浮导向系统、承载滑橇、磁浮轨道和控制系统等七个部分。磁浮助推发射系统最核心的技术是由驱动直线电机、悬浮导向系统和磁浮轨道组成的磁浮轨道系统。图 5-36 为一个典型航天发射用磁浮轨道系统示意图。

在磁浮助推发射轨道系统中,用于励磁的主要是超导线圈,超导线圈安装在承载滑橇上,分别为中心的推进线圈和两侧的悬浮导向线圈,与超导线圈相互作用产生推进、悬浮、导向功能的各种线圈绕组都装配在地面轨道上,分别为图中的三相直线电机绕组和轨道短路线圈。

电磁弹射为近地面高速运行发射过程,面临着严重的空气动力影响和运载器分离时的动态扰动影响等。因此,针对磁浮发射环境,对磁浮系统悬浮性能、直线电机加速系统及供能方案,磁浮发射气动稳定性控制和运载器分离方案分析等方面展开关键技术问题研究,有助于对磁浮发射过程有更加深入的了解。面向航天应用任务的磁浮助推发射系统涉及电磁发射模块和航天器模块,包括以下几个方面的关键技术:①具备高发射速度的磁浮技术;②直线电机驱动与控制技术,直线电机作为最佳的地面加速/减速方式,主要消耗电能,具有方便快捷、无污染和成本低等优点,非常适合作为磁浮发射系统的动力装置;③超大功率高效能源供给技术;④适应助推发射的航天器设计技术。

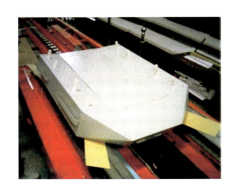

图 5-35　高温超导磁浮发射系统

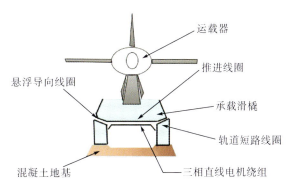

图 5-36　磁浮轨道系统示意图

2. 磁轴承

随着液氮温区高温超导材料的发现,超导技术及其应用都得到了长足的发展,例如,钇钡铜氧超导体,其存在由于晶体内部缺陷导致的磁通线被捕获的磁通钉扎现象,利用超导体的抗磁性及这种磁通钉扎特性,超导磁浮轴承(superconducting magnetic bearing,SMB)可以实现被支撑部件的稳定悬浮。由于摩擦小、转速高,SMB 在旋转机械、储能飞轮和运输系统中的应用研究非常活跃,原理模型和全尺寸轴承样机推陈出新,成果丰富。

1987 年,美国康奈尔大学首先研制出 SMB,该轴承转子重 5g,转速 10000r/min。之后美国康奈尔大学与美国阿贡国家实验室对 SMB 进行了较为系统的基础性探索工作,涉及超导轴承的材料、结构、性能优化等,在 1992 年便创下了最高转速 520000r/min 的纪录,摩擦系数仅为 10^{-7}。目前多个国家已经宣布研制出了面向不同应用领域的全尺寸 SMB 样机。美国、德国、日本、韩国、英国、中国等都有相应的 SMB 轴承样机问世。国内关于 SMB 的研究起步较晚,比较有代表性的是西南交通大学研制的 SMB 飞轮储能样机。

如图 5-37 所示,一个完整的 SMB 样机主要包括定子、转子和低温装置三部分。由于高温超导体材料需要冷却,一般由高温超导体做定子,永磁体做转子,按照两者相互作用力的方向,又分为轴向和径向两种类型(图 5-38)。从轴承的广义定义来讲,高温超导钉扎磁浮也属于线性 SMB 的范畴,且属于轴向型线性 SMB。

基于高温超导体材料的磁通钉扎特性,SMB 展现出许多优点:

(1)无源自稳定悬浮,无须额外的控制环节。

(2)转速高,已实现 520000r/min 试验速度。

(3)损耗小,SMB 的摩擦系数仅 10^{-7},比机械轴承(10^{-3})和常导(电磁)磁浮轴承(10^{-4})的摩擦系数低几个数量级。

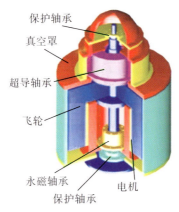

图 5-37 西南交通大学轴向飞轮储能样机示意图

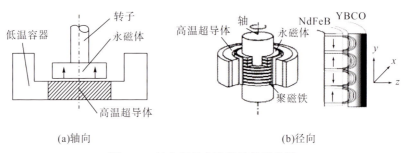

(a)轴向　　　　　　　　　　　(b)径向

图 5-38 轴向和径向飞轮储能示意图

与现有的机械轴承和主动磁轴承相比，SMB 的优越性主要体现在以上三点。除此之外，SMB 还具有磁浮技术带来的无噪声、无磨损、寿命长、无润滑、维护少和绿色环保等优点。

无摩擦高速 SMB 的出现必将对机械工业产生深远的影响，也将为现有机器设备性能的提高以及升级换代提供新的途径。随着 SMB 商业化应用的不断扩大，这项技术将带来巨大的经济效益。

通过对 SMB 发展现状的调研和分析发现，自从 1987 年美国康奈尔大学首先研制出转速 10000r/min 的样机，近 20 年来 SMB 的发展迟缓，未有重大突破。原因在于 SMB 的性能没有提高到可以大规模工业化应用的级别，轴承材料、结构、应用等方面还有待深入研究，具体来说：高性能超导轴承材料的研制、轴承材料的摩擦学性能和 SMB 的失超保护研究、SMB 动态特性表征和高速稳定性研究及复合型轴承结构的实验验证。

目前所开发出的 SMB 样机大部分都是面向飞轮储能系统。由于摩擦系数极低的 SMB 可以大大降低储能系统的能量损耗，可以预见这一热门应用将一直持续。近年来 SMB 的应用前景范围在大量研究者的努力下不断拓宽，总结来说还有如下方面：

(1)低温机械应用。具有天然低温环境的旋转机械，如液体火箭发动机、低温液体泵等。低温机械中自带的低温环境为 SMB 提供了必备的工作温度，简化了 SMB 结构，降低了应用成本。特别适合于液氢、液氦等低温泵、低温流量计、制冷机、低温储存罐、低温运输管道等的应用。

（2）宇航与太空应用。太空中固有的低温环境也使得 SMB 具有明显的优势。利用 SMB 转子高速旋转提供的旋转能量和角动量，可以在卫星中实现能量储存和姿态控制一体化，可显著减小其体积和重量。此外，SMB 还可以用于陀螺仪飞轮、人造卫星图片复印设备等。

（3）飞轮储能应用。利用 SMB 的高速无机械摩擦旋转，通过一个飞轮转盘把能量以机械旋转能量的形式储存起来，可广泛应用于不间断电源、电力调峰、电力品质调节、可再生能源储存等，为解决目前日益严峻的能源问题提供了新的途径。其储能系统原理如图 5-39 所示。

图 5-39　高温超导飞轮储能系统原理示意图

（4）现有机械设备。基于 SMB 卓越的无接触自稳定性能可实现现有机械设备的性能升级，如电动机/发电机、高速电动转轴、大直径磨床、高精度车床、真空泵、离心机、压缩机、膨胀机、汽轮和燃气轮机等。

（5）其他如重力计、天文望远镜、偏振计和风力发电设备叶轮轴承等的应用。

5.4　本　章　小　结

超导钉扎磁浮从实验现象发现，经过 20 多年的科学和技术研究，开始走出实验室。发展历程上，中国的研究人员是该车辆技术发展的主要推动者，无论从模型车的诞生还是技术的发展完善，中国的研究人员都扮演着重要角色。从车辆技术角度，目前超导钉扎磁浮车辆处于发展早期阶段，系统的技术成熟度仍需验证，转向架、杜瓦、磁轨、直线电机等重要部件已具雏形，但是仍旧有诸多优化空间。通过前期的实验研究和计算分析，超导钉扎磁浮车具有全速度域的应用潜力，在城市轨道交通、高速磁浮交通以及真空管道交通领域皆有用武之地，但是尚待检验。总而言之，超导钉扎磁浮车目前处于工程化样车阶段，需要相关行业及人员的积极参与，共同努力推动该项技术的发展，便利人民的交通出行，促进国家的社会经济发展。

参　考　文　献

[1] 张波, 张卫华. 时速 1000 公里及以上低真空管道运输高速磁浮铁路建造关键技术[J]. 高科技与产业化, 2018, (12): 27.

[2] 王素玉, 王家素, 连级三. 高温超导磁浮车[J]. 低温与超导, 1997, 25(1): 17-22.

[3] 王家素, 王素玉. 高温超导磁浮列车研究综述[J]. 电气工程学报, 2015, 10(11): 1-10.

[4] Schultz L, de Haas O, Verges P, et al. Superconductively levitated transport system—The SupraTrans project[J]. IEEE

Transactions on Applied Superconductivity, 2005, 15(2): 2301-2305.

[5] D'ovidio G, Crisi F, Lanzara G. A "V" shaped superconducting levitation module for lift and guidance of a magnetic transportation system[J]. Physica C: Superconductivity and Its Applications, 2008, 468(14): 1036-1040.

[6] Beyer C, de Haas O, Kuehn L, et al. A turnout switch for a superconductively levitated linear transport system[J]. IEEE Transactions on Applied Superconductivity, 2007, 17(2): 2129-2132.

[7] 信赢, 赵超群. 超导材料及技术在轨道交通领域的应用[J]. 新材料产业, 2017, (2): 9-16.

[8] 马光同, 杨文姣, 王志涛, 等. 超导磁浮交通研究进展[J]. 华南理工大学学报(自然科学版), 2019, 47(7): 68-74, 82.

[9] 徐飞, 罗世辉, 邓自刚. 磁浮轨道交通关键技术及全速度域应用研究[J]. 铁道学报, 2019, 41(3): 40-49.

[10] 张明元, 马伟明, 汪光森, 等. 飞机电磁弹射系统发展综述[J]. 舰船科学技术, 2013, 35(10): 1-5.

[11] 熊嘉阳, 邓自刚. 高速磁浮轨道交通研究进展[J]. 交通运输工程学报, 2021, 21(1): 177-198.

[12] 邓自刚, 李海涛. 高温超导磁浮车研究进展[J]. 中国材料进展, 2017, 36(5): 334-351.

[13] 刘文旭, 李文龙, 方进. 高温超导磁浮技术研究论述[J]. 低温与超导, 2020, 48(2): 44-49.

[14] 沈通, 马志文, 杜晓洁, 等. 世界高速磁浮铁路发展现状与趋势分析[J]. 中国铁路, 2020, (11): 94-99.

[15] 邓自刚, 张卫华, 郑珺, 等. 真空管道高温超导磁浮车环形试验线: 中国. CN204998526U. 2016-01-27.

[16] 邓自刚, 张勇, 王博, 等. 真空管道运输系统发展现状及展望[J]. 西南交通大学学报, 2019, 54(5): 1063-1072.

[17] 金茂菁, 黄玲. 超高速真空管道交通技术发展现状与趋势[J]. 科技中国, 2018, (3): 13-15.

[18] 许吉敏, 承飞, 金英泽, 等. 高温超导磁浮轴承的发展现状及前景[J]. 中国材料进展, 2017, 36(5): 321-328.

[19] 邓自刚, 王家素, 王素玉, 等. 高温超导磁浮轴承研究现状[J]. 电工技术学报, 2014, 24(9): 1-8.

[20] 杨文将, 刘宇, 杨博. 航天发射用磁浮助推发射系统概念研究[J]. 北京航空航天大学学报, 2005, (1): 105-110.

[21] 夏陈超, 苟永杰. 航天器磁浮助推发射技术发展综述[J]. 载人航天, 2021, 27(1): 119-126.

[22] 刘宇, 杨文将, 段毅, 等. 航天运载器磁浮助推发射关键技术[J]. 北京航空航天大学学报, 2006, (10): 1180-1185.